"十三五"国家重点出版物出版规划项目

政府社会资本管理文丛

政府社会资本与企业理论创新

王竹泉 权锡鉴◎著

中国财经出版传媒集团
中国财政经济出版社

图书在版编目（CIP）数据

政府社会资本与企业理论创新 / 王竹泉，权锡鉴著.
--北京：中国财政经济出版社，2020.12
（政府社会资本管理文丛）
“十三五”国家重点出版物出版规划项目
ISBN 978-7-5223-0125-9

Ⅰ.①政… Ⅱ.①王… ②权… Ⅲ.①政府投资-合作-社会资本 ②企业管理-研究 Ⅳ.①F830.59 ②F014.391 ③F272

中国版本图书馆 CIP 数据核字（2020）第 2020255 号

责任编辑：潘　飞　　　　责任校对：李　丽
封面设计：智点创意　　　　责任印制：党　辉

政府社会资本与企业理论创新
ZHENGFU SHEHUI ZIBEN YU QIYE LILUN CHUANGXIN

中国财政经济出版社 出版
URL：http：//www.cfeph.cn
E-mail：cfeph@cfeph.cn

社址：北京市海淀区阜成路甲 28 号　邮政编码：100142
营销中心电话：010-88191522
天猫网店：中国财政经济出版社旗舰店
网址：https：//zgczjjcbs.tmall.com
北京富生印刷厂印刷　各地新华书店经销
成品尺寸：185mm×260mm　16 开　10.25 印张　244 000 字
2020 年 12 月第 1 版　2020 年 12 月北京第 1 次印刷
定价：49.00 元
ISBN 978-7-5223-0125-9
（图书出现印装问题，本社负责调换，电话：010-88190548）
本社质量投诉电话：010-88190744
打击盗版举报热线：010-88191661　QQ：2242791300

总　序

对政府社会资本的研究始于我将集体选择理论引入企业理论和会计研究。集体选择理论发源于公共管理学、社会学范畴，用于解决社会中的公共选择问题。集体选择是“各参与者依据某项规则相互协商而确定集体行动方案的过程”。企业是社会的细胞，企业的形成过程也具有明显的集体选择特征，因此，在国家自然科学基金“利益相关者结构特征与财务披露监管模式研究”（70472013）和教育部新世纪人才支持计划（NCET05－0590）的支持下，我尝试将集体选择理论引入企业理论研究，提出“企业的本质是利益相关者集体选择”（2008）的论断，并以利益相关者理论和集体选择理论为基础，建立了企业所有权安排的理论解释框架，为企业理论的研究提供了新的视角。2011年，我提出了“利益相关者集体选择视角的企业价值管理研究”的研究计划，并在当年获得了国家自然科学基金立项资助，课题编号为71172099。

随着利益相关者集体选择视角的企业价值管理研究的深入，政府的角色和作用引起了我的兴趣和关注。传统的企业理论都将政府视为一个提供公共产品的超然主体，因而政府对企业价值的影响和作用均是被视为企业的环境因素。无论是赞同政府干预还是针锋相对地反对，政府与企业的关系都只是被视为政府作为社会管理者与企业作为被管理者的行政管理关系，不同学派分歧的焦点只是政府在企业（或市场）形成或发展过程中的行政权力的边界和作用，甚少有对企业形成和发展过程中政府公共资源配置的性质和作用进行深入的研究。众所周知，企业是一个资源配置的社会建构。在企业形成的资源配置中，政府是否也和其他资本投资者一样投入了具有个性化的公共资源？如果政府也在企业形成的资源配置中投入了个性化的公共资源，为什么其他的资源提供者可以享有企业的所有权，而政府却从来都没有被纳入企业所有权的框架之内呢？如果企业的本质是利益相关者的集体选择，政府是否是当然的集体选择参与者之一呢？

深入考察政府的公共资源配置，不难发现，其并非均为公共产品。实质上，在每家企业的形成和发展过程中，政府都或多或少地投入了具有排他性、竞争性的公共资源，例如，授予每家企业独一无二的“名号”或“代码”的使用权，赋予其在特定空间或区域开展营业活动的许可权，赋予其开展特定营业活动的许可权以及给予企业的各种专项支持政策（如建设用地、基础设施配套等优惠政策，人才引进、招商引资等专项支持政策），等等。政府为企业提供的这些公共资源具有显著的个性化特征，其在每家企业的资源配置中更符合资本的特性，不应该将其与公共产品相混淆。在对政府公共资源配置进行深入分析后，我提出了“政府社会资本”的概念，将政府公共资源配置区分为政府公共产品和政府社会资本，前者是非排他性、非竞争性的，必须按均等化的原则配置，后者则具有一定的排他性和竞争性的特征，其在企业之间的配置更具有个性化和资本性的特征。

在此基础上，我把对政府社会资本的概念和相关理论的思考带到我在中国海洋大学开设的“利益相关者会计与价值管理”课程中，与硕士、博士研究生们一起探讨，这些探讨既包括对政府社会资本的界定、构成要素及其分类、测度、权力属性及其确认、权力边界及行权方式等基础理论问题，也包括宏观、微观层面政府社会资本的应用探讨。宏观层面的应用涉及政府与市场关系重构、政府公共资源配置与经济社会发展规划、财税体制改革、产权制度改革、营商环境优化、环境治理及国家监督体制改革等国家治理创新的思考，微观层面的应用涉及企业构建的资源配置中政府与市场的关系、企业的资本禀赋及企业中的政府社会资本测度、企业中的政府社会资本所有权确定与企业混合所有制改革、政企关系重构等企业制度创新的思考。2018 年，我提出的“政府社会资本管理文丛”（涵盖《政府社会资本理论构建》《政府社会资本与企业理论创新》《政府社会资本与国家治理创新》3 部著作）入选“十三五”国家重点出版物出版规划，旨在创建“政府社会资本基础理论”“政府社会资本所有权与政府公共管理权协同的国家治理理论”和“异质性资本禀赋的利益相关者集体选择的企业理论”，为新时代国家治理体系现代化和中国特色企业理论的创新发展作出贡献。感谢“十三五”国家重点出版物出版规划项目、中宣部“文化名家暨‘四个一批’人才工程”和财政部“会计名家培养工程”对本丛书创作和出版的支持。

本丛书凝聚了我和长期以来合作研究的团队同事和学生的集体智慧。中国海洋大学管理学院权锡鉴院长一直支持我开展政府社会资本及其应用的创新研究，并与我一起以利益相关者集体选择理论、政府社会资本理论为核心合作完成了国家社科基金重点项目“竞争性国有企业混合所有制改革的现实困难与理论突破”（课题编号：16AJL007），武辉教授、杜媛副教授、祝兵博士、张璠博士、王苑琢博士、宋晓缤博士、史晓洁博士、韩星佳硕士、任祯硕士、于小悦硕士等也参与了合作研究，为本丛书的顺利出版提供了有力支持，在此一并表示衷心的感谢。

本丛书的出版得到了中国财政经济出版社会计分社樊清玉社长和责任编辑的特别支持，在此表示感谢。由于学识和能力有限，丛书中的观点和论述难免有错误和偏颇，敬请读者给予批评指正。

王竹泉

2020 年 12 月

目　录

第一章　问题提出 ………………………………………………………………………………（1）
　第一节　企业理论的局限性 ……………………………………………………………（2）
　第二节　政府社会资本对企业理论创新的突破 ………………………………………（5）
　第三节　引入政府社会资本的企业理论创新的意义与价值 ……………………………（6）

第二章　资源配置中的政府与市场关系 ……………………………………………………（9）
　第一节　宏观资源配置中的政府与市场关系 ……………………………………………（9）
　第二节　微观企业资源配置中的政府与市场关系 ………………………………………（15）
　第三节　宏观微观资源配置中政府与市场关系的统一 …………………………………（18）

第三章　政府公共资源配置与政府社会资本 ………………………………………………（21）
　第一节　政府职能与政府公共资源配置 …………………………………………………（21）
　第二节　企业建构与政府公共资源配置 …………………………………………………（25）
　第三节　政府公共资源配置属性的分类 …………………………………………………（30）

第四章　企业的政府社会资本禀赋及其影响分析 …………………………………………（33）
　第一节　企业的资本禀赋及其构成 ………………………………………………………（33）
　第二节　企业的政府社会资本禀赋及其测度 ……………………………………………（36）
　第三节　企业的政府社会资本禀赋对资本配置效率的影响分析 ………………………（39）
　第四节　企业的政府社会资本禀赋对融资约束的影响分析 ……………………………（50）

第五章　政府社会资本所有权与利益相关者集体选择 ……………………………………（62）
　第一节　利益相关者集体选择与企业形成逻辑 …………………………………………（62）
　第二节　政府作为政府社会资本投资者与其他投资者共享企业所有权 ………………（64）
　第三节　政府社会资本所有权的确认基础 ………………………………………………（66）
　第四节　政府社会资本所有权的特殊安排 ………………………………………………（68）

第六章 政府社会资本的所有权权能及其行使 …… (74)
第一节 政府社会资本所有权的权能 …… (74)
第二节 政府社会资本所有权的行使 …… (78)
第三节 政府社会资本所有权的让渡 …… (83)

第七章 政府社会资本参与的企业混合所有制改革 …… (87)
第一节 混合所有制的解读与认识误区 …… (87)
第二节 异质性资本禀赋与企业混合所有制的普遍性 …… (92)
第三节 政府社会资本参与的企业混合所有制改革路径 …… (94)
第四节 异质性资本配置的企业混合所有制作用机理与普适性 …… (100)
第五节 异质性资本配置的民营企业混合所有制改革案例剖析 …… (102)

第八章 政府社会资本参与的新型政企关系 …… (113)
第一节 改革开放以来中国政企关系调整的历程回顾与经验总结 …… (113)
第二节 中国特色政企关系的基本框架 …… (119)
第三节 政府作为政府社会资本所有者与企业的关系 …… (126)
第四节 政府作为公共管理者与企业的关系 …… (128)

第九章 政府社会资本制度的选择、应用与展望 …… (132)
第一节 政府社会资本制度的选择 …… (132)
第二节 政府社会资本制度的应用 …… (134)
第三节 政府社会资本制度的未来展望 …… (143)

主要参考文献 …… (144)

第一章　问题提出

企业理论不仅是公司治理和管理的基础，而且还会由于其对政企关系的不同阐释直接影响国家治理。企业作为一种社会建构，必然具有深刻的时代特征。因此，知识经济、网络经济的兴起必然会对工业经济时代关注土地、劳动、资本等有形资本的传统企业理论提出挑战，这当然是推动企业理论创新发展的不竭动力。与此同时，作为一种资源配置的社会建构，每一家企业又都会有其鲜明的社会特征，深刻地打上其所处的社会制度的烙印。中国特色社会主义市场经济体制不仅在宏观经济管理上具有鲜明的特色，也一定会在“企业”这一微观主体的层面上呈现出不同于西方国家的特征。市场和政府在资源配置中作用的不同既是区分不同经济体制的核心标志，而且也必然给资源配置所建构的企业打上清晰的社会制度的烙印，从而彰显出不同经济体制下企业制度的鲜明特色。不论是从我国改革开放四十多年所取得的举世瞩目的巨大成就来看，还是从党的十九大报告对“中国特色社会主义进入新时代”的历史定位以及党的十九届四中全会对坚持和完善社会主义基本经济制度的新概括来看，中国特色社会主义市场经济体制的话语体系和“四个自信”已基本确立，但是深入微观企业层面来看，中国特色企业理论和企业制度却尚未形成自己的话语体系，从而使中国特色社会主义基本经济制度缺乏坚实的微观基础，亟待夯实。

党的十八届三中全会将“完善和发展中国特色社会主义制度，推进国家治理体系和治理能力现代化”作为全面深化改革的总目标，并明确指出“经济体制改革是全面深化改革的重点，核心问题是处理好政府和市场的关系”，并把混合所有制提高到基本经济制度的重要实现形式这一前所未有的高度予以强调，这无疑对中国特色社会主义市场经济体制下的企业理论创新和政企关系重构提供了宝贵的契机。随着放宽市场主体准入、创新政府监管方式、建立高效透明公正的现代公司登记制度的公司注册资本登记制度改革的推进和实施，创新企业理论、重构政企关系的必要性和紧迫性更加突出。党的十九届四中全会公报特别强调：“坚持解放思想、实事求是，坚持改革创新，突出坚持和完善支撑中国特色社会主义制度的根本制度、基本制度、重要制度，着力固根基、扬优势、补短板、强弱项，构建系统完备、科学规范、运行有效的制度体系，加强系统治理、依法治理、综合治理、源头治理，把我国制度优势更好转化为国家治理效能，为实现‘两个一百年’奋斗目标、实现中华民族伟大复兴的中国梦提供有力保证。”因此，以政府与市场关系为切入点，从资源配置的视角对中国特色企业制度进行分析，提炼出具有中国特色企业制度的基本概念和话语体系，不仅是中国特色企业理论创新发展的需要，更是坚持和完善支撑中国特色社会主义基本经济制度、全面提升国家治理能力的重大现实需求，具有十分重要的实践意义。

第一节　企业理论的局限性

企业理论是指研究企业的本质、边界、目标、企业治理等问题的理论。其研究、发展经历了古典企业理论、新古典企业理论、新制度企业理论、新资本企业理论几个阶段。

一般认为，企业理论研究起始于1776年的亚当·斯密，属于古典经济学，其用整体主义价值观研究企业，从整个社会的视角用分工、专业化解释生产力的提高、企业的本质、企业的目标。其他古典制度经济学家同样坚持整体主义方法论，从社会整体的角度看待企业，认为企业是其所在的制度环境内生的产物，包括私人财产权制度、生产技术制度和文化制度。

新古典经济学将数学方法运用于经济分析，不考虑企业内部如何运作，只将企业视为一个生产函数，用边际分析的方法推论出企业的本质是追求边际利润。20世纪，新制度经济学开始挑战新古典经济学的企业理论，用企业中的和企业外的各种制度解释了企业对股东价值最大化的追逐目标和企业的本质。交易成本理论、委托代理理论、团队理论、纵向一体化理论等理论形成了主流的企业理论。主流企业理论的发展先后经历了两个阶段：交易成本理论和委托代理理论默认物质资本所有者拥有企业所有权，讨论企业的本质；团队理论、纵向一体化理论探讨企业合并的理由，并论证物质资本拥有所有权的必要性。

20世纪末，挑战股东价值观的利益相关者理论认为：企业是利益相关者共享产权、共同治理的产物，或者人力资本与非人力资本的合约；企业是由关键资源和其代理人的互补组成的一个合约纽结；企业在本质上是一个能力集合。通过对新资本的发现，新资本理论认为企业是金融资本、人力资本、组织资本、社会资本的合约（杨继国、安增军，2004）。

一、企业的本质与主体

对企业本质的研究起源于科斯（Coase，1937）的交易费用理论，他认为“建立企业有利可图的主要原因似乎是，利用价格机制是有成本的”，企业本质上是节约交易费用的产物。这其实与企业的财务目标“企业价值最大化”是不一致的，成本节约并不等价于价值创造，而企业内部市场交易的存在也使得交易的范围难以界定。科斯并未言明企业的主体是谁，但提出了著名的企业产权理论，创立了产权经济学派，提出产权是附着于实物财产或劳务的一组权利束，企业产权是建立在企业财产基础上的各种权利，主要包括所有权、控制权以及索取权等。

阿尔奇安和德姆塞茨（Alchian and Demsetz，1972）在此基础上提出了团队理论，认为企业本质上是一种团队生产，生产中投入使用的要素、资源以及企业的产出都是团队共同努力的成果，并非归一人所有，企业应属于团队的中心签约人，即监督者，并赋予其剩余索取权以及相对称的控制权。但谁可以担当中心签约人，团队理论并未言明。霍姆斯特姆和泰勒尔（Holmstrom and Tirole，1987）、张维迎（1995）进一步提出企业团队中的所有权即剩余索取权应归属于物质资本所有者，因为其边际产出最难测度，或者资本是一个最可信的显示信号。

后来的学者格罗斯曼和哈特（Grossman and Hart，1986）、哈特和莫尔（Hart and Moor，

1990）建立了著名的GHM（格罗斯曼—哈特—莫尔）理论，或称之为不完全契约理论，提出产权是资产拥有者所拥有的排他性权利，由于企业中存在的不完全契约，以及不完全契约下的敲竹杠问题，契约中未提及的剩余控制权更重要，于是企业所有权被定义为拥有剩余控制权或事后的控制决策权。威廉姆森（Williamson，1972）在资产专用性的基础上提出物质资本所有者应掌握所有权，杨瑞龙、杨其静（2001）却提出拥有专有性资产的所有者才真正有实力分享组织租金，他们被其他团队成员所依赖，是团队生产所必需且难以被替代的。

在不完全契约的基础上，多位学者都认可企业的契约本质：威廉姆森（Williamson，1972）、克莱因（Klein，1978）、詹森和麦克林（Jensen and Meckling，1976）、张五常（1983）分别提出企业本质上是一组契约的集合。但这些契约包括哪些，是交易契约还是组织契约？契约论未给出清晰界定，使企业在本质上无法区别于其他主体，市场、企业之外的所有机关事业单位和非营利组织都可视为契约的集合。周其仁（1996）进一步提出，企业契约是人力资本与非人力资本的特殊合约，人力和非人力资本所有者是企业的共同主体。他将论证的重点放在两类资本的共同作用上，只注重探讨企业的两类资本所有者之间的契约关系，但对同一种资本内部不同所有者之间的契约关系是怎样的却未作过多探讨。

这些研究用不同方法论、从不同视角全方位地探究了企业的本质，要么以物质资本所有者股东为中心，要么即使认同了利益相关者对企业所有权的共享，却未明确指出根据什么原则共建了怎样的所有权结构，所有权结构中又需要什么性质的资本共同合作创造价值。当前社会上出现了多种类型的可创造价值的资本，如掌握供应商资源和客户资源的社会资本，掌握制度资源的政府社会资本等，那么由这些不同性质的资本共同签约构成的企业，如何界定其为各类资本所有者创造价值的本质？

二、企业的边界

企业应以什么为界一直是经济学家热衷探讨的问题。科斯用交易费用概念解释企业的边界，“企业将倾向于扩张直到在企业内部组织一笔额外交易的成本，等于通过在公开市场上完成同一笔交易的成本或在另一个企业中组织同样交易的成本为止”。因此，企业的边界取决于由企业代替市场而节约的交易费用与企业存在而引起的内部组织费用在边际上相等之处。

在研究如何界定交易与交易费用时，威廉姆森（Williamson，1979，1980，1985）、克莱因（Klein，1978）把视角转向公司治理，他们认为，有限理性和机会主义的存在导致了交易活动的复杂性和交易费用的增加，应选择不同治理结构与不同的交易类型相匹配，以使交易成本最小化。因此，威廉姆森是将资产专用性和交易频率作为决定企业边界的关键变量。只有当资产专用性程度和交易频率都较高时，企业才会代替市场，即出现企业一体化。

团队生产理论认为，对签约后的机会主义行为的监督成本是企业规模限定的界限。Holmstrom（1994，1998，1999）等人从激励角度探讨企业的边界，他们认为：一项任务是采取内部雇用还是外部购买，取决于不同的任务对不同约束的人所需要的绩效度量成本、监督成本和激励效果；如果绩效度量成本较低，将偏向于采取市场契约的方式，比如代理制、特许经营等。Rajan和Zingales（1997，1998，2000）指出，对任何关键性资源的控制权都是权力的一个来源，“进入权”是使用或处理企业关键资源的能力，企业边界被定义为创造企业价值（最大化盈余）的关键资源的集合。

随着信息技术的发展，知识经济下企业边界的新变化对传统理论提出了挑战。Helper 等（2000）认为，在知识经济条件下，企业边界的法律和关于所有权的定义变得无关紧要，一些超越企业法律和所有权边界的新型组织形式将出现，市场和企业间的边界逐渐消失。Holmstrom 和 Milgrom（1994）、Garicano 和 Santos（2002）、Garicano 和 Hubbard（2003）从分工的角度研究，提出企业边界可以被定义为个体间收入分享安排的范围，它可以反映与工作分派问题相关的权衡，也就是如何使经济机会与个体有效地匹配。Alvarez 和 Barney（2004）提出企业家与企业的存在就是为了创造和占有与市场机会有关的经济租金，组织边界的选择主要取决于与市场机会有关的经济租金创造过程中显性知识和隐性知识的相对重要性。Jacobides 和 Winter（2007）则从一个真实企业家的角度说明一家具体企业边界选择的经济逻辑，即企业边界就是企业家冒险的边界，企业边界范围的选择反映了企业家自己关于"如何赚钱"的理论。

总地来看，已有的研究从交易费用、契约、激励、资源权力、知识资产、分工、企业家、信息技术等各种角度探讨了企业边界的决定因素。但其共同的特点在于将企业及其边界的决定因素或决定者归于一种或一类主体，即认可股东对企业的单边决定观，从经济学或管理学视角抽象的分析企业边界的拓展受哪个主体、哪些因素的决定。但若从现实出发，认可实际的企业可能由多类利益相关者共同拥有的企业理论，企业边界的决定逻辑将重新建立。正如当前我国兴起的 PPP 模式（Public - Private Partnership），正是由政府、私营资本、民营资本合作建立的参与公共基础设施建设的一种项目运作模式。这种模式下所建立企业的边界在何处？现有企业理论中的各学派并未对其作出解释。

三、企业的目标

企业目标被认为是企业成立的宗旨，它规定了企业发展的终极目的，并指导着企业的发展方向。企业目标的设定必然直接受制于企业的所有者。因此，企业目标的研究事实上是探讨企业归谁所有的问题。

新古典、新制度经济学下的企业理论，在股东价值观下对企业归物质资本还是人力资本所有者所有作了大量的辩论。自利益相关者价值观下的企业理论提出后，Freeman（1984）、Mitroff（1983）、Carroll（1989）等学者提出利益相关者价值最大化的企业目标，并指出其与股东价值最大化目标的区别在于：是否仅以经济价值为目标，是单一维度的价值目标还是多主体角度的价值目标，是经济人理性的决策过程还是多种选择的决策程序。其后的学者如 Brenner 和 Cochran（1990，1991）进一步用层次分析法解析、度量出利益相关者价值最大化目标。但是从理论上看，对利益相关者基本概念的多种多样的解释使得该理论的进展十分缓慢（Scherer and Patzer，2011）。从实践中可看到，不同企业的利益相关者不同，但对如何对企业进行分类、如何界定各类企业的利益相关者，现有理论并未给出清晰的思路，利益相关者最大化的目标也就变得模糊。

四、局限性分析

综观已有研究，不难看出：以交易成本理论和契约理论为核心的企业理论虽然解释了企业与市场的边界，但是却没有对企业的所有权边界给出合理的解释。不完全契约、资产专用性等理论虽然探讨了企业的所有权边界，并推动了公司治理研究的兴起和发展，但是，却忽视了对企业经营边界的考察。企业制度层面的已有研究对我国与西方国家国情、制度、文化差异关注不够，中国特色社会主义市场经济是有为政府与有效市场相结合的经济（陈云贤，2019），已有研究忽视了政府尤其是各级地方政府在企业经营过程中扮演的重要角色，“学界流行的理论和现实有很大的脱节；当下中国确实是理论滞后于现实”（杨瑞龙，2019）。在研究方法上，主要采用西方企业管理理论如委托代理理论、契约理论等用于我国企业理论探索与实践，忽视了中国企业管理实践中的特殊元素，缺乏融合马克思主义政治经济学与西方经济学、适合于我国国情的分析范式，仍须探索建构具有中国特色的企业管理学概念（王永贵，2019）。

我们认为，企业是资源配置的社会建构。市场和政府在资源配置中作用的不同既是区分不同经济体制的核心标志，而且也必然给资源配置所建构的企业打上清晰的社会制度的烙印，从而彰显出不同经济体制下企业制度的鲜明特色。西方主流企业理论都将政府作为超然存在于企业组织之外的社会管理者，从而使政府成为企业构建过程中的外生变量，政企关系仅仅被视为是政府作为管理者而企业作为被管理者的公共管理关系，政府在企业构建的过程中只是提供了公共产品，对政府在企业构建过程中配置的个性化资源视而不见。作为资本配置的重要主体，中国政府所配置的公共资源规模庞大，且其中有相当大部分的公共资源配置并非公共产品，这从根本上决定了企业制度的中国特色。毋庸置疑，虽然在宏观层面，中国特色社会主义市场经济体制的话语体系和“四个自信”已基本确立，但是深入微观企业层面，中国特色企业理论和企业制度却尚未形成自己的话语体系，导致中国特色社会主义基本经济制度缺乏坚实的微观基础，亟待夯实。本书试图从资源配置的视角对政府与市场的关系进行深入分析，提炼具有中国特色的基本元素，构建中国特色企业制度和企业理论的话语体系。

第二节　政府社会资本对企业理论创新的突破

与其他国家相比，中国在资源配置中最大的特色是政府公共资源配置，无论是政府公共资源配置的规模，还是政府公共资源配置的广度和深度，都是其他任何国家不能比拟的。中国企业制度的特色也在很大程度上是由政府公共资源配置的特色决定的。目前，中国特色企业话语体系苍白的主要原因就是对中国政府公共资源配置的特色视而不见，导致将政府配置的所有公共资源都视同是公共产品。中国特色企业制度构建研究必须从概念到应用全面纠正这种错误认识。

事实上，古今中外，政府都绝非仅仅是一个拥有公共权力的超然主体，而是一个实实在在地拥有公共资本投资权力的主体。每一家企业都是资源配置的产物。在每一家企业形成的资源配置过程中，政府都实实在在地投入了具有个性化的基础设施、企业名号、经营许可以及特别政策等，这些投入并非真正的公共产品，而更具有资本的属性，我们可将其称为“政府社会资本”，应赋予作为该类资本投资者的政府以相应的资本所有权。

一、从资源配置中的政府与市场关系的视角将中国特色社会主义市场经济体制与中国特色企业制度研究融为一体

本书站在国家治理的高度，从资源配置中的政府与市场关系的视角，将宏观资源配置中的政府与市场关系（中国特色社会主义经济体制）、微观资源配置中的政府与市场关系（中国特色企业制度）的研究有机融为一体。

二、突破以往将政府公共资源配置与公共产品相混淆的误区，按政府公共配置资源属性对政府公共资源配置进行分类

为解决政府和市场在公共物品供给中作用的分歧，公共选择学派诉诸政治程序，前提是政府完全是为公共利益而存在和运作，而产权学派则倾向于将外部性内部化，前提是交易双方信息对称。但这些前提与真实世界都有较大的差异。

本书另辟蹊径，在对政府公共资源配置属性进行分类的基础上，对于纯粹的公共物品供给，完全采用政府来供给，而对于政府社会资本的那部分公共资源供给，则采用产权的方式。由于这类公共物品带有一定的个性化特征，受益范围有限，因此，较容易界定产权，再加上交易的一方为政府，这就为交易信息公开提供了可能，因此，科斯定理的前提条件得到了充分满足。

除此之外，本书的学术思想在实现产权和公共选择有机结合的同时，也使效率和公平得到了兼顾，较好地解决了为推动经济发展而增加政府公共资源投资所引发的社会不公问题。

三、改变传统企业理论将政府视为外生变量的缺陷，将政府纳入企业所有权的分析框架

本书提出政府社会资本的概念，并将其纳入企业理论的框架，突破"产权理论""超产权理论"的理论局限，将社会学的"集体选择理论"和管理学的"资源基础理论"引入企业理论研究，在创建"不同形态资本禀赋的利益相关者的集体选择"的企业理论的同时，将政企关系拓展到基于政府社会资本所有权的政企关系和基于政府社会公共管理权的政企关系双重关系的框架之下，将企业制度与政企关系的研究拓展到了一个新境界。

第三节 引入政府社会资本的企业理论创新的意义与价值

引入政府社会资本对企业理论创新的意义和价值主要表现在以下几个方面。

一、理论意义和学术价值

（一）开辟企业本质认识的新视角，引领企业理论研究进入新时代

委托代理理论将企业归结为委托代理关系，契约理论认为企业的本质是一系列契约的集合，交易成本理论认为企业是替代市场的机制。但是，这些理论既非中国原创，不具有普适性，更难以全面回答企业目标、边界和主体等企业理论应予以阐释的基本问题。

从资源配置视角看待企业，具有普适性，每一家企业都是资源配置的产物，都是不同形态资本的结合体。不管是哪个国家，企业建构的资源配置过程中都既有市场的参与，也有政府的参与，所不同的是政府参与的程度具有差异，因此，将政府纳入企业理论的解释框架具有普适意义，企业的本质都是政府作为政府社会资本投资者与其他资本提供者的集体选择，目标是集体选择参与者的共同利益最大化，集体选择的范围决定了企业的边界。这种理论阐释将打开企业本质认识的新视角，引领企业理论研究进入新时代，并更能彰显中国特色。

（二）弥补公共经济学理论缺陷，走出市场失灵与政府失灵的“沼泽”

公共经济学理论将纠正市场失灵作为政府提供公共产品的逻辑，而为了解决政府失灵又诉诸社会学的公共选择理论来予以解决。事实上，走出市场失灵和政府失灵的“沼泽”，经济学理论本身就可以实现自救。

按资源配置属性将政府配置的公共资源区分为政府社会资本与政府公共产品之后，宏观（社会经济的资源配置）、微观（企业建构的资源配置）表现为政府和市场的关系，市场属性的资源配置（包括政府公共资源配置中具有市场属性的部分）界定产权，而非市场性质的部分归结为政权。政府与企业的关系可更全面地阐释为基于政府社会资本所有权和基于政府社会公共管理权与企业的双重关系。

（三）为新时代中国特色国家治理理论的创新发展提供坚实的理论支撑

崇尚西方政府职能和国家治理理论的人认为政府应为“有限政府”“小政府”，将中国政府解读为“大政府”。中国的国家治理理论则强调“有为政府”和“更好发挥政府作用”。将政府公共资源配置区分为政府公共产品和政府社会资本，政府就不再拘泥于“大政府”“小政府”的定位，它既是维系社会公平的管理者，同时也是参与市场活动的投资者，从而厘清了政府与企业之间的政权关系与产权关系，既满足了政府创造社会价值、经济价值的双重目标，又满足了政府对公平的维护及对效率的追逐，从而充分彰显中国社会主义市场经济体制的独特魅力，进而为新时代中国特色国家治理理论的创新发展提供坚实的理论支撑。

二、实践意义和应用价值

（一）树立中国企业制度话语体系的理论自信，为中国特色社会主义的制度自信提供支撑

企业构筑于社会制度之上，因此，在中国特色社会主义基本经济制度下，我国企业必然呈现不同于西方国家的鲜明特色。事实也充分证明，发源于西方的企业理论并不能很好地对中国改革开放以来的企业改革和新型政企关系提供科学的指导。因此，基于中国实践构建中国特色企业制度话语体系将建立中国企业制度话语体系的理论自信，为中国特色社会主义的制度自信提供重要支撑。

（二）创建与中国特色社会主义、中国特色社会主义市场经济理论一脉相承的中国特色政企关系话语体系，加快推动国家治理体系和治理能力现代化建设

企业制度和企业理论不仅是公司治理和管理的基础，而且还会由于其对政企关系的不同阐释直接影响国家治理。创建与中国特色社会主义、中国特色社会主义市场经济理论一脉相承的中国特色政企关系话语体系，有助于更好地发挥政府在宏观、微观层面资源配置中的作用，从而为加快推动国家治理体系和治理能力现代化建设开拓新思路。

（三）为企业混合所有制改革和完善公司治理提供理论指导

目前，对企业混合所有制的认识局限于国有、民营不同所有权性质的混合，本书将从异质性资本（物质资本、智力资本、社会资本或关系资本等）配置结构优化的视角解读企业的本质和企业混合所有制的要义，从而为推进企业混合所有制改革和完善公司治理提供新的理论指导。

（四）为分配制度改革提供理论支持

目前，政府参与一般企业分配的方式只有税收一种方式（国有企业除外），以行政性收费的方式参与分配极易被冠以“乱收费”“加重企业负担”“政府腐败”等骂名。将政府公共资源配置区分为政府公共产品和政府社会资本，不仅可以为完善国家治理和公司治理提供理论支持，而且可以为分配制度改革提供理论支持。政府公共产品的配置强调资源配置的公平性（均等化）和无偿性，保障政府公共产品配置须依靠强制性的税收手段，而政府社会资本的配置更强调效率和补偿性，因此，政府社会资本配置应依靠自愿性的产权和利润分配的手段，这为政府参与企业分配由单一的税收方式转向税、利分流提供了重要的理论支撑。

（五）为土地、知识、数据等生产要素的市场化配置提供制度示范

企业作为一种资本配置的社会建构，必然随着资本形态的演变而呈现鲜明的时代特征。党的十九届四中全会首次提出“健全劳动、资本、土地、知识、技术、管理、数据等生产要素由市场评价贡献、按贡献决定报酬的机制”，本书提出的异质性资本配置结构优化的企业混合所有制改革将为上述要素的市场化配置提供制度示范，有助于推动高效、透明、公正的现代公司登记制度的改革，构建系统完备、科学规范、运行有效的制度体系。

第二章　资源配置中的政府与市场关系

第一节　宏观资源配置中的政府与市场关系

一、基本经济制度层面的政府与市场关系

关于政府与市场在资源配置中的作用，一直是经济学家争论的焦点，并已成为划分经济学理论流派和基本经济制度的分水岭。以斯密为代表的自由放任主义坚持“看不见的手”可以自发调节，无须政府干预。凯恩斯则认为“看不见的手”也会失灵，必须利用政府这只“看得见的手”干预。20 世纪五六十年代，凯恩斯经济学得到了西方国家的普遍推崇，并形成凯恩斯主义。在凯恩斯主义的不断发展中，逐渐形成了以美国萨缪尔森为代表的新古典综合派与以英国罗宾逊为代表的新剑桥学派两大分支学派。新古典综合派主张“混合经济”的理论；新剑桥学派则认为政府主要的经济职能是分配。

20 世纪 70 年代，西方各国的经济发展陷入停滞，既看到市场不足又看到政府缺陷的新自由主义得以兴起。以弗里德曼为代表的货币主义学派、以科斯为代表的产权理论学派和以布坎南为代表的公共选择学派等迅速发展。20 世纪 80 年代末、90 年代初，新自由主义的经济改革带来了一系列更为严重的问题，倡导政府干预的凯恩斯主义再次引发了经济学界的关注。2007 年美国发生金融危机以来，政府干预的凯恩斯主义又重新出现。2010 年诺贝尔经济学奖获得者彼得·戴蒙德主张政府干预，支持财政刺激。2014 年，《21 世纪资本论》作者托马斯·皮凯蒂指出，摒弃政府调节的新自由主义大大加重了资本主义世界财富和收入分配的不平等，反倒是重视政府干预的凯恩斯主义盛行时期有关国家的收入不平等才没有扩大。另一位诺贝尔经济学奖得主萨缪尔森也认为，完全的自由放任与社会不平等的扩大有着必然的联系。2014 年，诺贝尔经济学奖得主斯蒂格利茨建议中国在市场与政府的关系上不宜过分偏向某一方，而应走中间道路。2016 年，新加坡国立大学郑永年指出：东亚经济体的成功是同时发挥了市场和政府的作用，政府和市场的有效配合使得东亚社会仅仅用了三十多年的时间走完了西方一百多年的历程。由此可见，即使在西方，人们仍然在探讨政府和市场的关系该如何处理。

不论是改革开放之前，还是改革开放至今，我国关于政府与市场在资源配置中作用的理论和实践都与西方国家有很大差异。当然，这是由我国改革开放前实行计划经济逐步调整到目前的中国特色社会主义市场经济体制所决定的。傅殿才（1995）指出，在传统的计划经

济体制下，计划与市场的关系问题实际上是不容争论的，只能实行全面的、无所不包的计划经济。当时的理论界普遍认为，计划和市场是性质完全不同的两种资源配置方式，分属于社会主义和资本主义的两大完全对立的社会基本制度范畴，只有计划才是社会主义的东西，而市场则完全是资本主义的东西，社会主义国家绝对不能有。党的十一届三中全会以来，我国对计划经济体制进行了调节，在计划经济的框架内适度扩大市场作用，确认了经济体制改革的基本原则——“计划经济为主，市场调节为辅”。不过，这一阶段的改革仍坚持计划的主导地位。党的十四大正式拉开了市场经济改革的“帷幕”，政府与市场在资源配置的职能划分上发生了根本性的转变。这一阶段中，市场机制不断强化，成为独立的体制性因素和资源配置的基础性力量。楚永生（2003）认为，政府与市场在某种程度上是两种配置资源和协调社会经济活动的主要机制或制度安排。对两种资源配置机制或制度安排不同程度和不同方式的选择与组合，将会导致资源配置效率高低与成本收益大小的差别。在市场经济条件下，政府与市场在配置资源方面都有各自独立发挥作用的范围和领域，同时也存在二者作用交叉的地带。在政府与市场都能发挥配置资源作用的情况下，政府与市场配置资源的边界就取决于成本与收益的比较。一般而言，在同样情况下应遵循市场优先原则，须确立市场在资源配置的基础性地位。赵良庆（2004）提出：一方面，在经济运行过程中应发挥市场激励约束机制和市场配置资源的基础性作用；另一方面，应要求建立和完善社会主义市场经济制度的实现的有效形式，也就是构建一个最有利于促进发展生产力的政治法律制度和政府管理制度。冯俏彬和贾康（2010）指出，失灵而替代的单向思维，强化了对二者冲突的认识。但在真实世界中，政府与市场从来共同发挥作用，尽管在某些历史时期，其中某一方曾居于更为显眼的地位。另外，近几十年来，纯公共产品与纯私人产品的连接部分不断地发生着多样化的升级发展，从而使政府与市场越发地相互渗透融合。

尽管我们在经济理论上也受到了西方经济思潮的影响，但是马克思主义政治经济学以及中国特色社会主义理论在我国改革开放以来的经济理论和改革实践中都占据了主导地位，并逐渐形成了中国特色社会主义市场经济的话语体系。党的十八届三中全会提出“市场在资源配置中起决定性作用和更好发挥政府作用”之后，持“市场决定论”的国内外新自由主义者纷纷用新自由主义理论对此进行错误解读。对此，程恩富（2013，2014）旗帜鲜明地提出“要分清两种市场决定性作用论”，指出两种决定论的本质区别主要体现在“市场决定性作用”和政府的规划配置作用在功能上的良性互补、在效应上的协同和在机制上的背反。洪银兴（2016，2017）指出，中国特色社会主义政治经济学是当代中国马克思主义政治经济学，其话语体系包括三个方面：一是马克思主义政治经济学尤其是《资本论》提供的政治经济学话语体系；二是中国特色社会主义经济创新的话语体系；三是批判地吸收世界成熟的经济学理论。洪银兴并对市场决定资源配置的条件下，政府经济功能的“四强”进行了论述。卫兴华、逄锦聚、顾海良、胡培兆、顾钰民、李建平、蒋永穆等（2017）都对此进行了论述。洪银兴（2020）再次强调，相应的政治经济学不能只研究制度，还需要研究经济运行和经济发展的问题，由此政治经济学的理论体系就会形成经济制度、经济运行和经济发展（其中包括对外经济）三大部分。党的十九大报告对中国特色社会主义进入新时代的论断以及党的十九届四中全会公报对社会主义制度与市场经济有机结合的显著优势的总结均是对中国特色社会主义市场经济话语体系和实践成功的充分肯定。

二、公共资源配置中的政府与市场关系

在公共资源配置（即公共物品供给）方面，萨缪尔森（1954）将公共物品定义为“每个人对这种产品的消费，都不会导致其他人对该产品消费的减少”。布坎南（1965）提出了“俱乐部物品”概念，按布坎南的解释，私人物品是俱乐部成员数为1的物品，纯公共物品是成员数为无限大的物品。尽管对公共物品的界定有差异，但他们都认同公共物品应由政府来提供。

科斯（1974）首先提出公共物品应由私人提供，其理由是市场机制与政府手段都会出现失灵，需要比较政府与私人提供公共物品的优劣，并有倾向性地选择私人提供。在此基础上，巴泽尔（1997）认为公共物品并非物品自身的属性，而是人们根据界定物品产权是否能带来净收益而选择界定某一物品的产权。Marmolo（1998）也认同公共物品并非物品自身的属性，但认为供给方式的不同才是根本标志。

在公共资源配置方式上，“政府—市场”二分法占据了主流。前者更注重分配功能（或公平），后者更注重配置功能（或效率），由于无法证明“政府失灵”一定小于“市场失灵”，因此，主流经济学无法将分配因素从公共物品提供过程中剥离出去。2009年诺贝尔经济学奖获得者埃莉诺·奥斯特罗姆则认为：极少有制度不是私有的就是公共的，公共财产制度本身是一种排他性私有产权的形式——只是私有财产权利不应该被等同于个人产权。在此基础上，她提出了公共池塘的自主治理方式。Shao和Zhou（2016）指出，投票的机制并不能保证其结果总是符合公共物品提供的有效水平。Dekela等（2017）则指出：当总收益超过所造成的损害时，若以社会中获益的部分补偿利益受害群体而同时不损害获益群体的利益，便可能导致公共物品供给的帕累托改进。

我国学者对公共资源配置的认识与国外学者也有较大的不同。何秉孟（2014）指出：“市场的决定性作用”仅仅限于资源配置的一般性资源，并不包括地下资源及其他关系国计民生的必须由国家控制的战略性资源、特殊资源。周绍东（2015）则提出了公共产品过度供给问题，特别是在支持科技创新、产业转型升级、高端人才引进培育等方面。洪银兴（2016）指出，涉及国家安全和生态安全的，涉及环境保护方面的，涉及全国重大生产力布局、战略性资源开发和重大公共利益等项目，以及基本公共服务的配置，政府不只是进入，而且应该充分并且强有力地发挥作用。宋磊和谢予昭（2019）发现，中国式“政府—市场”关系经历了以行政思路解读市场逻辑、以行政措施培育市场机制、以政策调整引导市场主体、以行政力量补充市场作用等不同的阶段，具有鲜明的中国特色。在新时代，平衡政府与市场之间的关系仍是全面深化改革的核心问题（时家贤、袁玥，2019），陈云贤（2019）开宗明义地提出，中国特色社会主义市场经济是有为政府与有效市场相结合的经济，林毅夫（2020）强调，有效市场的发育需要有为政府的正确干预。

在公共资源配置方式方面，张琦（2015）建议要告别“政府—市场”的二分法，要以新的理论框架来研究现实中的公共物品问题。洪银兴（2016）指出，政府配置公共资源主要是政策路径，包括：利用收入分配政策促进社会公平主义；通过产业政策和负面清单引导产业结构转型升级；通过财政和货币政策调节宏观经济运行。林毅夫（2017）的新结构经济学倡导有为政府，他认为有为的政府需要处理先行者的外部性和软硬基础设施完善的协调问题，实现因势利导。洪银兴（2018）指出：对于政府作用的领域不应局限于市场失灵、

产权保护、宏观调控这些传统经济学假设，结合中国国情，在公共资源配置领域中还须政府发挥重要作用。方福前（2019）指出，不同于新自由主义将政府和市场对立起来，中国社会主义市场经济体制改革的特色是让市场在资源配置中起决定性作用和更好地发挥政府作用。

三、宏观资源配置中的政府与市场关系的综合分析

在当前转换发展新动能、推动经济高质量发展的攻坚关键阶段，加快转变政府职能是当务之急。转变政府职能，不是由一种职能转变为另一种，而是正视经济职能中市场与国家调节的作用关系，更加注重政治社会职能与经济职能的有效组合。其中，市场决定与国家调节的组合应用是转变政府职能的关键所在，需要我们具体分析二者的作用与缺陷，结合我国“市场在资源配置中起决定性作用和政府更好地发挥作用”这一总要求，在宏观层面分析政府与市场的关系，深入认识“市场决定与市场失灵”及“国家调节与政府失灵”，为创新驱动下中国特色企业理论和企业制度的话语体系构建奠定基础。

（一）市场决定与市场失灵

市场的决定作用最先起源于西方国家的古典经济学理论，它强调经济自由、无国家干预。18 世纪中叶，伴随着英国工业革命的兴起，资产阶级的力量逐渐壮大。告别了早期的资本短缺，市场经济蓬勃发展，一直以来主张重商主义的国家政策逐渐无法适应当时社会经济发展的需求，以亚当·斯密为代表的自由放任主义开始兴起。自由放任主义将自由放任作为经济政策的核心，强调市场自身的调节作用，认为市场用“看不见的手”就完全可以支配社会经济。政府没有必要也不应该干预市场经济，只需要做好保卫国家安全、建立健全司法制度、提供公共事业的工作即可，政府只是扮演“守夜人”的角色。在亚当·斯密之后，英国经济学家西尼尔也是自由放任主义的拥护者，他指出政府的唯一合理基础是与人方便，政府的义务就是竭尽所能地增加被统治者的福利。“萨依定律”无疑也是市场决定论、自由放任主义下的产物，它强调“资本主义市场经济一般不会出现任何过剩问题，能自动达成供需平衡”。显然，这一时期的西方国家完全依靠市场调节社会经济，国家对经济的参与度为零，政府只承担政治社会职能。

20 世纪 70 年代，随着凯恩斯主义带来的滞胀问题，经历了政府全面干预的西方国家开始重新将市场决定论奉为圭臬。新自由主义思想的兴起意味着市场决定论的回流，它虽然允许国家进行少部分干预，但仍指出市场是完全自由的竞争，提倡继续自由放任的市场经济与发挥“看不见的手”的力量，主张私有化与个人主义。从自由放任主义到新自由主义，虽然政府干预程度有所增加，但市场仍然是调节社会经济的第一手段，市场在资源配置中的决定性作用毋庸置疑。

然而，市场决定论并不是完美无缺的，单纯只依靠市场手段并不能保证经济长期平稳运行，不论是 1929 年爆发的经济大危机还是 2007 年席卷全球金融市场的金融海啸都是过度依赖市场自发调节、引发市场失灵的直接证明。针对上述的市场失灵情况，福利经济学家认为，依靠政府解决市场缺陷无疑是最好的方式，这也是大多数人的共识。事实上，在两次金融危机爆发后都出现了政府干预经济说与强调国家调节作用的学说理论。查尔斯·林德布洛姆（2003）认为，“抛开专政残暴的政府与主张自由的政府之间的区别，一个政府同另一个政府的最大不同，在于市场取代政府或政府取代市场的程度”。查尔斯·沃尔夫（2007）认

为，政府与市场之间的选择是复杂的，不是纯粹在政府与市场间的选择，而经常是在这二者的不同组合间的选择以及资源配置的各种方式的不同程度上的选择。但是，政府干预应该到何种程度？政府与市场两种手段之间应如何协调配合？完全依靠政府调节经济是否就没有缺陷？这一系列问题还需要我们对国家调节及其缺陷进行具体分析。

（二）国家调节与政府失灵

最早的国家干预经济始于20世纪初，自由竞争的资本主义逐渐向垄断资本主义过渡，1929年爆发的经济危机快速席卷了西方世界，这极大震撼了西方经济学界，也打破了一直以来的“斯密神话”，为凯恩斯政府全面干预主义的出现奠定了现实基础。凯恩斯认为单纯只依靠“看不见的手”而放任私人经济制度自发调节，无法解决经济危机中出现的问题。只有扩大政府职能，以政府的宏观公共政策弥补市场缺陷，才能矫正市场经济的偏差。在之后资本主义发展的黄金时期里，凯恩斯主义一直被奉为经典理论，人们普遍认可政府职能的扩大，认为政府干预可以有效解决市场失灵问题。

相对西方国家的全面干预或全盘否定，我国对政府经济职能的认识与应用循序渐进，大致可以分为三个主要阶段。20世纪50年代，我国社会主义处于萌芽阶段，与之相对应的是高度集中的计划经济时期，此时普遍认为政府具有分配和监督职能，并以分配职能为主。1978年召开党的十一届三中全会，正式标志着我国进入了经济转轨阶段，公有经济虽仍然占据主体地位，但也逐渐形成了多种经济形式并存的结构。这一时期最为典型的就是政府三职能论，即分配、调节和监督，其中仍以分配职能为基础，在之前对国民经济进行分配和监督的基础上，新引入了调节职能，对国民经济平稳运行进行调节。总体来说，在改革开放前，我国在逐渐认识到市场作用的同时不断完善政府职能，但仍始终坚持以政府为主导的经济运行机制。

然而，不论是我国还是西方国家，以国家干预为主的经济政策在历史舞台上的存在都是立谈之间，虽然风靡一时却最终被市场经济所取代，究其原因是因为国家调节的失灵。正如导致市场失灵的核心是外部性，导致政府缺陷的根本原因是内在性。政府部门追求自身利益而非社会公众的集体利益，因为存在经济人假设，政府部门人员在进行决策时也会将自身或本集体的利益置于首位取代公共利益。不同于市场和私人企业较为单纯、单一的目的，政府的目标相对要复杂许多：一方面，要履行好非经济职能，如维护社会稳定、保证人民生活水平、提高人民生活幸福度；另一方面，政府的经济职能也要发挥作用，既要促进经济增长，又要保证足够的税收收入。从某种程度而言，政府追求的目标有时会相互矛盾，在这种情况下政府只能权衡利弊。同时，因为每一项政策的制定都要充分反映民意，需要花费大量的民意调查、反映、再修订时间，这就造成了政府在出台政策或实施某一项目的低效率。割裂成本与收益的正常联系是导致低效率的另一个重要原因。政府的主要收入来源就是税收，不同于企业的收入取决于其提供产品的情况，政府收入具有非价格性质，与政府完成任务的质量情况并没有直接联系；并且，政府成本的增加可以为其下一年的预算增加带来支持，低效率就成为在所难免的事。在决策方面，公共决策虽然方法众多却没有最佳方式，决策机构庞大、层级过多也为政策的准确、高效率下达、执行造成了障碍，信息不完整造成的偏差都会导致决策失误。

（三）市场决定与国家调节：功能互补与组合应用，兼顾效率与公平

由此可见，有关政府与市场的关系一直是许多理论学派研究的焦点问题，我们不能否定任何一种理论曾出现的正确性，因为每一种政府经济职能理论在某一特定时间的出现都经过了实践的检验，并取得了一定的成功，可以在当时作为政府与市场关系的主导思想在历史的洪流中站住脚跟。但是我们也要意识到，政府的经济职能因为社会形态的不同而不同，即使在同一种社会形态下，不同的历史阶段、国家发展情况也会导致政府经济职能的不同定义和作用。同时，我们也要清楚地认识到，不管市场经济发展处于什么阶段、社会形态是如何不同，万能的市场和万能的政府都是不存在的，完全的自由放任和完全的政府干预都是极端的想法，仅仅依靠政府或市场中的一方无法实现资源的有效配置。所以，在国家治理体系现代化、社会主义市场经济体制改革的大背景下，我们既要认识到既有的政府缺陷和市场缺陷，也要适应如今我国的国情和经济发展，正确定位政府经济职能，处理好政府与市场的关系。

通常而言，当市场与政府的配合运作既有利于经济运行均衡于最优经济水平，又可以有利于国民经济的各个领域运行均衡于最优公平程度时，称为最优的市场和政府组合。实际上，正如习近平总书记在党的十八届中央政治局第十五次集体学习时发表讲话指出的，“在市场和政府作用的问题上，要讲辩证法、两点论，看不见的手和看得见的手都要用好，努力形成市场作用和政府作用有机统一、相互补充、相互协调、相互促进的格局”。市场与政府是一对优势互补的力量，单纯只使用其中的某一种力量都会造成整体失衡，政府与市场这两股力量需要互相促进、弥补对方劣势并监督对方的运行，从而实现市场与政府的完美配合，维护经济平稳运行。刘国光（2015）认为，资源配置有宏观、微观两种层次，还有许多不同领域的资源配置。在资源配置的微观层次，即多种资源在各个市场主体（企业、机构、家庭、个人）之间的配置，市场价值规律可以通过供求变动和竞争机制促进效率，发挥非常重要的作用，也可以说是“决定性”的作用。但是，在资源配置的宏观层次，如供求总量的综合平衡、部门地区的比例结构、自然资源和环境的保护、社会资源（财产、收入）的公平分配等方面，以及涉及国家社会安全、民生福祉（住房、教育、医疗）等领域的资源配置，就不能都依靠市场来调节，更不用说“决定”了。市场机制在这些宏观层次和重要领域存在很多缺陷和不足，需要通过国家干预、政府管理、计划调节来矫正、约束和补充市场的行为，用“看得见的手”来弥补“看不见的手”的缺陷。

但是，在对政府与市场进行组合应用的过程中，我们也要意识到一种有效的组合只有在特定的历史阶段和范围内才显示效率，而这种效率并不一定能保证经济福利在社会成员中的公平分配。如果说政府的经济职能是追逐效率，那么政府的政治社会职能的最终目标一定是维护社会的公平稳定。效率与公平一直以来是经济发展的两大问题：效率是生产效率、劳动效率，市场用利润和亏损引导企业有效率地生产；公平则是指平等地分配，属于分配领域。

我国的社会主义市场经济曾一度讲究效率优先、兼顾公平，然而随着经济的不断发展、社会的不断进步，“效率”与“公平”日益成为并重的两大标准。在资源配置的过程中既要强调效率，又要注重公平；通常而言，我们将市场视为追逐效率的载体，依靠政府来维护公平。政府与市场是实现资源配置的两大主体，计划与市场也是资源配置的两种重要手段。根据公共物品理论，具有非排他性、非竞争性的公共物品、公共资源由政府配置，市场资源由市场配置。我们假设市场是无法完全提供公共物品的，只有政府才能很好地提供公共物品。然而在实际生活中，政府既无法轻易对公共物品进行估计，也没有办法消除人们对公共物品的“搭便车”行为，导致了公共物品的低效率。同时，公共物品的非排他性和非竞争性也为市场带来了很多问题：当很多人“搭便车”时该如何收费？价格该如何制定？若没有正确的价格引导，产量又该如何确定？一般而言，政府会通过税收的方式让所有人强制为“搭便车”行为买单，然而因为选择需求的存在使得这样的做法似乎也并不是那么让人信服，也违背了公平性。因此，政府公共资源配置的属性和构成对政府与市场的关系将产生重要影响，也在很大程度上影响了宏观的公平和效率。

综上所述，政府干预并不是纠正市场失灵的灵丹妙药，市场失灵也不是政府干预的充分条件。市场和政府都有其缺陷，我们在现实中的实际选择就是如何合理地处理二者关系、如何将二者巧妙的组合应用。这一选择是复杂的，不仅仅是定义市场与政府的边界，确定二者的工作范围，更是在资源配置不同程度上的选择。

第二节　微观企业资源配置中的政府与市场关系

一、国外微观企业资源配置中的政府与市场关系的研究

与基本经济制度层面政府与市场关系以及公共资源配置领域各种学派的丰富研究相比，国外关于微观企业资源配置中政府与市场关系的研究则要单薄得多，甚至很少被直接探及。

虽然对政府与市场的关系以及政府在配置公共资源的范围、方式等方面存在着分歧，但是在大多数西方国家中“市场是配置资源的基本方式，国家调节市场，市场引导企业，政府一般不直接干预企业的经济行为和经营行为，而是通过改变市场经济环境间接地引导和影响企业的经济活动”的政企关系模式还是被普遍接受的。青木昌彦（1999）将政企关系分为三种类型：权威关系型、关系依存型和规则依存型；Shleifer 和 Vishny（2004）也总结了关于政府的三个模型，即：扶持之手、无形之手和掠夺之手，但无论是哪种类型的政企关系或政府模型，政府都被视为企业生存和发展中重要的外生变量。西方的企业理论研究最多的就是把企业与政府的关系（或政治关联）视为一种资源，研究这种资源对企业竞争力或绩效的影响。

Epstein（1969）指出，政府作为企业最为重要的一个利益相关者，是企业环境中不确定因素的重要来源。企业的竞争环境与政府管制、公共政策之间存在着实质性的依存关系，政府日益被看作能够给企业的竞争活动创造最佳环境的竞争工具。Brenne（1980）、Douglas（1995）等学者认为，企业的政治关联实际上就是若干种资源要素的一个集合，这些资源要素能够帮助企业影响政府决策或者帮助企业获得政府的承诺，从而使企业获得独特的竞争优势。根据资源基础理论，企业政治关系是一种重要的政治资源，可以成为企业的一种潜在竞争优势。Sapienza（2004）在研究意大利企业时发现，有政治关系的企业能够以比较低的利息从国有银行获得贷款，而且与执政党政治关系越紧密，越容易获得较低的银行贷款利率。Faccio（2006）进行跨国研究发现，在 47 个国家中有政治关系的企业的实际税率往往要低于那些无政治关系的企业。Bertrand（2007）通过研究法国有政治关系的企业发现，在法国如果企业的行为有助于扩大就业，政府会给这些企业相应的税收优惠。Goldman（2008）等以 1990—2004 年美国部分企业为样本进行研究发现，在美国政治竞选结束后，支持取胜政党竞选的企业随之会获得更多的政府订单，而支持失败政党竞选的企业自此之后获得政府订单的数量会急剧下降甚至消失。Goldman 等（2009）关注董事会成员的政治关系，一旦具有

政治关系的新董事会成员加入公司，公司股票在一段时间内会产生一定程度的正的超常收益率。Narjess Boubakri（2011）对比了发展中国家和发达国家的具有政治关联的民营企业，发现政治关联对民营企业的作用机理在这两类国家是类似的。Lux，Crook 和 Woehr（2011）研究表明，驱使企业作出政治行为的因素有三大类：制度因素、行业因素和企业因素。此外，Jun Su（2013）和 Min Zhang（2015）分别研究了政治关联对并购绩效和企业多元化的影响。

二、国内微观企业资源配置中的政府与市场关系研究

与国外在微观企业资源配置中政府与市场关系的研究较为单薄的现状不同，我国探讨政企关系的研究数量虽然不少，但是主要集中在国有企业改革的研究中。从一般企业制度和企业基础理论角度进行的特色研究甚少，且与政府与市场关系及公共资源配置的研究相比，相关的研究也要少得多。

赵曙明（1998）将世界上典型的政府与企业的关系划分为四种：一是美国式的，可称“警民”关系。美国的政府机构与企业之间的关系是法律界定经济关系，政府着重告诉企业哪些可以干，哪些不该干。政府只是掌握宏观调整。二是日本式的，可称“朋友”关系。政府和企业“穿一条裤子”，着重告诉企业应该怎样干，政府协助和支持企业发展。三是德国式的，可称“仲裁”关系。强调效率和公平的合理取舍，政府按照竞赛规则对企业进行公平裁定。四是传统的中国式的，可称为“父子”关系，也有人称“婆媳”关系。我国政府对经济的调整在很大程度上是控制投资行为，有时要管理具体审批每一个投资项目，直接干预企业的经营管理。孙关宏等（2002）指出，主要西方国家市场经济中政府与企业的关系模式分为政府规制型和政府引导型。政府规制型模式以美国和英国为主要代表。其基本特点是尽量让市场这只“看不见的手”发挥作用，政府主要对市场进行规范和管制。政府引导型以法国的计划调节市场经济、德国的社会市场经济、瑞典的福利国家市场经济最具代表性。这一类型的国家经济活动以市场为基础和纽带，企业在市场机制的作用下自主经营，但是企业活动受到政府一定的干预和协调，而不是享有绝对自由。张康之（2003）指出，正值西方发达国家纠结于如何选择和改良政府职能模式时，亚洲新兴工业化国家和地区的政府创造性地走出了政府职能模式的“第三条道路”，尝试使用了一种新型的政府职能模式——引导型政府职能模式。这一模式被中国政府广泛采用并且在有中国特色的社会主义理念指导下得到了完善。潘石、莫衍（2005）指出，政府参与具有二重性，即政府的公共利益性与自身利益性，作为企业投资者的政府参与的二重性的外化过程就是政企关系特殊化的过程。何平（2011）指出，要全方位地、系统地研究政府与企业间的各类复杂关系问题，把相对笼统的概念细节化、具体化，为建立社会主义市场经济理论体系框架打下良好基础。吴金群、李潇（2013）构筑了法制基础上的政企互动模式，包括政府为企业提供制度供给、优质服务、适度管制、产权保护等形成的政府与企业的直接互动、政府通过市场与企业的间接互动以及政府通过社会与企业的间接互动。夏小林（2015）从国际视角对切割政企关系的改革进行了评述，并建议：国有经济体制改革要坚持有分有合的政企关系原则并在实践中不断完善之，摒弃切割、“切断”政企关系的谬见及影响。彭向刚和周雪峰（2016）认为，随着中国经济发展进入新常态，政企关系的发展生成新的含义和特征，这对新型政企关系及政府规制的理论与实践提出了新的挑战与要求。李春明（2017）进一步指出，亲清政企关系是对政企关系内容和政府企业双方处理关系的要求。构建亲清政企关系有利于促进一个国家

（地区）保持政治清明、社会公正、经济持续健康发展。聂辉华（2020）提出，政企关系是理解中国长期经济增长和经济转型的微观基础，也是转型经济中最重要的关系之一。从政府对企业是否干预以及如何干预两个维度，可将世界各国或地区的政企关系分为四种类型：政企合作、政企合谋、政企分治和政企伤害，应用动态政企关系框架可以解释“中国奇迹”以及相关的重要现象。

受国外关于政治关联研究的影响，国内学者也对中国企业政治关联的影响进行了大量的研究。研究发现，具有较强政治关联的企业，会获得更多的政府支持，如政府补贴（陈冬华，2003）、融资便利（余明桂、潘红波，2008）、进入管制行业门槛降低（罗党论、刘晓龙，2009）等。方军雄（2007）研究发现，政府在资源配置过程中存在对国有企业的“父爱”倾向，民营企业在许多方面都面临着严重的所有制歧视。罗党论和甄明丽（2008）的研究表明，在金融生态环境较差的地区，企业获取各类资源，如从政府控制的银行获得贷款支持、进入政府审批的金融市场等，都需要与政府建立政治关系。杜兴强等（2009）认为，不同的政治关联对企业业绩有着不同的影响：民营上市公司的代表委员类政治联系对企业业绩具有显著的正面影响；政府官员类政治联系对企业业绩具有显著的负面影响。潘越等（2015）首次从政企关系重建的视角考察了地方主政官员更替与国有企业高管非正常变更之间的内在关系。结果发现，市委书记更替导致市委直管国有企业的高管发生非正常变更的可能性显著增加。魏炜、朱青元、林桂平（2017）考察了不同所有制情境与并购情境下政治关联对并购绩效的影响，并论证不同维度的政治关联对企业并购绩效的影响差异。研究表明，政治关联对企业的会计并购绩效有负面作用；政治关联对国有企业绩效具有显著的负面作用，而对民营企业效果不显著；在多元化并购中，拥有政治关联的公司并购绩效要好于非政治关联公司，这一正向作用对民营企业尤为明显。杨筠和宁向东（2018）指出，政治关联对企业获取政府补贴有正向影响，且政治关联削弱了政府补贴对企业创新绩效的积极作用。陈爽英、傅锋、井润田（2020）发现，企业家政治关联对企业研发投资影响呈倒“U”形作用。

三、微观企业资源配置中的政府与市场关系的深入思考

显然，国外主流理论将政府限定于“守夜人”角色、否定政府对异质性资源配置权的运用并不是基于现实世界的一种行为刻画，更不符合中国企业独特的制度背景。吕立邦、黄恒学（2016）指出，国有企业中的政企关系基本内涵包括政治维度下的治理者与工具关系、经济维度下的所有者和经营者关系以及本质维度下的政府与市场关系三对关系。王竹泉和杜媛（2012）、王竹泉等（2017）从企业利益相关者集体选择逻辑出发，认为政府通过对某些特殊性权力和资源分配权的运用，事实上成为企业的内部利益相关者，此类资源与公共产品和服务资源存在本质区别，它们与企业的物质资本、智力资本等其他的投入要素相同，具有明显的资本属性特征，是政府向企业所投入的“政府社会资本”，应当将其与公共产品区分开来。以此为基础，对政府的社会管理者身份和企业所有者身份予以区别对待和分类治理，有利于理顺政企双方的资源配置关系，从而构建良性的政企关系。

王竹泉（2018）延循这一研究逻辑，基于政府的双重资源配置权这一客观基础现实，提出将政府配置的公共资源按照其属性分类的不同，区分为政府公共产品和政府社会资本，通过对政府两类资源配置在企业集体选择过程中参与层次的区分，厘清政府社会资本投资对

企业产权契约层次参与的本质与政府应当的产权主体地位，将政府在政企关系构建中的隐性产权关系予以显性化和制度化，通过显性的产权制度约束将政府和企业各利益相关方之间的权利和义务规范化，从而为良性政企关系的构建奠定制度基础。

第三节 宏观微观资源配置中政府与市场关系的统一

不论是宏观资源配置中的政府与市场关系，还是微观企业资源配置中的政府与市场关系，各种理论和认识分歧的核心都是对政府的资源配置方式和所配置资源的性质认识不同。虽然，政府参与了每家企业资源配置的过程，但是，如前所述，不论是在宏观资源配置中的政府与市场关系，还是在微观资源配置中的政府与市场关系，现有理论都未认可政府作为政府社会资本出资者的身份，而是将政府作为超然存在于企业组织之外的社会公共管理者。因此，从资源配置中的政府与市场关系视角提出政府社会资本概念，并将其与政府提供的公共产品区分开来，以此为基础将宏观资源配置中的政府与市场的关系和微观资源配置中的政府与市场关系统一起来，是创建中国特色企业理论的突破口。

本书从资源配置中政府与市场关系的视角提出政府社会资本概念，并将其与政府提供的公共产品区分开来，可以说是抓住了中国特色企业制度研究的“牛鼻子”。政府社会资本并非真正的公共产品，但却是对企业价值创造来说必不可少的关键资源，将其从公共产品中分离出来，并赋予其投资者——政府对该类资本的所有权，不仅符合产权理论的要求，而且更是对社会公共管理理论误区的纠正。将政府社会资本从公共产品中剔除后，公共产品才真正具有了社会公众平等分享的特征，而政府社会资本则是政府履行的市场化资源配置行为，应还原其资本的本质。对于中国特色企业制度的研究来说，这一区分尤为重要。

本书将在区分政府公共产品和政府社会资本的基础上，对如下问题进行深入探讨和突破，实现宏观资源配置与微观资源配置中政府与市场关系的统一，从而构建与中国特色社会主义基本经济制度一脉相承的中国特色企业理论和企业制度的话语体系。

一、作为全球掌握公共资源配置权力最大的国家，中国政府的公共资源配置有何不同？如何对其进行分类和测度？

企业是一个资源配置的社会建构。在建构企业的资源配置中，必不可少的资源有哪些？政府在建构企业的资源配置中发挥的作用是什么？为什么其他重要资源的提供者可以获得企业所有权，而企业理论中却从来都将政府作为外生变量？不同的学派过多地将论证的焦点集中到政府和市场的资源配置功能谁主谁次上，而忽视了对分歧最大的政府资源配置功能的细致、深入研究，似乎都把政府公共资源配置的主要功能视为提供公共物品，或投资于市场失灵的公共领域。那么，除此之外，政府还有无其他的公共资源配置？中国与西方国家在政府公共资源配置上的主要差异何在？

中国政府的公共资源配置并非全部为公共产品。皮凯蒂在《21 世纪资本论》的中文版“自序”中指出，“中国是一个极大的特例，公共资本占国民资本的一半左右（1/3—1/2），若公共资本能够保证更均等地分配资本所创造的财富及其赋予的经济权力……中国可能最终找到公共资本和私人资本之间的良好妥协和平衡，实现真正的公私混合所有制经济”。那么，在政府的公共资源配置中，究竟有多少属于政府公共产品，有多少属于政府社会资本？如何进行分类和测度？这些问题都很值得探讨。

二、中国特色企业理论与企业制度话语体系的基本框架构建

综观国内外的研究，有一个共同的特点，就是相对于基本经济制度层面的政府与市场关系、公共资源配置（公共物品）经济学理论来说，在微观企业理论和企业制度层面探讨政企关系的研究都要少得多。虽然近年来结合我国现实国情的企业制度研究特别是国有企业制度研究开始得到重视，但是其所依据的核心理论框架仍然是西方主流的委托代理理论、契约理论等，远未形成中国特色企业制度的话语体系，这在政府公共资源配置相对较弱的西方市场经济国家来说，也许无可厚非，但是对政府公共资源配置功能强大的我国来说却是值得反思的。党的十九届四中全会对中国特色社会主义基本经济制度作出新概括后，中国特色企业制度话语体系的苍白更将难以为中国特色社会主义基本经济制度提供坚实的微观基础支撑，亟待夯实。

本书选择资源配置中最具中国特色也是观点分歧最大的政府公共资源配置分析为逻辑起点，按政府公共资源配置属性将政府配置的公共资源区分为政府公共产品和政府社会资本，创建政府社会资本的概念，然后，通过政府社会资本在企业形成过程中的功能作用分析，论证政府作为政府社会资本投资者应与其他资本投资者共享企业所有权，从而创建每家企业都是“政府作为政府社会资本投资者与其他资本投资者的集体选择”的中国特色企业理论新框架。

三、在企业建构过程中政府所投入的土地、知识、数据等公共资源的贡献和权益如何确定？其对中国特色企业制度的影响何在？

政府提供的公共资本并非仅是国有企业中的国有资本。为促进地方经济发展、招商引资，中国很多地方政府都为企业提供了特殊的土地、知识、数据以及政策等的支持，这些要素为企业的经营发展作出了重要的贡献，但很多情况下却被视为公共产品而无偿提供。

党的十九届四中全会《决定》提出“健全劳动、资本、土地、知识、技术、管理、数据等生产要素由市场评价贡献、按贡献决定报酬的机制”，其中，土地、知识、数据等生产要素参与分配均为首次提出，而且在这些资源的提供中，政府作用可能更为突出。如何使政府提供的土地、知识、数据等生产要素也平等地由市场评价贡献、按贡献决定报酬，将是健全社会主义基本经济制度需要解决的重大课题。但是，不论是公共管理理论，还是企业理论，目前都未认可政府作为公共资本出资者的身份，而是将政府作为超然存在于企业组织之外的社会管理者。因此，将政府作为具有社会公共管理权和政府社会资本所有权双重权力的主体，并将政府作为每一家企业的政府社会资本投资者纳入企业制度的分析框架，从而创新企业混合所有制制度，将是中国特色企业制度的突破口。

四、在经济发展职能和社会公共管理的双重职能框架下对国家治理、公司治理中政企双方权力属性和内涵的创新研究

政企反映了国家在某一特定时期的政治、经济生态等境况。在西方资产阶级发展初期，主张商业领域的自由发展，减少甚至是不要政府干预；而在西方国家实现工业化的进程中，

为应对“市场失灵”，国家主义则主张政府对企业发展的干预；随着当代社会政治、经济等问题交织和复杂化，政企之间的合作和互动变得日益密切。“单纯的市场经济和国家干预经济已经成为过去时”。实践表明，在现代社会，无论是政府对企业的统摄控制，或者是政府对商业领域的放任无为，都是不可取的。因此，新型企业制度和政企关系的研究必须在协调的政府社会管理职能（政治职能）和政府经济发展职能（经济职能）的框架下进行研究。

但是，在国家治理层面的政企关系研究中，大多数研究是在探讨通过法律、制度和伦理来规范政府公共权力的行使，而少有研究触及政府对企业除公共权力之外的私有权力，如政府社会资本所有权。与之相对应，在公司治理层面的政企关系研究中，大多数研究也都是将政府的公共权力视为企业所有权和公司治理的环境变量，而鲜见将政企关系和政府社会资本所有权纳入企业理论和企业所有权的框架进行探讨。

五、评价企业制度和政企关系优劣的标准是什么？效率优先，还是公平优先？还是二者兼顾？如何兼顾？

企业是在市场中运行的主体，而同一个市场上有众多的企业，每家企业的目标都是在不侵害社会公共利益的前提下追求自身价值最大化。政府和企业的关系既会影响到每家企业自身的价值，又会影响到企业之间的公平和社会公共利益的维护，如何协调政府与企业的关系？作为政府发挥作用的重要领域，政府公共资源配置未来应该朝着健全公共资源产权、完善资源配置体系的方向进行，这个动态演进过程既包括外在的形态创新，又包括内在的逻辑变革，而现有的研究主要根据资源性质和配置层次进行区分，导致政府资源配置分类与配置目标（公平、效率、公共利益、私人利益）之间整体性逻辑思考有所不足。此外，政府职能作为引导公共资源配置的“风向标”，将其纳入政府公共资源配置的分析框架中，对于明确公共资源配置目标具有重要作用，而已有的研究大多是在公共管理范畴下探讨政府宏观、调控职能，而鲜有在经济发展目标和公共管理双重职能框架下对政府公共资源配置属性和内涵作创新研究。

第三章　政府公共资源配置与政府社会资本

与其他国家相比，中国在资源配置中最大的特色是政府公共资源配置，无论是政府公共资源配置的规模，还是政府公共资源配置的广度和深度，都是其他任何国家不能比拟的。中国企业制度的特色也在很大程度上是由政府公共资源配置的特色决定的。目前，中国特色企业话语体系苍白的主要原因就是理论界对中国政府公共资源配置的特色认识不足，导致将政府配置的所有公共资源也误认为都是公共产品。中国特色企业理论构建研究必须从概念到应用全面纠正这种错误认识。本章将首先对政府公共资源配置进行分析，按照配置属性将其分类为政府公共产品和政府社会资本，在此基础上对政府社会资本进行深入分析，认识政府社会资本多样化的存在形态，并对政府社会资本的测度体系进行分析设计。

第一节　政府职能与政府公共资源配置

自党的十八届三中全会以来，我国不断强调市场在资源配置中的决定性作用，同时也明确指出要更好地发挥政府作用。然而，要回答在资源配置中市场该如何发挥决定性作用，政府又怎样更好地发挥作用，需要我们首先厘清政府的职能和作用的边界。

一、政府职能

政府作为国家的代表，其性质、职能、作用等是政府理论研究的范畴。具有代表性的政府理论观点主要有6种，分别是：(1) 反政府干预理论；(2) 有限政府论；(3) 全能政府理论；(4) 有为政府理论；(5) 相机抉择论；(6) 社会嵌入论。习近平总书记在党的十八届中央政治局第二十八次集体学习时的讲话中指出“之所以说是社会主义市场经济，就是要坚持我们的制度优越性，有效防范资本主义市场经济的弊端。我们要坚持辩证法、两点论，继续在社会主义基本制度与市场经济的结合上下功夫，把两方面优势都发挥好，既要‘有效的市场’，也要‘有为的政府’，努力在实践中破解这道经济学上的世界性难题”。林毅夫（2017）的新结构经济学也倡导有为政府，他认为有为的政府需要处理先行者的外部性和软硬基础设施完善的协调问题，实现因势利导。换言之，政府通过提供公共产品可以弥补市场失灵，具有调节、引导和维护社会公平的公共管理职能（Asquer A，2018）。

政府职能是政府依法在政治、经济和社会层面管理时应承担的责任和功能要求，按其发挥作用的领域分类可以分为政治职能、社会职能与经济职能。通常人们认知中的政府职能是政府非经济职能部分，如为了维护统治巩固政权而保卫国家安全、维护国家基本政治制度、加强法制建设等，也有为了维护社会稳定而提供的文化教育和各项社会服务、社会保障等。与政治社会职能不同，政府的经济职能主要包括经济调节、基础设施建设、市场监管等宏观上对国民经济进行规划、协调、服务、监督的功能，其强弱主要取决于市场调节与国家调节的力度组合。若一个国家更多地依赖于市场自发调节，其经济职能就相对较弱，也就是所谓的“小政府”；反之，若一个国家政府干预较多，采取大量经济管理与社会控制的财政、货币政策，其经济职能自然较强。

实质上，政府经济职能与政府非经济职能都是政府职能的有机组成部分，各自有其独立的职能体系。政府的政治社会职能与经济职能有极大不同，不仅体现在具体内容、相关体系的不同，更是目标价值的不同：政治社会职能追求公平，其最终目标是实现社会价值的最大化；而经济职能的核心为效率，以经济价值的实现为最终目标。显然，政府职能的目标追求具有双重性，但二者绝不存在发展的先后顺序。我们要兼顾效率与公平，在保证公平的前提下追求效率，做到两手抓、两手硬，实现社会价值与经济价值相互促进、共同发展。

从以亚当·斯密为代表的自由放任主义强调市场自身的调节作用，用“看不见的手”支配社会经济，政府只作为“守夜人”保卫国家安全、建立健全司法制度、提供公共事业，到因席卷西方世界的经济危机而快速兴起的以凯恩斯为代表的政府全面干预主义，强调以政府的宏观公共政策弥补市场缺陷，矫正市场经济的偏差，再到既看到市场不足又看到政府缺陷的新自由主义，包括货币主义学派、产权理论学派、公共选择学派、新制度主义学派……在不同的历史时期，西方国家的政府经济职能不断变化，政府干预市场的程度也根据当时主导理论的不同而不同。

相对西方，我国对政府经济职能理论的研究，时间上较为短暂，理论上也较为单薄，大致可以分为高度集中的计划经济时期、政府经济为主多种经济结构并存时期以及社会主义市场经济时期三个主要阶段，政府职能也从简单的分配、监督二职能到分配、调节、监督三职能，再到社会主义市场经济体制下，政府既要在宏观上调节经济活动，使国民经济有效平稳运行，又要扎实推进基础设施建设，创造良好的经济发展环境。张杰（2017）提出，积极实施和推进以转变政府职能、优化政府机构设置和职能配置为主的党和国家机构改革，是当前理顺和协调好政府和市场关系的主要改革领域和重要突破口。

事实上，政府与市场是一对优势互补的力量，市场失灵引发了对政府干预的需要，然而不论是市场还是政府都有其先天缺陷，单纯依靠其中的一种力量都会带来极端主义的问题。统计资料表明，同一国家的政府职能会随时间的变化而改变，不同国家的政府职能存在较大的差异。坦茨（2014）指出，无论在何时何地，无论是经济学家还是政治学家，都很难就政府职能达成一致。现行解决政府失灵的理论研究大致可以分为公共选择学派和产权学派两大类。其中，公共选择学派致力于研究政府应对市场失灵的种种表现，其研究重点是政府，强调以政治程序解决问题；产权学派则是强调以市场化的过程、明晰产权解决问题。而我们提出的政府社会资本是有别于这两种理论的，它将政府视为政府社会资本的投入者，通过差异化的投资对市场进行引导，通过对企业的投资获得一定的所有权和产权，并且以明晰产权界限真正做到“有所为，有所不为”。其供给形式既包括政府为每家企业提供的普遍性的共有服务，如行业许可、占地批准、法律制度保护等，又包括根据不同企业的特点和发展前景提供的差异化服务，如特殊的行业扶植政策、重点项目的资金投入等。对于日常完全可以由市场决定的事务，简政放权交给民间资本，凡是涉及公共利益的部分，政府可以拥有一票否决权。可以说，政府社会资本更多地介于公共选择与产权理论之间，强调政府投入但最终以产权形式体现，既有公共选择理论的集体主义、政治程序思想，又有产权理论的市场化思想，是两种理论的精华萃取与融合。

二、政府公共资源配置

中共中央办公厅、国务院办公厅于2016年12月印发了《关于创新政府配置资源方式的指导意见》（中办发〔2016〕75号），指出：在社会主义市场经济条件下，政府配置的资源主要是政府代表国家和全民所拥有的自然资源、经济资源和社会事业资源等公共资源。2017年12月，国务院办公厅发布的《关于推进公共资源配置领域政府信息公开的意见》（国办发〔2017〕97号）进一步明确：公共资源配置，主要包括保障性安居工程建设、保障性住房分配、国有土地使用权和矿业权出让、政府采购、国有产权交易、工程建设项目招标投标等社会关注度高，具有公有性、公益性，对经济社会发展、民生改善有直接、广泛和重要影响的公共资源分配事项。

由于政府存在中央政府和地方政府之分，因此，政府公共资源配置也有中央政府的公共资源配置与地方政府公共资源配置之分。哈耶克等根据受益的空间范围，将政府提供的公共产品分为全国性公共产品和地方性公共产品，并主张中央政府应负责全国性公共产品的供给，而地方政府应负责地方性公共产品的供给。斯蒂格利茨、郭庆旺等学者也认为，对于覆盖范围横跨多个辖区或涉及全国的全国性公共产品，由中央政府供给是有效率的，因为全国性公共产品的受益范围是全国，由中央政府提供具有规模经济优势。而如果由地方政府提供，则由于提供过程中会产生正外部性，这会导致地方政府“搭便车”的问题，进而很可能导致全国性公共产品供给不足的现象。

由于公共资源本身的特殊性质，因此，公共资源配置的公平性受到社会的普遍关注。陈丹、唐茂华（2008）指出，公共资源配置不公是当前中国社会的普遍现象，这集中反映在教育、医疗卫生服务乃至道路基础设施等诸多领域。刘细良、樊娟（2010）指出，当前我国公共资源“市场化”配置功能尚不完备，政府仍拥有较大垄断配置权。由于制度“缺席”与权力失约，政府干预失灵就会产生“非生产性租金”，在“官本位”文化影响下，受个人机会主义行为倾向驱动容易出现权力腐败现象。周驰（2013）指出，公共资源配置市场化改革是全社会关注的焦点话题，其难点在于如何形成决策权、执行权、监督权既相互制约又相互协调的格局，应从完善管理体制、运行制度、监管机制和法律机制四方面入手，以此“四轮”为驱动，在更深层次和更广领域来推进公共资源配置的市场化，从而实现资源高效利用和源头治腐的双重效应。

三、政府公共资源配置方式

改革开放以来，随着市场化改革的不断深化，市场在资源配置中的作用日益增强，政府配置资源的范围和方式也在不断调整。

周雪飞、景平（2015）指出，受计划经济、传统体制的影响，我国公共资源配置长期仰赖“长官意志”“部门意志”和行政化配置。他们认为，2002年之前，我国公共资源配置主要实行的是政府各部门“自行配置”的分散化、多头式行政管理模式，即公共资源交易管理分散在财政、建设、国土、国资等政府部门，虽然有利于发挥各行业主管部门的专业管理优势，但“长官意志”盛行，且公共资源交易市场被人为分割。2002 年 1 月，中纪委“实行经营性土地使用权出让招标拍卖、建设工程项目公开招标投标、政府采购、产权交易进入市场”等四项制度提出后，逐步形成了“行政主管部门设立事业性质的交易中心、自我委托、自我交易、自我监督”的公共资源“同体监督”的政府配置模式，以及“国资部门制定规则、交易交由第三方市场独立机构‘产权交易所’实施、多部门联合监管”的公共资源“管办分离”的市场配置模式。2015 年 7 月，国务院常务会议决定“整合建立统一的公共资源交易平台，以管理创新促进资源配置高效透明”；2015 年 8 月，国务院办公厅下发《关于印发整合建立统一的公共资源交易平台工作方案的通知》。这标志着新一轮公共资源配置改革正式启动并步入“深水区”——如何打破“行政化配置，部门利益博弈”的樊篱，实现政府的“自我革命”，进而走向真正意义上的“市场化配置”。

为了解决政府配置资源中存在的市场价格扭曲、配置效率较低、公共服务供给不足等突出问题，中共中央办公厅、国务院办公厅《关于创新政府配置资源方式的指导意见》（中办发〔2016〕75 号）指出：对于适宜由市场化配置的公共资源，要充分发挥市场机制作用，切实遵循价值规律，建立市场竞争优胜劣汰机制，实现资源配置效益最大化和效率最优化；对于不完全适宜由市场化配置的公共资源，要引入竞争规则，充分体现政府配置资源的引导作用，实现政府与市场作用有效结合；对于需要通过行政方式配置的公共资源，要遵循规律，注重运用市场机制，实现更有效率的公平性和均等化。虽然该《意见》也明确了“法律明确规定由全民所有的土地、矿藏、水流、森林、山岭、草原、荒地、海域、无居民海岛、滩涂等自然资源，建立明晰的产权制度、健全管理体制，对无线电频率等非传统自然资源，推进市场化配置进程，完善资源有偿使用制度。对于金融类和非金融类经营性国有资产，要建立健全以管资本为主的国有资产管理体制，优化国有资本布局，推动国有资本合理流动、有序进退和优化配置，提高国有资本配置效率和效益。对用于实施公共管理和提供公共服务目的的非经营性国有资产，坚持公平配置原则，积极引入竞争机制提高配置效率，提高基本公共服务的可及性、公平性”，但是，其对不适宜市场化配置、完全适宜市场化配置和不完全适宜市场化配置的公共资源的界定不够清晰，专家学者对此的认识也不完全一致。

以既可能涉及经济资源，也可能涉及社会事业资源的科技创新资源配置为例，根据政府与市场在科技创新资源配置中的不同地位和作用，科技创新资源配置中的政府配置和市场配置可有三种不同的组合方式。第一种组合——大市场，小政府。阿罗（1962）认为，在完全由市场主导的情况下，技术创新的信息和资源投入不能完全满足创新需要，因此也需要政府的调节机制。李立、邓玉勇（2000）则从市场角度指出，目前我国科技体制改革的重点就是要建立科技资源的市场配置模式，这种模式应包括：经费的市场化来源、过程的市场化组织、机构的市场化运作以及科技成果的市场化转化等。师萍（2001）引入新制度经济学理论，考察了制度和市场对科技创新资源配置的影响。研究认为，科技资源配置体系可划分为科学技术核心、专业技能系统、制度界面、技术市场四个组成部分，而制度和市场则是系统行为的主要决定因素。刘友平（2004）分析了美国、日本和韩国等国家的科技创新资源配置模式，以及实现资源优化配置采取的措施和经验，指出市场才是科技创新资源配置的主体，资源的配置应完全由市场主导，国家只有监管和辅助的作用。第二种组合——大政府，小市场。李龙一（2003）认为，在我国，政府在科技创新资源配置的多元主体中占据主导地位而市场发挥的作用有限，政府主导科技创新资源配置的方式主要分为以财政金融政策为主的科技政策和以政府补贴为主的科技计划体系。彭华涛（2006）运用产权理论和科斯定理，分析指出当政府管制成本小于市场交易成本时，以政府调控来实现区域科技创新资源配置效率远高于运用市场机制配置区域科技创新资源。韩寅（2015）对技术创新过程中的市场失灵机制进行了理论分析，并发现除了经济学意义上的市场失灵原因外，技术创新活动本身的性质也是导致市场失灵的原因，他还认为政府在弥补市场失灵方面应该发挥重要的作用，并提出：根据技术创新的不同阶段，提供相应的政策、财政支持手段；加大力度建设科技基础设施、公共研发平台等公共性的支持机构；弥补市场在整合资源过程中的不足，更好地协调市场和政府在技术创新过程中的作用。第三种组合——政府与市场协同配合。朱雪祎等（2007）结合区域创新系统概念，分析了市场和政府在区域创新系统中的不同作用，对创新各个环节中市场失灵状况和政策对策进行了研究。李瑶（2014）认为，在科技创新的全过程中，即知识创新、技术孵化、技术应用三个阶段，政府和市场在每个阶段的投入和侧重都不一样，应该相互协调、优势互补。

由此可见，虽然从总体上来看，资源配置只有市场配置和政府配置两种方式，但是在公共资源配置中，对于什么样的公共资源配置适宜市场化配置方式，而什么样的公共资源配置适宜政府主导的方式或政府与市场协同的方式，还需要进行更为深入的研究。

第二节　企业建构与政府公共资源配置

企业是一种社会建构，非先验存在。西方经济学受其鼻祖亚当·斯密的影响，诸多著名经济学家高度认可市场的自发调节作用，认为是由企业家“有形的手”在市场“无形的手”作用下实现价值创造，无须政府干预。虽然凯恩斯用利息、就业、货币肯定了政府在经济中的重要干预作用，但政府与企业总是隔着市场，政府被认为应该通过对市场的作用而间接作用于企业。在历史的长河中，企业是从家庭组织中分化出来，而家庭又是从氏族、部落演变而来的，经济组织形式变迁的原因在于各种主、客观条件发生变化，那么企业演进过程中的资本投入有哪些？投资者是谁？是否有政府公共资源配置参与其中？如何看待企业构建过程中政府公共资源配置的属性？

一、企业演进与政府公共资源配置

（一）独资企业与政府公共资源配置

独资企业，也称为个人企业，按权威的《布莱克法律辞典》解释，它是“一种一个人独立拥有和控制，一般不采取法人形式的企业”。独资企业没有独立的法律资格，独资企业的法律责任由独资企业主个人承担。从表面上看，独资企业是由独资企业主一人出资形成，也由其一人所有，企业的成立好像完全是个人行为，与政府公共资源配置毫不相干。但是，事实上，各个国家的独资企业的设立也都必须得到政府的认可，政府需要对独资企业的名称、住所地、营业项目等进行登记或许可，独资企业也要接受政府作出的独资企业的债务由独资企业主承担无限责任的法律规定，只有彼此认可，独资企业才能成立。政府为每一家独资企业成立所配置的公共资源除了非竞争性、非排他性的公共产品之外，还为其提供了独特的企业名称、经营许可以及注册地对开办独资企业的特别政策优惠等。

（二）合伙企业与政府公共资源配置

合伙企业是指由各合伙人订立合伙协议，共同出资，共同经营，共享收益，共担风险，并对企业债务承担无限连带责任的营利性组织。合伙企业一般无法人资格，不缴纳企业所得税，缴纳个人所得税。

合伙企业最早于11世纪晚期在意大利、英格兰和欧洲的其他地方陆续出现，有陆上起源说和海上起源说之分。由于10世纪城市刚刚兴起，并未有国家和政府出现，因此早期的合伙企业并未有政府参与。宋则行、樊亢（1994），高德步、王玉（2001）等认为，手工工场形成陆上合伙企业的雏形。从其构成主体角度看，“富裕起来的行东”“商人资本所有者”或“原手工作坊主”作为物质资本或技术资本所有者，共同选择合伙企业形式以增加其资本价值，成为企业所有者即内部利益相关者。该价值不仅包括经济价值，还包括精神层面不易度量的各种偏好。根据当时资本的稀缺性，形成物质、技术资本雇用人力资本的最初企业形态。这种雇用即支付手段有时体现在货币支付上，有时体现在提供吃住等物质供给上，有时体现在技术或社会地位的提供上。

海上合伙起源于11世纪晚期的意大利港口城市。由有资金的出贷方和有人力的航海方合作组织航海贸易，一次航行即形成一家合伙企业，航行结束即意味着该企业结束，而后双方分享所赚取的利润。从事航行的合伙人通常获得1/4的利润，而冒资金风险的合伙人则以出资额为限承担有限责任、并获得3/4的利润，“这种经营方式虽然好像是不公平的，但在12、13世纪，生命是廉价的，资金则非常短缺”[①]。因此，海上合伙可视为物质资本和人力资本所有者通过集体选择共建的企业，共同成为企业内部利益相关者。双方根据拥有资本的稀缺性确定资本价格，并由此确定所有权结构。

因此，早期的合伙企业只是物质、人力资本所有者自发组建、集体选择的价值创造形式，此时并无政府参之与。自11世纪末，随着商人阶级的扩大、宗教的认可，教会与王权之争令商人阶级逐渐积累起来的物质资本开始受到统治者的重视。至12世纪，为维护其统治，教会与封建王权都需要商人阶级组织的城市武装力量保卫其领地，都通过向自治城市的商人征收市场税和通行税等方式扩大其经济来源，以维护其政权稳定。所以双方在斗争中都试图依靠或拉拢商人阶层为己所用。作为此种政治支持的代价，双方往往都在各自的辖域内赋予商人阶层种种“经营权”或“特许权”，特许经营的概念自此而生，并由此开始出现了政党与商人间的利益瓜葛。当各类商人们开始设立合伙企业并逐渐将其发展壮大时，其经济力量也开始越来越被政府重视。政党通过给商人一定特权而换取自己的利益。而商人由于当时社会地位低下，也愿意为获得更多特权、政治地位而用金钱换取权利。此时出现了由宗教、教会参与的特许合伙企业。随着中世纪国家的兴起，政府开始作为国家正式代理人将社会资本投入企业，其中从合伙企业中分化出来的公司更为典型。与独资企业一样，各个国家的合伙企业的设立也都必须得到政府的认可，政府需要对合伙企业的名称、住所地、营业项

---

① 洛佩斯指出，从事航行的合伙人提供1/3的资金，不从事航行的合伙人提供2/3的资金，双方平分利润。不从事航行的合伙人不一定是不参与经营的合伙人。他可能是“一个年迈的商人，虽然他不再出海航行，但他仍然积极地从事经营，有时还承担销售其合伙人运回的货物的任务”。另外，还存在两种情况：一方面，一个康美达的从事航行的合伙人经常又是另一个互惠的康美达的不从事航行的出贷人，因此，两种类型的合伙人并不是出贷方和航行方或者剥削者和被剥削者这样两个敌对的团体。另一方面，存在着“许许多多的情况，在其中，出资的合伙人是寡妇和孤儿、教士和修女、政府官员和公证人员、工匠或其他没有商业经验的人”。

目等进行登记或许可，合伙企业也要接受政府对合伙企业的债务由合伙人承担无限责任的法律规定，只有彼此认可，合伙企业才能成立。因此，与独资企业一样，政府为每一家合伙企业成立所配置的公共资源除了非竞争性、非排他性的公共产品之外，还包括为该合伙企业提供的独特的企业名称、经营许可以及注册地对开办合伙企业的特别政策优惠等。同样，政府配置的这些公共资源也具有部分的竞争性和排他性，不属于政府公共产品。

（三）公司与政府公共资源配置

从历史考察中我们发现，不管是认为公司起源于中世纪地中海沿岸的个体业主经营，还是起源于新大陆淘金路上的海上贸易，或是二者的综合，公司的设立都直接与政府利益相关，是政府与企业其他所有者在各自争取自身利益时共同创建的一种组织形式。

特许类的组织分两种：代理行和特许公司。代理行的特权来源于本国与东道国协商之后所赋予的特殊权力，所以代理行在不同地区享有的特权是不同的。代理行的作用是保证本国在新地区商业活动的顺畅。葡萄牙商业组织的主要形式就是代理行制度。葡萄牙国王派代理商去各地购买和销售商品，代理商渐渐成为负责一个地区商业的国家官员。可见，代理行是一种寓政治于经济的政治经济组织，由政府代行国家赋予的特权与商人资本相结合产生，是政府和商人共同选择创建的一种企业形式，为双方共同创造价值。代理商作为企业主则是既要实现经济价值的企业家，又要兼顾社会价值（维护商业秩序）的政府官员。而特许公司是16—17世纪政府用特权交换利益的典型形式。政府授予特许公司一定的对外贸易垄断权，并享有其他优惠，它也成为荷兰和英国对外扩张最重要的商业组织形式。政府通过有偿授让特许权获得经济价值，并从特许公司的价值创造中开拓了市场、维护了政权，因此，特许公司是政府基于自身利益作出的理性决策。而对原企业主而言，特许公司当然也必然能增加其价值。

根据史学家 George Unwin 的考察，特许状产生于已有各行各业的主动请愿，各行业协会为维护自身利益，请求皇家政府用特许状来划定各行业的独占领域。特许状是行会承担某些公共职能的对价，或是国家对行会作出的奉献所给予的回报。历史上最著名的特许公司莫过于成立于1599年的荷兰东印度公司。身为皇室成员的大股东们为了获得更多具有垄断性的大规模业务，并获得更多皇室特权，于1600年12月正式从伊丽莎白女王那里争取到组建法人公司的特许证。而从英国政府角度看，东印度公司是某种程度上英国与西班牙、葡萄牙等国竞争的一种政治工具，在资本投入、经营管理、股息分派等很多方面英政府都会直接干涉。

可见，代理行和特许公司都是一种由政府和商人各自基于自身利益共同选择的价值创造形式。政府凭借其特许授权选择了某些企业，即以这种社会资本参与了该企业，进而参与企业的治理与管理、价值创造与分享，包括经济价值与社会价值分享。其中，经济价值主要体现在政府售卖特许状的收益，从企业那里收取的各项税、费、股息分配等；社会价值则体现在政府通过特许公司以维护政权稳定、进行对外经济扩张、建立公司管理制度等。企业其他所有者也愿为获得更多特许业务的经营权而主动争取特许状，在政府有形的手管制下为政府和自己创造价值。

正如霍尔维茨指出的那样，“最初，法人社团之所以被国王和商人双方重视，并不是因为借此可以产生一个与成员相分离的拟制人，而是因为借此可以产生一个得以受领某些政府权力与贸易特权的实体。估量法人公司的价值，其出发点与其说是团体成员的利益，不如说是行会组织与国家对外政策的利益”。

方流芳也发现，“西方商业社团之所以争取法人地位，正是求助于国家权力的加入，以形成私人力量难以单独实现的行业垄断，国家之所以确认商业社团的法人地位——一种以团体名义受领、行使和持有行业垄断权的资格，正是将商业社团改造成推行公共政策的工具。因此，用‘政企合一’来描述法人的初始形态是最恰当不过的了”。

自中世纪以来，各种各样的企业都必须在政府的认可下自由组建和创造价值，即符合政府的基本法律规定。因此从经济实质来看，物质资本、人力资本、社会资本所有者共同成为企业的内部利益相关者。

二、企业建构中政府公共资源配置的投入路径与回报方式

从前述历史考察中可以看出，政府在企业的形成与发展过程中一直起着重要作用。如果认为政府投入了社会资本，那么政府投入资本的具体形式和期望得到的回报有哪些？

（一）企业建构中政府公共资源配置的投入路径

可以发现，政府最初是以特许权形式投入企业资本，而目前世界各国的企业却一般受制于法律制度而非特许权，因此政府对企业的社会资本投入必然经历了一种制度变迁。我们可以从英国有限责任制度在全社会范围内建立的历史进程中探讨政府对企业投入社会资本的路径变迁。

17 世纪末，在荷兰东印度公司中与政府有密切亲戚关系的“总裁团”的敦促下，皇室已将有限责任写入特许状，即政府通过行政手段在公司全体成员中建立了有限责任制度。至 18 世纪，要求获得政府“有限责任特许权”的中小企业主越来越多，但特许证的昂贵费用[①]、民间对有限责任的需要使得非特许有限责任公司大量存在，于是政府开始考虑如何在全社会范围内更有效地授予特许权，并规划企业的权利及其对政府和其他利益相关者的义务。当全体合伙人都希望承担有限责任时，某些利益相关者（如债权人）的利益就可能被侵犯。为了在维护社会秩序以保证其政治利益的前提下更有效地投入特许权，政府选择了以其信誉为保障通过制定法律以限定各利益相关者对彼此的责任。

19 世纪中后期，随着工业革命的迅速发展，社会上的民间资本普遍被吸引至机器大工业中，自发成立的、不被特许证所认可的各种合伙或非特许公司如雨后春笋般林立，在全社会广泛的投资热情和大众对民主的追求中，英国经历了 1719 年的《泡沫法案》颁布和 1825 年的《泡沫法案》[②] 废止过程，至此，特许证完成了其历史使命，英国政府最终通过立法将有限责任制度建立起来，并继续通过立法以完善公司法。1834 年英政府颁布的《贸易公司法》（*Trading Companies Act of* 1834）明确规定，皇家政府可用“专利证书”（Letter of Patent）确认法人社团的全部或部分特权，不必颁发特许证。1844 年的《公司法》（*Joint Stock*

---

① 据中外史学家考察，“无论就申请还是维持而言，均需投入极高的成本”。此外，公司还要为其进出口商品缴纳税费等。参见 Ronald Ralph Formoy：The historical foundation of modern company law，1923，p. 5. 转引自虞政平：《股东有限责任》，法律出版社，2001 年，第 69 页。

② 由于获得特许证较为困难和费用昂贵，市场上慢慢出现了许多没有授权、为公开发行股票而自愿成立的联合体。为了抑制、取缔这种非皇室认可的民间组织，英国于 1719 年颁布了《泡沫法案》（*English Bubble Act*），禁止“在未经议会或国王授权的情况下，成立像公司实体那样的联合体，并使其份额可转移和让渡”。《泡沫法案》虽然大幅度打击了民间投资行为，但并未将其完全扼杀，在民众的抗议和私下进行中，《泡沫法案》最终于 1825 年被废除。

Companies Act of 1844）最终确立了政府在企业成立中的作用：通过赋予资本所有者以成立企业的自由来激励其创造资本价值增值，并为社会、国家创造财富，同时通过各种征税为政府自身的行政管理提供支持、创造价值。自此，“法人准则主义”正式成为英政府认可企业成立的方式，即凡符合法定条件之社团，一经注册登记即取得法人资格，不必另有特许证和国会法令授权。以自由注册为标志的现代股份制企业制度得以正式建立，并逐步席卷世界。这时，政府与企业所有者即股东对公司这一组织形式的集体选择开始由各国公司法、税法等相关法律加以明确。

从公司从特许设立到准则设立的过程中，可以看出：政府与企业的关系由紧密的直接控制转变为通过准则、法律制度的间接控制。虽然各国法律制度变迁的轨迹不同，某些国家法律在不完备时①会用政府行政制度予以补充，但这只是表明政府对企业投入社会资本的路径差异，即直接的行政制度或间接的法律规范，其实质都显示出政府以其代理治国的权力给企业提供了一种社会资本。

在历史上，政府最初凭借其行政性权力参与企业。随着西方资本主义的日益庞大、封建势力的衰退，行政垄断权也逐渐退出历史舞台。到了近代，当特许经营权为社会上多数企业所需要时，西方各国政府逐渐开始将特许权凝练为法律法规固定下来，通过制定法律来维护社会秩序、管理各类企业。没有国家参与制定的法不是真正的法②。由于法律制度制定、变更的时间较长，变革迅速的、同样表示投入社会资本的行政制度一般会成为补充，更偏重法律还是行政制度，各国各有偏颇。

（二）企业建构中政府公共资源配置的回报方式

如果认可政府对企业的资本投入，那么政府可以被视为一类特殊的所有者，它似乎存在于所有企业之中，但却并不实际参与企业经营，只是给所有企业赋予权利义务，并予以规范、约束，这似乎又使政府更像一个处于企业外部的社会管理者。要确认政府对企业的投资关系，须首先明确政府对企业所投入的社会资本和从企业获得的收益分配。

历史地看，政府投入企业的社会资本表现为特许权和法律制度两种形式，其中特许权体现了政府凭借其行政垄断权进入企业的形式。特许权的内容包括授予其持有人的经济权利和政治权利。其中，经济权利包括：授予公司专享名称、印章、特定经营权等公司主体的经济特征；授予公司建立公司治理结构、拟定公司章程的权利；对公司合股原则、资本投入权利

---

① 有些国家的法律主要通过诱致性制度变迁内生而成，有些国家则主要通过强制性制度变迁外生给予。在后一类国家中，法律制度执行的有效性略逊。

② 中世纪各种类型的合伙企业在运行中出现了各种需要调解的经济纠纷，同样需要一种规定当事人权利义务的社会规范，于是中世纪的商人在商业习惯中自创了一些自我规范的商人法和商人法庭，用于商人间利益的自我协调。如 law merchant（拉丁文 lex mercatoria 或 jus mercatorum，即商人法），是中世纪期间有关商人、商业事务的习惯法规和原则的总称，是商人们为了管理之间的交往而采用的，也被称为“习惯法”。最初，商人法多半由专门的准司法性质的法庭执行，如在意大利由行会法庭执行，随后在英国由正式成立的泥足法庭执行。商人法是 11 世纪早期发展起来的，目的在于保护不受当地法律管辖和保护的外国商人。同时，商人们也需要一种法律，以便他们可以商谈契约、合伙、商标以及买卖等各个方面。从这时的商人法中可以看出，商人法只是实际参与“商”的活动的商人间根据罗马法自由平等的“商”精神自制的一套制度规范，并由同受古法平等思想、宗教思想熏陶的商人们共同认可并自觉执行，商事案件按照良心和公平原则处理。而政府因未涉足合伙企业，只是将合伙企业视为私人个体间的自由经济往来。因此，在法学家们看来，西方中世纪的商法主要是为协助商人自治而产生的，并不代表由国家强制力保证实施的真正公法，不代表国家意志，也不代表政府对其管辖内的商人经济活动施加的管理权力。这也就意味着国家或政府并未选择企业这种组织形式以获取其自身的价值增值，而只是一个局外人。因此，这时构成企业的只有物质资本、人力资本两类。

等的规定；对公司有限责任的规定；对公司垄断经营权的规定等。冯正好（2008）认为，经济权利随公司的发展、政府与公司的利益博弈而逐渐增多。政治权利则主要指授予公司不同的“准政府职能”，如授权公司可为保卫其贸易领域而组建军队并实施军事的防卫，承认公司根据必要的原则可组建法庭、自行任命法官、审理断处案件。虞政平（2000）指出，特许状中记载的内容标志着政府对特许公司施加的权利保护，即政府对特许公司的社会资本投入，经济权利和政治权利的投入分别代表了政府在增加社会效率和维护社会公平方面的投入。

这两方面的投入可分别为政府获得自身的经济价值增加和社会价值增加，前者即政府从特许状售卖中获得的经济利益，如对英国东印度公司，皇家参照其合股资本的5%征收特许税费，并由公司董事长及财务主管负责按季度分批缴纳；非洲公司则只按每股20先令缴纳特许税费，但哈得逊海湾公司则每股被征收5英镑。一旦特许税费的比例被确定，而特许公司不能按期缴纳时，其特许状则可能被宣布无效。而有些特许公司则直接与皇家达成协议，同意将其利润的一定比例交付皇家，并以此协议的履行为条件换得皇家特许状的颁发。

政府从中获取的社会价值则体现在如下几个方面：一是通过海外贸易特许公司进行经济、政治、军事上的海外殖民。二是通过特许公司的实践而逐步建立一套适合于现代股份有限公司的公司法律制度，以协助政府更有效地推动社会进步，维护其统治地位。如东印度公司获得特许权后，英政府对企业相关法律的一些变革一般都受影响于对东印度公司的管理控制，同样政府内部的一些规章制度也不同程度地制约着该公司的发展。三是通过特许公司改变某些社会价值观，从而获得社会文化价值。例如，在中世纪早期，商人阶级并不被社会所接纳，这些“泥腿子”从买卖价差中赚钱的利润被认为是不道德的，违背基督教、天主教精神的，政府不愿参与，表现出一种不支持、不反对的默许状态，这时的各种合伙企业也均未得到政府认可，政府并未专门制定法律法规予以规范。但商人阶级经济力量的逐步壮大最终赢得了政府的加入。而政府的认可改变了社会对商人价值的排斥，改变了人们的价值观，提升了商人的社会地位，并由此增加了全社会的经济价值。

第三节　政府公共资源配置属性的分类

如前所述，政府和市场作为两种不同的资源配置方式。不论是从不同学派理论分歧的焦点来看，还是从中国特色企业理论和企业制度的根源来看，政府公共资源配置都是关键和核心所在。对政府公共资源配置进行分类并以此为基础研究与之相适应的资源配置方式是本书的逻辑起点和关键环节所在。

一、政府公共产品与政府社会资本

许多公共资源具有公共产品的特征，但政府配置的公共资源并不限于公共产品。对于那些无法由市场提供的公共产品，例如土地、矿产、水等自然资源须由政府明晰产权才能提高供给效率，实现受益的公平性和均等化；但是对于可以由市场提供的公共资源，须在确立国家所有权地位的基础上，将所有权、使用权和收益权相分离，通过国有资本授权经营体制，实施政府直接授权的国有资本投资运营模式。这部分公共资源更具有公共资本的属性，由于产权分明，经济主体通过市场交易提高投资效率并获得回报。

公共产品是“每个人对这种产品的消费，都不会导致其他人对该产品消费的减少”，纯粹的政府公共产品具有非排他性、非竞争性的特点。布坎南（1965）将产品供给比喻为“俱乐部”，当“俱乐部成员”只有1个时，这种产品就是私有产品，而当“俱乐部成员”无限大时，则该产品就成为纯公共产品。由此可见，公共产品和私有产品并非产品本身的特征，而是由对其分享的制度或规则决定的。巴泽尔（1997）明确指出，公共产品并非产品自身的属性，而是人们根据界定产品产权是否能带来净收益而选择界定某一产品的产权。

从我国社会经济发展实际和各级政府在市场经济运行过程中所扮演的角色来看，政府的经济职能除了收入分配职能①、经济稳定与发展职能②和市场管制职能③外，还包括政府资源配置职能，即政府通过公共资源配置引导社会资源流动，形成一定的产业结构、区域经济结构等经济结构，优化资源配置结构，提高资源使用效率。改革开放以来，我国政府的公共资源配置规模越来越大，但其中有相当多的部分并非公共产品。无论是各种经济特区、开发园区、产业园区的建设，还是各种招商引资的优惠条件以及对重点产业、重点企业的政府倾斜和专项支持，其背后都伴随着庞大的政府公共资源配置。显然，并不是所有企业都能入驻经济特区、开发园区、创新或产业园区等，更不是所有企业都能够享受政府给予的特殊政策和专项支持，这意味着政府配置的公共资源中有相当大的部分并不属于公共产品。纯粹的公共产品应具有非排他性、非竞争性的特点，但现实中政府所配置的上述公共资源显然不符合这些特点。

在实施创新驱动发展战略的新时代，上述具有部分的排他性和竞争性特征的政府公共资源配置将越来越多，这些公共资源配置虽然体现了社会主义市场经济所具有的集中力量办大事的优势，但也会带来腐败、社会不公等负面效应，因此，追本溯源，本书将政府配置的公共资源按照其属性的不同，分为政府公共产品和政府社会资本两部分。前者是指政府为国防、公安、司法、公共交通等公共基础设施、义务教育、基础科技、公共医疗卫生等具有非排他性、非竞争性的政府公共资源配置；后者是指政府为招商引资、科技创新而专门建设的经济特区、开发园区、创新或产业园区等特殊基础设施、面向引入企业或创新企业的特殊许可、政策优惠和专项支持等具有部分的排他性和竞争性特征的政府公共资源配置。

政府公共产品具有公共性的基本特征，与政府的“公权力”（政权）相对应，而政府社会资本是介于纯公共产品和私人产品之间的准公共产品，具有部分的排他性和竞争性。只有将政府社会资本从公共产品中剔除后，公共产品才真正具有了社会公众平等分享的特征，进而更好发挥社会公共管理职能，实现其社会目标；与此同时，政府通过政府社会资本投资，引导和协同市场的资源配置，履行经济发展职能，并更好地实现其经济目标。不同于政府公共产品具有的公共性基本特征，政府社会资本具有私有性的基本特征，应界定政府对所配置的公共资源的所有权，这将为从根本上化解当前理论和实践中的认识分歧和现实困境奠定科学的基础。

---

① 指政府通过各种政策工具，参与一定时期国民收入的初次分配与再分配，实现收入在全社会各部门、各地区、各单位，以及各社会成员之间进行合理分割，缩小收入差距，体现社会公平。

② 指通过干预、调节国民经济运行，达到物价稳定、充分就业、国际收支平衡等目标，实现经济发展的目的。

③ 指通过用法律明确界定和规范市场主体间的权利、义务关系，从而为市场经济的正常运行提供必要的保障。

二、政府社会资本的具体特征

除不同于政府公共产品的公共性而具有私有性的基本特征外，政府社会资本具有地方性、非匀质性、公益性和引导性等具体特征。

政府社会资本的地方性体现在地方政府根据当地发展特点与实际情况对企业提供不同的政府社会资本投入。从这一角度来说，政府社会资本的投入也是赋予企业个性化特征的过程。从企业形成时政府许可企业名称的使用、营业执照的颁发和特许经营权的许可，到在企业经营过程中根据企业发展情况、行业特点为企业量身定制相关政策和专项支持，可以说正是政府社会资本的个性化提供才使得整体市场充满多彩活力。

不同于政府对公共产品的供给是平均匀质的，政府社会资本具有非匀质性的特征，政府不是均等地对每一个主体进行投资，而是通过差异化的投资来均衡供需关系、弥补市场缺陷。因此，对于“俱乐部成员”来说，政府社会资本具有非排他性，凡是范围内的“俱乐部成员”，可以无差异地享受政府社会资本带来的利益好处。正如准公共产品通过身份认证和货币价格机制来划分边界，政府社会资本首先因为其非匀质性界定了其供给对象。对于全体社会成员来说，非俱乐部成员被排斥在受益范围外，从这一角度来看政府社会资本则是具有排他性的。

此外，政府社会资本具有引导性和一定的公益性特征。究其根本，政府对企业的投入不是单纯为了其个体利益，而是通过注入资本维护市场秩序、引导市场风向。企业作为政府社会资本的消费者，要以能够带来持续健康的经济增长、稳定的社会环境为交换条件；政府作为企业社会资本的投入者，不再是企业运营的局外人，也不是对企业发号施令的上层管理者。政府社会资本作为政府与市场的“桥梁”，让政府与企业形成了一种利益共享、责任共担的共同体关系，这一过程实质上也是追求公共利益最大化的过程。

第四章　企业的政府社会资本禀赋及其影响分析

第一节　企业的资本禀赋及其构成

企业作为一种资本配置的社会建构。Coleman 认为，每个自然人都会面对三种资源或资本：物质资本（土地、货币以及其他存在于工具、机器等生产设备之中的资源）、人力资本（体力和智力）和社会资本。而这些资本都可以在特定时间、特定空间成为特定企业生存和发展所需要的关键资源。每一家企业其实都是这三种形态资本的融合体。

一、资本形态的嬗变

资本形态一般被界定为资本的表现形式，即在生产流通中的不同形式，或不同形式的资源。自马克思在《资本论》中提出产业资本、商业资本、货币资本三种资本形态[①]后，马克思主义经济学家、西方经济学家对不同时期的资本形态分别作了不同视角的研究，商业资本、产业资本、虚拟资本等资本形态被提出。

从企业发展的角度来看，在早期的工业企业中，物质资本是稀缺的，是生产经营最重要的基础，且占据主导地位，工人提供的是大量同质的劳动力。物质资本是指投入生产经营活动的一切劳动资料。从实物形态来说，物质资本主要是指厂房、机器设备、原材料等。在物质资本形态主导的早期，企业由物质资本所有者创立，并只为其物质资本所有者创造价值。

随着工业革命的推进，资本的所有权与经营权发生了分离，公司制企业的诞生促生了职业经理人，人在经济发展中的作用越来越大，物质资本与人力资本的各有所长促生了物质资本对人力资本的认可。第一个将人力看作资本的经济学家是斯密，他认为固定资本不仅包括机器和工具、建筑物、改良的土地，而且还包括“社会上一切人学到的有用才能”，学习一种才能，需接受教育、进入学校学习、做学徒。英国古典经济学家马歇尔在他的《经济学原理》中指出：“所有的投资中，最有价值的是对人本身的投资”。20 世纪 60 年代以来，一些经济学家在研究经济增长的各种促进因素过程中，发现人力因素占有越来越重要的位置，

---

① 马克思在《资本论》第二卷“开篇”中提出资本的形态：“这一册要揭示和说明资本运动过程作为整体考察时所产生的各种具体形式，资本在其现实运动中就是以这些具体形式互相对立的，对这些运动形式来说，资本在其直接生产过程中采取的形态和在流通中采取的形态，只是表现为特殊的要求。因此，我们在本册中将阐明的资本的各种形态，同资本在社会表面上，在各种资本相互作用中，在竞争中，以及在生产当事人自己的通常意识中所表现出来的形式，是一步步接近了。”

他们不再满足于把劳动力简单地看作一种被动的，只能为资本所雇用的生产要素，从而提出了劳动和人力资源是资本等一系列观点。1960 年，在美国经济学年会上，美国经济学家舒尔茨关于“人力资本投资”的演讲可视为人力资本正式产生的标志。舒尔茨提出，人力资本主要指凝集于劳动者本身的知识、技能及其所表现出来的劳动能力，这是现代经济增长的主要因素，是一种有效率的经济。人力资本作为另一种资本形态突破了传统观念的束缚，正式登上历史舞台①。

在人力资本的概念提出以后，资本形态的概念越来越宽泛。“二战”后，信息技术革命的推进促使资本流转的速度大大加快，资本形态更加趋向非物质化，全球金融资本高速流动，高新技术产业诞生，跨国性产业投资普遍化……引发了经济学家对资本形态的进一步关注。

20 世纪 80 年代，皮埃尔·布迪厄等将社会资本的概念引入社会学研究领域，科尔曼则首次从理论上系统界定、论证了社会资本。此后，经普特南等人的研究，社会资本理论成为具有跨学科影响的重要学派。此后，科利尔、伯特等不同学者从不同角度挖掘、研究了社会资本的价值创造能力。由此，社会资本正式登上历史舞台。

随着经济与社会生活中资本形态的嬗变，参与企业价值创造的资本形态越来越多，企业的建立需要多种资本的集合。可以预见，与单一的物质资本创建企业相比，多元化资本结合的方式、规则必将有所创新，所形成的所有权结构也必将呈现多样化。

二、企业的社会资本及其分类

Ronald Burt（1992）提出的结构洞理论以高科技企业作为研究对象，将社会资本概念应用于企业内部和外部关系的研究中；Nahapiet 和 Ghoshal（1997）指出，企业社会资本是嵌入企业的、可利用的，源于个体或社会单元所占有的关系网络中的实际或潜在的资源；边燕杰、丘海雄（2000）在社会资本概念界定的基础上，根据企业在经济领域的多种联系，提出企业社会资本的概念，即企业通过与经济领域的各个方面发生的纵向联系、横向联系和社会联系而摄取稀缺资源的能力；Andrew M. Chisholm 和 Klaus Nielsen（2009）将企业社会资本界定为嵌入在组织成员内部关系网络以及组织外部网络的无形资源。

隋敏、王竹泉（2013）将企业社会资本界定为嵌入在企业与其外部利益相关者之间所构建的网络关系结构中的实际或潜在的资源集合，其伴随着网络节点间的互动，能够为企业不断地创造价值增值。在此基础上，他们以内部利益相关者只是股东这一类利益相关者的传统企业为例，将企业的社会资本划分为供应商关系资本、债权人关系资本、客户关系资本、政企关系资本、竞争者关系资本和其他关系资本等六种类型（如图 4－1 所示），并特别强调政企关系资本在我国企业社会资本中扮演着不同寻常的重要性，是企业社会资本的主要构成要素之一。这里的政企关系资本实质上就是本书所提出的政府社会资本。

① 舒尔茨比较系统地阐述了人力资本的形成途径，他认为，医疗保健、在职培训、正式教育、成人学习项目及就业迁移等都是人力资本的积累。

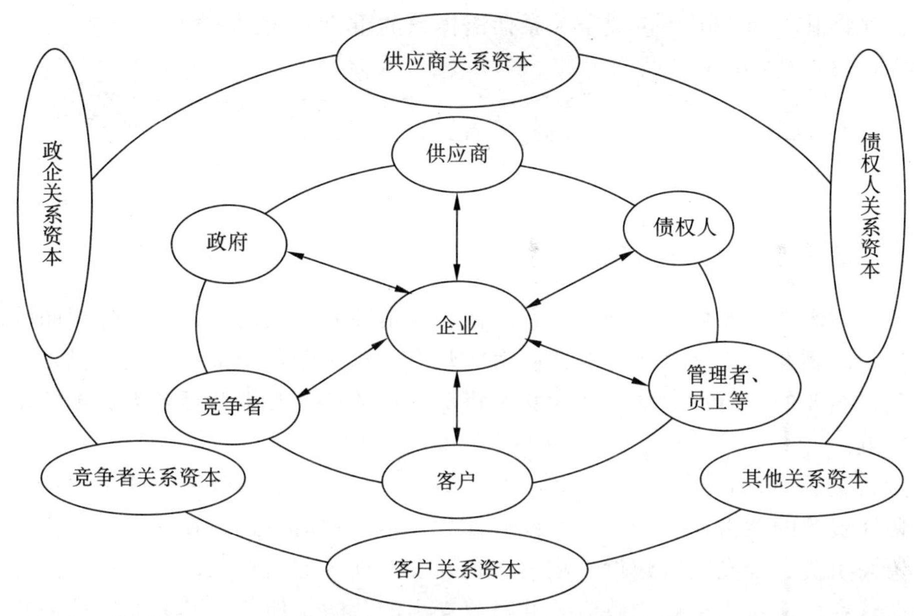

图 4-1　传统企业的社会资本分类

三、政府社会资本与一般国有资本

由于政府社会资本是政府公共资源配置的一部分，因此，该部分资本也属于国有资本的性质，但是目前的企业制度显然没有确认政府社会资本形成的国有资本。即使政府向企业投入了特殊的政府补助和拨付了专项支持经费，其形成资产的部分，按现行会计准则的规定也只是增加了资本公积，而并非增加国有资本权益。对于这些补助或专项支持未形成资产的部分，也只是增加了当期收益，均未增加政府在企业中的所有者权益。中国虽然国有企业众多，但是政府在国有企业的所有权却均并非以政府在企业中投入的社会资本来界定的，而仍然是以企业中物质资本的提供者是政府（包括中央政府或地方政府）来界定的。也就是说，如果政府没有在一家企业中投入有形的物质资本，则政府就不会成为现实中企业的所有者。

因此，不管是在西方还是在中国，政府都“天然”地被排除在非国有企业之外，政府与非国有企业的关系只是被看成是政府作为社会管理者与这些非国有企业之间的行政管理关系，而不存在政府作为政府社会资本所有者与这些非国有企业之间的产权关系。对于国有企业来说，虽然除了存在政府作为社会管理者与国有企业之间的行政管理关系之外，也存在政府作为一般国有资本所有者与国有企业之间的产权关系，但是，这种产权关系只是因为政府向国有企业投入了物质资本，而不是由于其在这些国有企业中所投入的政府社会资本。王竹泉、杜媛、曲冠青（2016）指出，物质资本、智力资本和社会资本在特定时间、特定空间都可能成为特定企业生存和发展所需要的关键资源，提供这些关键资源的利益相关者理所应当成为企业的内部利益相关者，从而享有企业所有权。但是，每一家企业的运作都离不开政府特别是地方政府所提供的社会资本（基础设施、制度环境、社会文化等），确认政府在每一家企业（国有企业、非国有企业）中政府社会资本所有者的权利和地位对于营造合作、共赢的政企关系具有重要的意义。创建中国特色的企业制度和企业理论更应以此为突破口，将政府社会资本作为政府公共资源配置市场化改革和微观层次资源配置中政府与市场关系改革的重点，并将其作为中国特色政企关系话语体系的重要元素深入加工。

第二节　企业的政府社会资本禀赋及其测度

一、企业的政府社会资本禀赋

尽管各位学者研究的角度不同，但是对社会资本核心要素的认识基本是相同的，即社会资本发挥作用离不开信任、合作等要素。由于政府在每家企业中都或多或少投入了政府社会资本，因此，企业的政府社会资本禀赋状况将对企业的社会资本乃至各类资本的作用发挥产生重要的影响。

为了考察企业的政府社会资本禀赋状况，本书将企业通过与政府的联系而拥有的从政府方面获取稀缺资源的能力界定为企业的政府社会资本。如前所述，在我国，政府为推动经济发展而在招商引资、开发园区建设、重大科技开发专项等方面投入巨大。从资源配置的角度来看，虽然这些巨额投入也属于政府公共财政支出的范畴，但是，其并非按照公共产品和公共服务均等化的原则进行配置，因此并不是真正意义上的公共产品，而具有排他性、竞争性的特征。对企业来说，这种投入的公共资源对企业的竞争能力和价值创造具有重要的影响，具有稀缺性、垫支性、增值性的特征，因此，本书将其界定为企业的政府社会资本。这里需要特别强调的是，尽管企业法人代表、高管的政治身份对企业获取稀缺资源的能力具有重要影响，但是拥有企业的政府社会资本的主体是企业，而不是企业法人代表、高管等个人。因此，企业的政府社会资本既包括企业通过与政府的各种联系所获得的潜在的从政府方面获取稀缺资源的能力，也包括企业从政府方面实际获取的稀缺资源。企业实际获取的政府公共资源，既包括企业实际得到的政府直接投入（如政府为招商引资直接给予企业的专项补助、给予的各种土地使用权的价格优惠或基础设施配套支持、直接向企业投入的重大科技专项支持经费以及产业扶持资金等），也包括虽未直接投入企业但是企业却实际受益的政策和条件支持（如在开发园区或特区内的企业所享受的特殊优惠政策以及政府为开发园区或特区等特定区域提供的优良基础设施和配套条件等）。

二、企业的政府社会资本禀赋的测度

（一）指标设计

目前，学术界对于社会资本的衡量莫衷一是，具有代表性的做法是从企业自身和企业核心人员两个方面考虑。从本书界定的企业的政府社会资本概念来看，企业的政府社会资本能够从现实能力和潜在能力两个方面对企业产生影响，因此，本书将企业的政府社会资本划分为现实能力和潜在能力两大维度，并进一步在每个维度上设计相应的二级指标。

现实能力维度反映了企业通过政府社会资本直接受益于政府支持的能力，并体现在以下四个方面：

一是企业性质。企业的产权性质是影响企业的政府社会资本现实能力的重要因素。在我国，国有企业具有先天的“所有制优势”，政府对国有企业存在本能的“父爱主义”，这种优势为其带来了丰富的政策资源，在政策性贷款、政府补贴以及地方政府支持等方面，这种

优势表现得尤为突出，它们获得信贷融资的难度明显较低。相比而言，民营企业在所有制和规模上都处于劣势。尽管随着我国市场化进程的逐渐加快，政府部门对所属企业的影响力逐渐变弱，但是正式和非正式的影响尚未完全消除（边燕杰、丘海雄，2000），产权性质对企业的融资能力的影响仍不可忽视。

二是制度环境。政府和市场对资源配置的作用存在此消彼长的关系。在制度环境完善的国家或地区，市场化程度较高，体现为政府对市场的影响力较弱，法律制度能够给予投资者充分的保护，市场发挥配置资源的主导作用。然而，在制度环境薄弱的地区，政府配置资源的比重就会明显上升，企业依靠市场化的正式机制难以获得足够的发展资源，因而有强烈的动机寻求替代方式，克服制度的发展不足对企业成长的制约。研究表明，政治关系具有显著的贷款效应，并且在制度环境越是薄弱的地区，政治关系越能够帮助企业获得更多更长期限的贷款（余明桂、潘红波，2008）。因此，制度环境方面的不足使得企业从政府方面获取资源的现实能力越强，以作为落后制度环境的替代性保护机制。

本书将王小鲁等（2016）披露的中国各地区市场化指数作为制度环境的度量指标，按照从高到低的顺序排序后分别以第 33 百分位和第 66 百分位为分界点等分为三组，依次赋值为 1—3。赋值越高，表示企业获取政策资源的现实能力越强。另外，本书在企业的政府社会资本禀赋的影响分析部分，还使用政府与市场关系和金融业的市场化两个子指数进一步细化对地区制度特征的度量。

三是总部所在区域。对于同一地方政府管辖的开发园区和一般区域而言，政府对开发园区的支持和投入的力度远远超过一般区域。从全国范围来看，这种投入具有排他性和竞争性，从而也具有稀缺性，因而区域的选择影响企业现实从政府方面获取稀缺资源的能力。与一般区域相比，开发园区具有优良的投资环境，在融资渠道、平台建设、对上争取等方面都具有明显的优势。具体而言，开发园区的设立需要经过某级政府的特别批准，在开发园区内的企业可以在土地使用权、金融贷款、财税政策、交通区位、基础设施等方面享受具有针对性的优惠条件，当地政府还会在自由裁量权的范围内实施免除各项行政管理性收费、城市综合开发费等措施，对于高科技企业、国家政策鼓励行业以及对当地经济和社会发展影响较大的企业还会在税收、用地、用工及其他方面获得政府的直接支持。如在融资方面，一些地方政府设立科技创业基金用以扶持高新企业发展；积极打造中小型企业金融服务平台，引入商业银行、民间融资服务机构、风险投资基金、创业投资基金以及提供各类科技金融和知识产权质押贷款等服务，为开发园区内的企业提供担保，切实解决企业融资问题。

本书将企业总部所在地划分为经济特区、国家级开发区、省级开发区、省级以下开发区以及一般区域 5 个等级，分别由高到低赋值，用以区分企业在区域选择方面获取政策资源能力的大小，赋值越高，表示企业通过区域因素获取现实资源的能力越强。

四是政府补助。政府补助是企业从政府方面实际获取稀缺资源的直接表现。政府补助越多，表明企业在获得政府支持的现实能力方面越强。罗党论和唐清泉（2009）认为，政府补助是政府支持企业的一种直接表现，政府背景对于民营企业而言代表社会资本，它可以使其获得更大比例的政府补助。因此，政府补助可以作为反映企业的政府社会资本禀赋的衡量指标。

潜在能力维度则反映董事会、高管层等关键人员的个人政治背景对企业获取政府支持的潜在影响力。董事和高管是企业的核心人员，是一家企业形成、发展和运用政府社会资本的核心人物，这一点虽然不是企业的属性，却是企业必要的财富，可以潜在地增强企业从政府方面获取稀缺资源的能力。因此，我们具体考察了上市公司高管和董事的政府背景，并具体设计了以下三个二级指标：

一是董事长或总经理是否有政治背景。余明桂和潘红波（2008）将企业的董事长或总经理是否担任过政府官员、人大代表或者政协委员作为企业政治关系的表征。董事长和总经理是企业的核心领导人物，其是否有政治背景对企业获取政策资源的能力具有重要影响。

二是董事长或总经理的最高行政级别。将董事长或总经理的政治背景按照行政级别具体区分为中央、省级、市级、县级以及乡镇及以下5个类别，可以提取出更多有用的信息。董事长或总经理的行政级别在一定程度上代表了政府对企业的影响力，级别越高，越有可能使企业获得更多的政策支持。本书将董事长或总经理的行政级别按照从低到高依次取值1—5，无政治背景则为0。

三是有政治背景的董事和高管的比例。王砚羽（2014）将企业高管兼职中具有政治身份的人数与高管总人数的比例作为政治关联指标。本书借鉴这一思路，将曾任或现任政府职务的董事、高管人数与公司董事、高管总人数作为衡量潜在能力强度的指标。该比例值越大，表明企业在未来获得政策支持的能力越强。

表4－1按照企业的政府社会资本禀赋测度的两个维度，将测度企业的政府社会资本禀赋的各个二级指标的定义和具体计算方法进行了归纳。

表4－1　企业的政府社会资本禀赋测度指标体系设计

维度	变量名称	符号	计算说明
现实能力	企业性质	*Gov*_1	国有企业取1，否则为0
	制度环境	*Gov*_2	按照各省份市场化总指数由高到低排序后分别以第33百分位和第66百分位为分界点等分为三组，依次赋值为1—3。此外，在稳健性检验部分，还使用政府与市场关系和金融业的市场化两个子指数进一步细化对地区制度特征的度量
	总部所在区域	*Gov*_3	按照上市公司总部所在地属于一般区域、省级以下开发区、省级开发区、国家级开发区以及国家经济特区依次赋值为1—5
	政府补助	*Gov*_4	政府补助/期初总资产
潜在能力	董事长或总经理是否有政治背景	*Gov*_5	董事长或总经理曾有或现有政治背景则为1，否则为0
	董事长或总经理的最高行政级别	*Gov*_6	按照董事长或总经理的行政级别属于乡镇及以下、县区级、市级、省级、中央依次取值1—5，没有政治背景则为0
	有政治背景的董事和高管的占比	*Gov*_7	曾有或现有政治背景的董事（包括独立董事）、高管的人数/董事、高管总人数

（二）企业的政府社会资本指标的测算

基于上文构建的政府社会资本指标体系，本节采用变异系数法计算企业的政府社会资本禀赋各测度指标的权重，进而得到企业的政府社会资本指数。变异系数法能够直接利用各项指标所包含的信息，消除量纲的影响，是一种客观赋值的方法。取值差异越大的指标被赋予的权重越高，表示达到该指标的平均水平难度越大，越能够反映个体之间的差异。由于我国目前上市公司在各个方面存在较大的不确定性，因而适合采用变异系数法。赵瑞（2012）利用该方法测算了我国上市公司社会资本指数并利用演化博弈的方法证明了该方法的有效性。各项指标的变异系数计算公式如下：

$$V_i = \frac{\sigma_i}{\overline{x_i}} \quad (i = 1, 2, \cdots, n) \tag{1}$$

其中，V_i 表示第 i 项指标的变异系数；σ_i 表示第 i 项指标的标准差；$\overline{x_i}$表示第 i 项指标的均值。各项指标权重的计算公式为：

$$W_i = \frac{V_i}{\sum_{i=1}^{n} V} \tag{2}$$

其中，W_i代表企业的政府社会资本禀赋的七个二级指标所对应的权重。

最后，测度企业的政府社会资本禀赋指数的计算公式如式（3）所示。其中，j 代表公司，t 代表年份。

$$GSC_{jt} = W_{1t} \times Gov\_1 + W_{2t} \times Gov\_2 + W_{3t} \times Gov\_3 + W_{4t} \times Gov\_4 + W_{5t} \times Gov\_5 + W_{6t} \times Gov\_6 + W_{7t} \times Gov\_7 \tag{3}$$

为了考察企业的政府社会资本禀赋对企业的影响，我们接下来将利用本节对企业的政府社会资本禀赋的测度方法，在测度上市公司的政府社会资本禀赋的基础上，实证分析企业的政府社会资本禀赋对企业的资本配置效率的影响。

第三节　企业的政府社会资本禀赋对资本配置效率的影响分析

一、相关研究的梳理

提高企业资本配置效率对于促进经济转型升级、提升国民经济整体运行质量具有重要意义。对此，党的十九大报告提出，毫不动摇巩固和发展公有制经济，毫不动摇鼓励、支持、引导非公有制经济发展，使市场在资源配置中起决定性作用，更好地发挥政府作用。在我国当前经济转型的背景下，市场对资源的配置发挥着绝对的主导作用，但是政府角色对企业经营的影响也不容忽视。我国社会主义市场经济不仅在宏观的政府与市场关系层面具有显著的特色，而且在微观的政企关系层面也必然有不同于西方国家的显著特色。我国政府对企业的影响不仅限于国有企业，民营企业家热衷于政治参与（罗党论、唐清泉，2009）、民营企业青睐“官员独董”（黄珺、魏莎，2016）的经济现象层出不穷。那么，导致这一现象的原因何在？本节将尝试从企业的政府社会资本和资源配置的角度对此作出回答。

现有文献对资本配置效率的研究，除了考察会计信息质量（李青原，2009；杨道广等，2014）产生的影响之外，主要集中于政府和市场两个方面，或者单独研究这两种因素对资本配置效率的影响，或者将这两个方面同时纳入研究框架进行考察。市场方面的影响因素主要包括金融市场发展程度（Wurgler，2000）、市场化进程（方军雄，2006）、投资者保护水平（李海凤、史燕平，2014）等，而政府方面的因素主要包括所有制（方军雄，2007）、政治联系（陈晓芸、吴超鹏，2013）、政府干预（李海凤、史燕平，2014）以及政府质量（陈德秋等，2012）等。进一步地，这些研究又可以分为宏观和微观两个研究视角。本节则主要关注微观层面政府因素及企业的政府社会资本对企业资本配置效率的影响。

从政府因素与资本配置效率的关系来看，方军雄（2007）的研究发现，我国整体上国有企业的资本配置效率显著弱于非国有企业。于超文和何勤英（2013）研究发现，政治联系对投资效率的影响并不显著。Chen S. 等（2011）则指出，政治关联显著降低了国有企业的投资效率，但是在民营企业中并未发现这一证据。杨道广等（2014）也认为，政治关联企业虽然产生了比高质量会计信息更强的融资效应，但是既没有提高也未降低企业的投资效率，即政治关系扭曲了银行信贷资本配置。与之相反，陈晓芸和吴超鹏（2013）的研究发现，高管的政治关系和地区社会资本能够缓解企业投资不足、抑制过度投资，从而提高企业的投资效率和公司价值。陈德球等（2012）利用世界银行提供的政府质量数据研究得出，政府质量具有改善资本配置效率的功能，且相对于国有企业，这种功能在民营企业中更显著。由此可以看出，对于政府因素如何影响企业的资本配置效率，学术界尚未达成一致的认识。

社会资本作为一种非正式制度，其经济价值已经得到诸多研究的验证。罗党论和唐清泉（2009）认为，社会资本是一种产生于社会关系的社会资源，这种资源能够使投资者获得期望的回报。赵瑞（2013）认为，社会资本是中国目前渐进式的制度变迁过程中一种非常重要的资源配置方式，关系网络带来的“关系资源”产生了示范效用，使得越来越多的企业热衷于通过社会资本的积累寻求稀缺资源。他的研究首次将社会资本理论引入公司投资行为的研究范围，得出社会资本这一资源配置方式能够显著增加企业的投资机会，并提高其投资效率。陈晓芸和吴超鹏（2013）同样证明了社会资本的核心要素——信任有助于提高公司的投资效率。

二、本节研究的思路和问题

在完美资本市场中，投资决策与融资决策相互独立，投资行为仅依赖于托宾 Q 代表的投资机会。然而，在现实世界中，信息不对称和代理问题等的广泛存在使得资源配置难以实现最优化，企业的投资决策受到融资能力的重要影响，企业价值同时取决于资源获取和资源利用的能力。因此，从企业层面来看，高效的资本配置应体现为融资活动和投资活动之间的良性互动：当企业面临好的投资机会时，可以以合理的资本成本在资本市场筹集到充足的资金，同时通过效率投资，创造更多的现金流。企业的政府社会资本不仅具有社会资本以信任、合作、互惠、规范、声誉等为内涵的一般特性，加之政府在我国经济社会中的广泛影响力和权威性，能够发挥缓解市场信息不对称和代理问题的作用。因此，本节借鉴 Meclean 等（2012）提出的度量资本配置效率的研究方法，以 2012—2016 年沪深 A 股上市公司为研究对象，在对企业的政府社会资本禀赋进行测度的基础上，综合考虑融资约束和投资效率两个方面，利用投资对经营现金流和托宾 Q 的敏感性，研究企业的政府社会资本禀赋对微观层面资本配置效率的影响，借以考察企业的政府社会资本禀赋的作用和经济效应。

本节主要研究以下三个问题：第一，对企业政治关联的研究多是建立在对董事会、高管层个人的政治背景进行考察的基础上，具有政治关联的企业只是潜在地具有在未来获取更多政府支持和优惠政策的能力，但这种研究却忽视了企业从政府方面现实获取的稀缺资源对企业的影响，将企业政治关联的潜在能力和企业实际受益的政府特殊支持相结合进行的研究尚无人问津。这一点也使得本节得出的政府作用对资本配置效率的影响与一些前人的观点有所不同。第二，现有研究一般将企业与各类利益相关者之间形成的社会资本作为一个研究整体，而在这种以信任、合作、互惠等为内涵的社会资本范畴中有多少是政府作用的结果不得而知，因此，无法对政府通过企业的政府社会资本对微观资本配置效率的效果作出科学的回答。第三，现实中越来越多的企业投入更多的精力与政府建立各种联系，本节试图从资源配置效率的角度对此经济现象作出科学的回答。

三、理论分析与假设提出

投融资活动是企业的两大主要经营活动。公司通过筹资活动使现金从资本市场流向企业，并以此为资本开展投资活动。因此，高效的资本配置应当表现为现金流在企业和资本市场之间的高效流动。从企业主体来看，则体现为企业在融资方面应不受外部融资约束的掣肘，同时通过效率投资创造更多的现金流。在完美的资本市场中，企业的投资决策和融资决策相互独立，企业可以从资本市场无限制地获得所需要的投资资金。然而在现实中，多种因素阻碍了资本的高效流动与合理配置，其中资本市场广泛存在的信息不对称是导致资本配置扭曲的重要因素，信息不对称及其衍生的信息问题和代理问题阻碍了资本市场的有效配置（Healy and Palepu，2001），增加了企业的外部融资成本，导致企业的非效率投资。

从企业融资的角度来看，我国融资渠道单一，企业仍然以银行贷款为主要的外部融资方式。加之我国企业整体上经营透明度低、信用记录不健全，使得企业与投资者之间的信息沟通不畅，双方之间存在严重的信息不对称。投资者出于自我利益的保护，倾向于高估企业的经营风险，从而要求过高的投资报酬率，导致有外部融资需求的企业难以获得发展所需要的资金，最终陷入融资约束的困境（Myers and Majluf，1984）。诸多研究表明，在我国以信贷市场为主体的资本市场体系下，企业普遍存在融资约束问题。

从企业投资的角度来看，信息不对称引发的代理问题是导致企业非效率投资的主要原因。管理者与股东之间的信息不对称增加了管理者的机会主义行为，引发企业过度投资的倾向。另外，融资约束使得企业无法以合理的资本成本获得发展资金，最终因缺乏资金而投资不足。

因此，在当前资本市场信息不对称严重和投资者保护制度尚不健全的制度背景下，能够缓解市场主体之间信息不对称以及增强其信任程度的第三方就显得尤为重要。在我国社会主义市场经济背景下，政府凭借其广泛且较高的社会公信力和自身的权威性，能够直接或间接影响政治关联企业与其他利益相关者之间的关系，强化市场主体之间的信任，促进合作和交易的达成，降低交易成本。当前，越来越多的企业把更多的精力投入与政府建立各种联系的活动之中，以求能够获得更多的“政府关系效益”。

企业的政府社会资本能够发挥特殊的资源配置作用，增加企业的投资机会，缓解融资约束，提高投资效率。赵瑞（2013）认为，企业可以通过增加信任、加强信息交流、获得更多的资源、提高企业声誉等途径取得更多的投资机会。企业政府社会资本能够在这些方面有效发挥作用。政府在招商引资、开发园区建设、重大科技开发专项等方面的直接投入、政策减免等措施可以大大减轻企业的经营负担，增加可利用的现金流，改善投资环境，增强企业创造价值的能力，直接或间接地缓解企业外部融资约束。另外，企业的政府社会资本不仅具有社会资本以信任、合作、互惠、规范、声誉为内涵的一般特性，加之政府在我国经济社会中的广泛影响力和权威性，使得企业的政府社会资本禀赋较高的企业还能够利用嵌入关系网络的政府信誉来提高自身的社会信誉度，增强企业与其他利益相关者之间的信任和信息沟通，改善企业与银行、供应商和客户之间的关系（Claessens et al.，2012）。罗党论和甄丽明（2008）的研究表明，银行会认为政治关联企业的声誉更好，并且企业参与政治的程度越高，银行的这种主观认识就越强烈，因而有政治关联的企业更容易取得银行的支持，获得银行贷款。赵瑞（2013）认为，社会资本的功效还在于减少信息不对称以抑制投资不足，改善代理问题以缓解企业过度投资。综上，企业的政府社会资本能够增强企业资源获取和资源利用的能力，从而提高其资本配置效率。因此，本节提出如下假设 1：

假设 1：企业的政府社会资本禀赋能提高公司投资效率，降低外部融资约束。

在我国社会主义市场经济制度下，国有企业的发展承担着政府部门的经济、政治和社会责任，因而政府对国有企业的资源投入具有多重目标化的特点，使得国有企业的投资决策也相应地具有多重目标，表现为除了实现国有资产保值增值的经济目标之外，还承担了提高地方就业水平、维护地区稳定等其他责任，导致国有企业的经济决策容易偏离经济最大化的目标。在政府的支持下，国有企业从政府方面获取各种资源的能力都很强，资源约束对投资效率提升的影响程度较小；且国有企业的融资约束相对较低（陈德球等，2012）。在此情况下，企业的政府社会资本禀赋发挥缓解融资约束、提高投资效率的边际效用就会大大减弱，因而可能表现不明显。

研究表明，民营上市公司建立政治联系、争取政策资源的根本目的是实现公司价值最大化（于文超、何勤英，2013）。企业的政府社会资本中内嵌的信任、合作、互惠等要素能够缓解民营企业的信息不对称，增强其获取稀缺资源的能力，突破自身的资源限制和制度约束，作为克服法律、产权和金融发展等正式制度落后的一种非正式的替代性保护机制。民营企业经营以经济效益最大化为经营目标，由于受到资源条件和制度环境的限制，外部融资能力受到制约，投资机会不足，投资效率难以实现最大化，具体体现为：一方面民营企业经营风险比较高，与资本市场之间的信息不对称更为严重，导致银行或者不愿意为民营企业提供贷款，或者要求的资本成本过高、贷款条件苛刻，民营企业在贷款时面临严重的“所有制歧视”。罗党论和甄丽明（2008）指出，民营企业面临的融资困境实质上是一种信用困境。在政府对银行存在或多或少影响力的制度背景下，民营企业迫切需要借助政府的影响力以提高自身的信用水平，而企业的政府社会资本中包含的信任等要素可以提高民营企业的社会信用，进而弥补自身声誉或担保机制上的缺陷（曹伟等，2017），相当于获得一种无形的信用保证，通过改善银企关系，降低获取银行贷款的难度和获取更多的银行贷款。研究表明，政治关系比高质量会计信息的融资效应更强，更有助于企业获得数额更大、期限更长的银行贷款（杨道广等，2014）。

另一方面，政府手中掌握的重大投资项目的审批权及相关政策倾斜与保护能为企业带来更多且收益更高的投资机会（罗党论、刘晓龙，2009）。研究表明，政治关联的民营企业更容易进入管制行业、高利润行业，更多获得政府补贴（罗党论、唐清泉，2009），同时能够获得更多的投资空间、更优厚的政策资源与政府合同（Faccio，2006）；而增加自身政府社会资本积累是获得竞争资源和稀缺投资机会的重要途径，同时，企业的政府社会资本禀赋越多，企业与政府之间的联系越紧密。政府的监督可以有效约束管理者的机会主义行为，减少代理问题引发的过度投资等行为，提高公司的投资效率（Chen et al.，2011）。Xu 等（2011）的研究发现，政治联系还能够缓解中国民营上市公司投资不足的问题。因此，企业的政府社会资本禀赋能够为民营企业带来更多优质的投资机会和现实资源，通过缓解信息不对称和代理问题发挥抑制过度投资和投资不足的功效，提高民营企业的投资效率。因此，本节提出如下假设 2：

假设 2：相对于国有企业而言，企业的政府社会资本禀赋对于缓解民营企业融资约束、提高其投资效率的作用更强。

四、研究设计

（一）样本选择和数据来源

本节以 2012—2016 年沪深 A 股上市公司为研究对象，所需要的数据包括五个方面：开发区数据、政治背景数据、地区制度环境数据、公司治理数据和企业财务数据。开发园区数据是对照国务院发布的《中国开发区审核公告目录（2018 年版）》，将上市公司总部所在区域划分为经济特区、国家级开发区、省级开发区、省级以下开发区以及一般区域并依次从高到低赋值。政治背景数据是根据上市公司董事长和总经理名单和高管层和董事会的政治背景，构建上市公司董事长和总经理政治背景数据库。地区制度环境数据取自王小鲁等（2017）编制的《中国分省份市场化指数报告（2016）》。财务数据和公司治理数据均出自国泰安数据库（CSMAR）和色诺芬数据库（CCER）。

此外，本节对初始样本进行了如下处理：（1）剔除金融类上市公司；（2）剔除同时发行 A 股和其他类型股票的上市公司；（3）剔除 ST、PT 的企业；（4）剔除数据异常或缺失的企业。经过处理后，最终得到 2030 家公司的共 10150 个平衡面板数据。本节运用软件 Stata12.0 进行数据处理。另外，为了避免异常值对结论有效性的影响，本节对所有连续变量进行了上下 1% 水平的 Winsorize 处理。

（二）模型设计和变量计算

参照 Mclean 等（2012）、陈德秋等（2012）、于文超和何勤英（2013）等度量资本配置的研究方法，本节构造如下方程（4）作为检验方程：

$$Invest_{it} = \alpha_0 + \alpha_1 CFO_{it} + \alpha_2 GSC_{it} \times CFO_{it} + \alpha_3 GSC \times Q_{it-1} + \alpha_4 GSC_{it} + \alpha_5 Q_{it-1} + \alpha_6 Size_{it} + \alpha_6 Lev_{it} + \alpha_7 \Delta Debt_{it} + \alpha_8 \Delta Nwc_{it} + \alpha_9 Div_{it} + \sum Year + \sum Indus + \eta_i + \varepsilon_{it} \tag{4}$$

在方程（4）中，*Invest* 表示企业本年新增固定资产投资，用于衡量公司的投资水平，借鉴 Chen 等（2011）的计算方法，该变量等于构建固定资产、无形资产和其他长期资产的净现金流除以年初总资产；*CFO* 表示经营活动产生的现金流量，当企业外部融资受到制约时，投资资金对内部经营活动现金流量的依赖性就会增强。因此，投资 - 现金流敏感系数 α_1 可以表示企业融资约束的大小；为了减少模型的内生性，Q_{it-1} 使用滞后一期的托宾 Q 值，用于衡量公司未来的投资机会，在资本配置效率良好的情况下，投资支出会对投资机会作出迅速的反应。因此，投资 - 托宾 Q 敏感系数 α_5 可以表示企业的投资效率；*GSC* 表示本节以变异系数法计算的企业的政府社会资本指数。为了验证本节提出的研究假设，方程（4）中加入企业的政府社会资本指数 *GSC* 和经营现金流 *CFO* 的交乘项 $CFO \times GSC$，用于检验企业的政府社会资本禀赋对企业融资约束的影响，加入企业的政府社会资本指数 *GSC* 和托宾 Q

的交乘项 $GSC \times Q$，用于检验企业的政府社会资本禀赋对企业投资效率的影响。通过在同一模型中同时考察企业的政府社会资本对融资约束和投资效率的影响，研究企业的政府社会资本如何作用于企业资本配置效率。根据假设 1 和假设 2，预期 α_2 的符号为负，α_3 的符号为正。

方程（4）中的控制变量包括公司规模（*Size*）、财务杠杆（*Lev*）、短期债务（$\Delta Debt$）、非现金净营运资本增加额（ΔNwc）、股利支付（*Div*）。公司的投资支出具有规模效应，但是处于扩张阶段的小规模公司也可能有较高的投资支出。财务杠杆越高，公司的利息支出越多，偿债压力越大，因而进行债务再融资的可能性就会降低，这些因素都限制了企业投资的能力。因此，*Lev* 的符号预期为负值。短期债务融资的增加可以用于支持企业的资本投资，因此 $\Delta Debt$ 的符号预期为正值；非现金净营运资本支出以及股利发放需要占用部分资金，从而使得用于资本支出的资金减少，因此 ΔNwc 和 *Div* 的符号预期为负值。此外，本节还控制了行业和年度固定效应。下标 i 表示公司；t 表示年份；η_i 分别反映个体效应；ε_{it} 表示残差项。

表 4－2 归纳了模型的解释变量、被解释变量以及控制变量的计算方法。

表 4－2　　变量的计算方法

变量类型	变量名称	符号	计算方法
被解释变量	资本投资	*Invest*	（购建固定资产、无形资产和其他长期资产支付的现金－处置固定资产、无形资产和其他长期资产收回的现金）/年初总资产
解释变量	企业的政府社会资本	*GSC*	企业的政府社会资本各指标按照变异系数法计算得出综合指数
	经营现金流	*CFO*	经营活动产生的现金流量净额/总资产
	交互变量	$CFO \times GSC$	经营现金流与企业的政府社会资本的交乘项
	托宾 Q	*Q*	（负债市场价值＋股权市场价值）/总资产账面价值；负债市场价值＝负债账面价值；股权市场价值＝流通股股本×期末股价＋非流通股股本×每股净资产
	交互变量	$GSC \times Q$	企业的政府社会资本与托宾 Q 的交乘项
控制变量	公司规模	*Size*	期末总资产的自然对数
	财务杠杆	*Lev*	总负债/总资产
	短期债务	$\Delta Debt$	流动负债增加额/总资产
	非现金净营运资本	ΔNwc	非现金营运资本净增加额/总资产
	股利支付	*Div*	虚拟变量，如果公司本年度支付股利取 1，否则取值为 0
	经营现金流波动性	*SDCF*	$t-5$ 年至 $t-1$ 年的经营活动现金流量占总资产比率的标准差
	年份	*Year*	虚拟变量，属于本年度取 1，否则取值为 0，共设 4 个虚拟变量
	行业	*Indus*	虚拟变量。根据中国证监会《上市公司行业分类指引（2012）》，制造业取前二位代码，其他行业取第一位代码，共分 20 个行业。属于该行业取 1，否则取值为 0，共设 19 个虚拟变量

五、实证结果分析

（一）描述性统计分析

表 4－3 报告了全样本和子样本（民营企业和国有企业）主要变量的描述性统计结果。结果显示，2012—2016 年，全样本的政府社会资本均值为 0.519，标准差为 0.344，最小值为 0.096，最大值为 1.353，说明公司间政府社会资本禀赋存在较大差异。民营企业和国有企业子样本的均值 T 检验和中值 Z 检验的统计结果均显示，国有企业在政府社会资本持有量方面具有明显优势，其均值为 0.558，中值为 0.413，而民营企业的均值仅为 0.494，中值为 0.394。并且相关检验均在 1% 水平上高度显著。除此之外，国有企业的规模、财务杠杆明显高于民营企业，而民营企业在资本投资、企业成长性、短期负债、股利支付水平方面高于国有企业。总体上，各个变量的描述性统计结果均符合经验事实。

表 4－3　　全样本变量描述性统计

变量代码	均值	标准差	最小值	最大值	中位数	产权性质	均值	均值的差异 T 检验值	中值	中值的差异检验 Z 值
Invest	0.057	0.065	−0.038	0.364	0.038	民营	0.063	0.015***	0.041	12.303***
						国有	0.048		0.030	
CFO	0.042	0.072	−0.195	0.248	0.041	民营	0.041	−0.000	0.040	−0.662
						国有	0.042		0.041	
GSC	0.519	0.344	0.096	1.353	0.405	民营	0.494	−0.064***	0.394	−14.074***
						国有	0.558		0.413	
Q	2.149	1.508	0.925	10.496	1.622	民营	2.319	0.438***	1.724	18.114***
						国有	1.881		1.487	
Size	22.059	1.176	19.524	25.402	21.927	民营	21.744	−0.809***	21.659	−33.332***
						国有	22.553		22.152	
Δ*Debt*	0.037	0.112	−0.388	0.374	0.033	民营	0.042	0.012***	0.037	6.013***
						国有	0.030		0.028	
Lev	0.439	0.215	0.049	0.925	0.428	民营	0.387	−0.134***	0.368	−30.613***
						国有	0.521		0.532	
Δ*Nwc*	0.011	0.102	−0.271	0.368	0.007	民营	0.014	0.008***	0.010	4.309***
						国有	0.006		0.002	
Div	0.718	0.450	0	1	1	民营	0.737	0.050***	1	5.446***
						国有	0.688		1	

注：平均值差异的检验方法是 T 检验，中位数差异的检验方法是 Wilcoxon 秩和检验，*、** 和 *** 分别表示 10%、5% 和 1% 的显著性水平。

（二）实证结果分析

本节首先运用固定效应模型进行回归分析，固定效应检验的 F 统计量在 1% 水平上高度显著，在此基础上进一步进行 Hausman 检验，其结果显著拒绝零假设，因此，本节采用固定效应模型进行回归分析。另外，为了得到"异方差-自相关"稳健型的标准误，本节在固定效应回归中加入 robust 检验，以得到更加稳健的 t 值。假设 1 和假设 2 的回归结果如表 4-4 所示。

表 4-4　企业的政府社会资本禀赋与资本配置效率的回归结果

变量	全样本	民营企业	国有企业
cons	-0.585*** (-8.34)	-0.514*** (-4.72)	-0.671*** (-5.00)
CFO	0.039** (2.11)	0.052** (2.09)	0.018 (0.72)
CFO×GSC	-0.053* (-1.76)	-0.087** (-2.17)	-0.019 (-0.44)
GSC×Q	0.004* (1.76)	0.004* (1.71)	0.002 (0.55)
GSC	-0.009 (-1.59)	-0.009 (-1.15)	-0.003 (-0.37)
Q	0.0047*** (4.03)	0.0053*** (3.37)	0.0048** (3.10)
Size	0.031*** (9.99)	0.033*** (8.47)	0.032*** (5.32)
ΔDebt	0.081*** (10.42)	0.082*** (8.27)	0.069*** (4.97)
Lev	-0.071*** (-6.88)	-0.076*** (-5.51)	-0.030* (-1.77)
ΔNwc	-0.022*** (-3.04)	-0.029*** (-3.19)	-0.014 (-1.02)
Div	-0.002 (-1.02)	-0.005** (-2.03)	0.005* (1.71)
Indus	控制	控制	控制
Year	控制	控制	控制
公司个体效应	控制	控制	控制
Adj-R^2	15.57%	16.50%	14.74%
N	10150	6204	3966

注：括号内的 t 值均经过公司层面的 cluster 标准误差调整。***，**，* 分别表示在 1%，5%，10% 置信水平上显著。

1. 政府社会资本与资本配置效率

表 4-4 中全样本的回归结果显示，在控制行业、年度以及公司个体效应之后，经营现金流（*CFO*）的系数（投资-现金流敏感度）显著为正，说明我国上市公司的投资资金在一定程度上依赖于企业经营活动产生的现金流。经营现金流和企业的政府社会资本的交乘项（*CFO×GSC*）的系数显著为负，说明企业的政府社会资本禀赋的增加有助于降低投资支出对内部现金流的依赖程度，即缓解了企业的外部融资约束。托宾 Q 的系数为正的 0.0047，且在 1% 水平上高度显著，说明当公司预期投资机会增加时会相应增加投资支出。企业的政府社会资本与托宾 Q 的交乘项（*GSC×Q*）的系数显著为正，说明企业的政府社会资本禀赋的积累会使投资机会和投资支出之间的投资弹性随之增加，投资支出对投资机会变化的反应更加敏感。综合上述回归结果，企业的政府社会资本禀赋能够在降低投资-现金流敏感性的同时提高投资-托宾 Q 敏感性，缓解融资约束，提高投资效率，提高企业创造现金流的能力，使得企业与资本市场之间的现金流动更加高效，因此，在市场机制发展不健全的制度背景下，企业的政府社会资本禀赋有助于改善企业层面的资本配置效率，验证了本节提出的假设 1。

值得一提的是，前人有关政治联系和资本配置效率的研究结果显示，政治联系对投资效率的影响不明显。这与本书的上述结论有所不同，可能的原因在于本书衡量的企业的政府社会资本不仅仅包括企业关键人员的政治联系对企业获取资源能力的潜在影响，还包括企业获得的政府在招商引资、开发园区建设、重大科技开发专项等方面投入的现实资源，这些来自政府直接的、巨大的资源投入是有可能为企业提高投资效率提供有力支持的。

此外，公司规模（*Size*）的系数在1%水平上显著为正，这一结果与前人的研究相一致，说明投资支出具有规模效应。财务杠杆（*Lev*）的系数显著为负，说明企业现有的财务杠杆对投资支出产生了挤出效应。短期债务（$\Delta Debt$）增加企业现金流，非现金净营运资本支出（ΔNwc）占用企业现金流，从而对投资支出的现金流产生影响，其符号均与预期相一致。

2. 不同产权性质下政府社会资本与资本配置效率

表4－4的后两列列示了民营企业和国有企业的回归结果。结果显示，民营企业的经营现金流（*CFO*）系数在5%水平上显著为正，且远远高于全样本和国有企业的系数，说明民营企业受到的融资约束更为严重。民营企业经营现金流和企业的政府社会资本的交乘项（$CFO \times GSC$）的系数显著为负，且大于全样本和国有企业的系数，说明与国有企业相比，企业的政府社会资本禀赋这一非正式机制对于缓解民营企业融资约束的效果更加明显。而国有企业的经营现金流（*CFO*）和 $CFO \times GSC$ 的系数都不显著，原因在于国有企业本身受到的融资约束远小于民营企业，且国有企业的政府社会资本禀赋的积累本身就比较雄厚，因此使得企业的政府社会资本禀赋缓解融资约束的效果不明显。

民营企业托宾Q的系数在1%水平上显著为正，且大于国有企业的系数，说明民营企业的投资效率高于国有企业的投资效率。而企业的政府社会资本与托宾Q的交乘项（$GSC \times Q$）的系数显著为正，说明企业的政府社会资本禀赋有助于增加投资－托宾Q的敏感性，使投资支出对于投资机会的变化作出更快的反应，从而提高投资效率。但是国有企业 $GSC \times Q$ 的系数不敏感，说明企业的政府社会资本禀赋既不能提高也不会降低国有企业的投资效率。综上，企业的政府社会资本禀赋的增加能够显著提高民营企业的资本配置效率，而在国有企业中发挥的作用不显著，验证了本节提出的假设2。

（三）稳健性检验

为了增强检验结果的稳健性，本节进行了以下三方面的敏感性测试。首先，上述研究假设托宾Q是外生变量。事实上，未来投资机会的增加可能促使公司增加资本投资，同时资本支出的增加本身也可能意味着公司未来有较多的投资机会，这意味着托宾Q具有内生性，即托宾Q和投资支出之间可能存在反向因果的关系，从而影响结果的稳健性。为了减少这一内生性，在方程（2）中，本节已经对托宾Q作了滞后一期的处理。在稳健性检验中，本节再对此变量作滞后一期处理，将托宾Q的滞后一期和滞后两期同时加入方程（2），使投资机会成为投资决策的先决条件，从而进一步减少模型的内生性。回归结果如表4－5所示。其次，对企业的政府社会资本禀赋的度量，本书已经采用王小鲁等（2017）编制的中国各地区市场化总指数作为制度环境的度量指标，该指标具有很强的综合性，包含了政府与市场关系、要素市场发育程度及产品市场发育程度等各类信息，从总体上反映了各地区制度环境的整体完善程度。为了更有针对性地反映制度环境对企业的政府社会资本禀赋的影响，本节采用更详细的政府与市场关系子指数进一步细化对地区制度特征的度量。回归结果如表4－6所示。最后，经营现金流量和投资支出间的相关性可能是因公司经营不确定性而导致的伪回归，对此，本节在方程（2）中增加收入不确定性的代理变量（*SDCF*）以排除这一影响。收入不确定性使用最近5年的经营活动现金流量占总资产比率的标准差表示。回归结果如表4-7所示。这些回归结果仍然支持本节的研究结论。

表4-5　稳健性检验1回归结果

变量	全样本	民营企业	国有企业
cons	-0.593*** (-8.43)	-0.521*** (-4.78)	-0.684*** (-5.06)
CFO	0.041** (2.21)	0.053** (2.16)	0.020 (0.78)
CFO×*GSC*	-0.055* (-1.83)	-0.092** (-2.27)	-0.019 (-0.43)
GSC×*Q*	0.003* (1.67)	0.004* (1.65)	0.002 (0.54)
GSC	-0.008 (-1.52)	-0.008 (-1.14)	-0.003 (-0.33)
Q_{t-1}	0.0048*** (4.08)	0.0054*** (3.76)	0.0049** (2.29)
Q_{t-2}	0.0005 (0.73)	0.0006 (0.61)	0.0002 (0.14)
Size	0.031*** (10.01)	0.033*** (8.45)	0.032*** (5.38)
Δ*Debt*	0.077*** (9.91)	0.077*** (7.75)	0.067*** (4.88)
Lev	-0.071*** (-6.80)	-0.078*** (-5.71)	-0.030* (-1.75)
Δ*Nwc*	-0.025*** (-3.37)	-0.032*** (-3.56)	-0.015 (-1.10)
Div	-0.002 (-1.01)	-0.005** (-2.02)	0.005 (1.64)
Indus	控制	控制	控制
Year	控制	控制	控制
公司个体效应	控制	控制	控制
Adj-R^2	15.61%	16.59%	14.76%
N	9920	5986	3934

注：括号内的t值均经过公司层面的cluster标准误差调整。***，**，*分别表示在1%，5%，10%置信水平上显著。

表4-6　稳健性检验2回归结果

变量	全样本	民营企业	国有企业
cons	-0.585*** (-8.34)	-0.514*** (-4.73)	-0.670*** (-5.00)
CFO	0.040** (2.12)	0.050** (2.03)	0.020 (0.77)
CFO×*GSC*	-0.054* (-1.77)	-0.084** (-2.08)	-0.022 (-0.49)
GSC×*Q*	0.004* (1.72)	0.004* (1.66)	0.002 (0.58)
GSC	-0.009 (-1.55)	-0.008 (-1.05)	-0.004 (-0.48)
Q_{t-1}	0.0046*** (3.92)	0.0053*** (3.66)	0.0048** (2.25)
Size	0.031*** (9.99)	0.033*** (8.47)	0.032*** (5.33)
Δ*Debt*	0.081*** (10.42)	0.082*** (8.27)	0.069*** (4.97)
Lev	-0.072*** (-6.88)	-0.077*** (-5.72)	-0.030* (-1.77)
Δ*Nwc*	-0.022*** (-3.03)	-0.013*** (-3.20)	-0.014 (-1.01)
Div	-0.002 (-1.02)	-0.005** (-2.03)	0.005* (1.71)

续表

变量	全样本	民营企业	国有企业
Indus	控制	控制	控制
Year	控制	控制	控制
公司个体效应	控制	控制	控制
Adj - R^2	16.07%	16.49%	14.75%
N	10145	6199	3946

注：括号内的 t 值均经过公司层面的 cluster 标准误差调整。***，**，* 分别表示在 1%，5%，10% 置信水平上显著。

表 4-7　　　　稳健性检验 3 回归结果

变量	全样本	民营企业	国有企业
cons	-0.792*** (-9.94)	-0.729*** (-6.34)	-0.782*** (-5.41)
CFO	0.064*** (3.04)	0.092*** (3.06)	0.020 (0.77)
CFO × GSC	-0.059* (-1.76)	-0.089* (-1.87)	-0.029 (-0.65)
GSC × Q	0.006** (2.50)	0.008*** (2.73)	0.004 (0.91)
GSC	-0.014** (-2.21)	-0.020** (-2.21)	-0.005 (-0.56)
Q_{t-1}	0.0065*** (5.24)	0.0066*** (4.22)	0.0050** (2.29)
Size	0.039*** (11.05)	0.041*** (9.07)	0.036*** (5.67)
ΔDebt	0.061*** (7.19)	0.058*** (5.20)	0.058*** (4.10)
Lev	-0.055*** (-4.71)	-0.061*** (-3.79)	-0.025 (-1.40)
ΔNwc	-0.014* (-1.68)	-0.013 (-1.13)	-0.020 (-1.40)
Div	-0.003 (-1.47)	-0.009*** (-3.02)	0.005* (1.72)
SDCF	0.008 (0.29)	-0.030 (-0.68)	0.063 (1.62)
Indus	控制	控制	控制
Year	控制	控制	控制
公司个体效应	控制	控制	控制
Adj - R^2	17.94%	20.41%	15.07%
N	7860	4136	3723

注：括号内的 t 值均经过公司层面的 cluster 标准误差调整。***，**，* 分别表示在 1%，5%，10% 置信水平上显著。

六、结论与政策建议

本节在对企业的政府社会资本禀赋进行概念界定、分类和度量的基础上，以 2012—2016 年沪深 A 股上市公司的经验数据为样本，从投资效率和融资约束两方面考察了企业的政府社会资本禀赋对上市公司资本配置效率的影响。研究发现，企业的政府社会资本禀赋能够有效发挥作用，提高企业的资本配置效率，具体体现为：一方面，随着企业的政府社会资本禀赋的增加，资本从低回报率项目撤资，向高回报率领域增资的投资弹性随之增加，即企业的政府社会资本禀赋较高时，资本能够更快地实现由低效率领域向高效率领域的配置；另一方面，企业的政府社会资本禀赋能够直接或间接地提高企业的外部融资能力，缓解企业融资约束。综合以上两方面的影响，企业的政府社会资本禀赋通过改善企业投融资活动之间的良性互动，提高企业资源获取和资源利用的能力，使得微观层面资源的配置得到优化。更进一步，企业的政府社会资本禀赋的这种积极作用主要体现在民营企业中。因此，相对于国有企业而言，民营企业在新设子公司或对外参股时，尤其应当将企业的政府社会资本禀赋的获取作为重要的考量因素。

本节的研究结论在一定程度上肯定了国家和政府资源（包括有形资源和无形资源）投入的积极作用，为政治关联企业这一经济现象层出不穷的原因提供了有力的经验证据。企业的政府社会资本禀赋对资源配置效率的改善离不开政府对开发园区的投资建设、对投资环境的改善以及对落后制度环境的重要补充等，推动了“使市场在资源配置领域起主导作用和更好发挥政府作用”，是转型经济背景下正式制度环境的一种重要的非正式替代机制。因此，使市场问题最终解决于市场，是处理政府与市场关系以及更好地发挥政府作用的根本宗旨。

本节研究的主要贡献有：第一，以往研究中对政府作用的衡量仅局限于企业关键高管的政治关联，忽略了企业的政府社会资本禀赋的拥有主体是企业而非个人这一客观事实。本节从现实能力和潜在能力两个方面界定了企业的政府社会资本，特别是将企业从政府方面获取的现实资源纳入政府作用的范畴，更加全面地刻画了政府在微观资本市场中所发挥的作用。第二，本节首次将社会资本的研究从企业社会资本整体聚焦到政府这一单一利益相关者，提出企业的政府社会资本在微观视角下的定义、分类和测度方法。第三，本节的研究结论对资本市场实现“使市场在资源配置中起决定性作用，更好发挥政府作用”具有重要的政策意义。

第四节　企业的政府社会资本禀赋对融资约束的影响分析

资金是企业的“血液”，决定着企业的生存和发展。当发现好的投资机会时，筹集资金是摆在企业面前的首要问题。然而，融资约束已经成为影响中国企业发展的重要掣肘，它不仅能够制约企业的出口参与（孔祥贞等，2013），还会影响公司经营业绩的增长和当地经济的发展（李科等，2011），进而影响整个国家的发展进程。由于资金供求双方之间存在着广泛的信息不对称，使得融资成本不仅仅包括资金的时间成本和合理溢价，而且还包括资金提供者为弥补代理成本而要求的风险补偿。当外部融资成本过高时，很容易导致企业陷入融资约束的困境（Myers et al.，1984）。因此，降低资金供求双方之间的信息不对称是缓解融资约束的关键所在。我国社会主义市场经济不仅在宏观的政府与市场关系层面具有显著的特色，而且在微观的政企关系层面也必然有不同于西方国家的显著特色。党的十九大报告特别强调：毫不动摇巩固和发展公有制经济，毫不动摇鼓励、支持、引导非公有制经济发展，使市场在资源配置中起决定性作用，更好发挥政府作用。我国政府在降低资金供求双方之间的信息不对称方面扮演着何种角色？其对缓解融资约束产生了怎样的影响？本节尝试对此作出回答。

一、相关研究的梳理

学术界对于如何帮助企业摆脱融资约束困境展开了深入而广泛的讨论，并提出了多种有效的融资约束缓解机制。短期融资券（李科等，2011）等金融创新通过增加融资渠道改善公司的融资和投资状况；中小金融机构为中小企业提供融资服务更符合成本效益和效率原则（李毅夫等，2001）；FDI 也可以发挥一定的银行信贷功能（Héricourt et al.，2009；孟夏等，2012）。除此之外，企业也可以通过改变自身条件以提高融资能力。Whited 和 Wu（2006）的研究指出，受到融资约束的公司具有明显的小规模特征。在政府干预经济的制度背景下，技术研发和生产效率提升无法帮助小规模企业化解融资约束风险，它们转而致力于扩大企业规模来克服这一困难（邓可斌等，2014）。另外，与利益相关者协同解决融资问题正逐渐成为企业减轻融资压力的重要方式，例如发展商业关系、银企关系等关系网络。孙兰兰等（2017）、张杰等（2013）指出，商业信用能够发挥融资效应；曾海舰和林灵（2016）认为，融资约束是促使企业参股银行业的主要原因。近年来，世界范围内出现的政治关联企业现象受到了大量学者的关注，我国也出现了民营企业家热衷于政治参与（罗党论等，2009）、民营企业更青睐“官员独董”（黄珺等，2016）的社会现象，政企关联对企业外部融资能力的影响逐渐成为学术界的研究热点。来自美国（Houston et al.，2014）和跨国公司（Boubakri et al.，2012）的经验数据表明，无论是权益融资还是债务融资，政治关联都能够显著降低企业的融资成本。于蔚等（2012）指出，我国企业与政府建立联系的主要动因之一是提高其外部融资能力。

随着研究的深入，从企业社会资本的角度探讨其对融资约束影响的文献逐渐增多。社会资本由多种要素构成，如信任、合作、互惠等，而信任则是其核心要素。我国融资约束问题的成因复杂，但是其根源在于资金供求双方的信息不对称导致社会成员之间缺乏信任。在资本市场信息传递渠道阻塞、企业信息透明度差的背景下，企业社会信誉等非正式机制成为资金供给方决定是否投资的重要判断标准。罗党论、甄丽明（2009）指出，民营企业的金融困境实质上就是一种信用困境。社会资本通过提高资金供求双方的信任程度从而成为缓解企业融资约束的重要非正式机制。沈艺峰等（2009）、马宏和李耿（2014）、陈德萍和张文灵（2017）分别以房地产行业、高新技术企业和所有 A 股上市公司为研究对象，得出企业的社会资本量越大，越有利于缓解企业的融资约束。

现有文献虽然已经表明企业社会资本和政治关联对缓解融资约束具有正面作用，但仍存在以下三个方面的问题。第一，研究社会资本和融资约束的文献都将企业社会资本作为一个整体，而在这种以信任、合作、互惠等为内涵的社会资本范畴中有多少是政府作用的结果不得而知，因此，无法对政府通过社会资本缓解融资约束的效果作出科学的回答。第二，对企业政治关联的研究多是建立在对董事会、高管层个人的政治背景进行考察的基础上，具有政治关联的企业只是潜在地具有在未来获取更多政府支持和优惠政策的能力，但这种研究却忽视了企业从政府方面实际获取的稀缺资源，将企业政治关联的潜在能力和企业实际受益的政府特殊支持相结合对企业的政府社会资本进行研究尚无人问津。第三，企业的政府社会资本禀赋是否有助于降低资金供求双方的信息不对称从而缓解了企业的融资约束？这对资本市场实现“使市场在资源配置中起决定性作用，更好发挥政府作用”具有重要的政策意义，但是这方面的经验证据还不多见。

二、企业政府社会资本禀赋的测度

本节仍采用第三节中的指标体系和变异系数法计算政府社会资本各指标的权重，进而得到各样本企业的政府社会资本指数。此处不再赘述。

三、研究假设

（一）企业的政府社会资本禀赋对融资约束的影响

我国融资约束问题的成因较为复杂。从资金供给侧来看，我国的资本市场表现出以下两个方面的特点：首先，我国资本市场发展不完善，企业缺乏多样化的融资方式且以银行贷款为主，融资渠道已经成为企业发展所需要的稀缺资源。在成熟的资本市场中，公司主要选择股票市场和债券市场等直接融资渠道进行外部融资，而非银行贷款。但是，我国的股票市场规模偏小且债券市场发展滞后，银行仍然在企业外部融资中扮演了核心角色。据统计，2016年，我国间接融资规模占社会融资规模的比重仍占77%。其次，我国的金融体系以国有四大银行为主体，其贷款的政策性动机远大于商业动机，政府对其仍然存在或多或少的影响力。

而作为资金的需求方，我国的企业在整体上经营透明度低、信用记录不健全，与资金提供方之间的信息沟通不畅，双方之间存在严重的信息不对称。企业外部融资的资金成本取决于投资者对企业风险的评估，在信息不对称的情况下，投资者出于自我利益的保护倾向于高估企业的经营风险，从而要求过高的投资报酬率。因此，在当前正式的信息传递机制尚不健全的制度背景下，能够发挥信息中介传递作用的第三方就显得尤为重要。在我国社会主义市场经济背景下，政府凭借其社会公信力和对银行的影响力，能够通过发挥政府作用提高特定企业的社会信用水平，成为缓解资本市场信息不对称的重要非正式机制。

在企业的融资环境中，企业的政府社会资本能够对特定企业产生现实的和潜在的影响力。一方面，企业实际从政府方面获得的稀缺资源可以使企业在当前直接受益，如政府在经费和基础设施上的直接投入，以及针对开发园区和特区企业颁布的优惠政策等，能够切实增强企业创造价值的能力，提高企业的竞争实力；另一方面，企业通过董事会、高管层等关键人员的个人政治背景与政府建立良好的关系，影响企业与利益相关者之间的关系，政府的公信力和权威性能够发挥信息传递的中介作用，提高关联企业的社会信用度，在一定程度上缓解资本市场的信息不对称。银行会认为政治关联企业的声誉更好，并且企业参与政治的程度越强，银行的这种主观认识就越强烈（罗党论、甄丽明，2008）。因此，企业的政府社会资本禀赋能够现实地提高企业的价值，并潜在地影响银企关系，进而降低企业融资的资本成本。为此，本节提出如下假设1。

假设1：企业的政府社会资本禀赋能够显著缓解融资约束。

（二）产权性质、企业的政府社会资本禀赋与融资约束

企业的政府社会资本禀赋对融资约束的缓解作用受到企业产权性质的影响。国有企业一般隶属于政府某级部门，其发展往往肩负着经济责任、政治责任与社会责任，除了实现国有资产保值增值的经济目标之外，其特殊的政治属性还要求其承担提高地区就业水平、维护地方稳定等社会责任。因此，国有企业从政府方面获取政策资源的现实能力和潜在能力都很强。在政府的支持下，国有企业一般具有良好的社会声誉，更容易进入管制行业、高利润行

业，更容易获得银行信贷支持（罗党论、唐清泉，2009）。相关研究也证明，在我国，国有和大型企业所受的融资约束较轻，而融资约束较严重的往往是民营企业和小规模企业（于蔚等，2012）。在这种情况下，企业的政府社会资本禀赋对缓解融资约束的边际效用就会有所减弱。

相比而言，民营企业的自身条件比较差，其一般规模比较小，内部积累的资金较少，又多处于起步和发展阶段，对现金流的需求量较大。因此，与国有企业相比，民营企业对外部资金的需求更为迫切。但是，民营企业在外部融资时又面临成立时间较短、信用记录时间不长、经营风险比较高、缺乏实物和信用担保等困境，与资本市场存在严重的信息不对称，导致或者因贷款风险比较高，银行不愿意为民营企业提供贷款，或者银行要求的资金成本比较高、贷款条件苛刻。加之国有企业对金融资源的过度占用对民营企业融资产生了“挤出效应”，导致迫切需要资金的民营企业无法获得充足的外部资本（Héricourt et al.，2009），其在信贷融资中受到明显的“所有制歧视”（林毅夫、李永军，2001）。罗党论、甄丽明（2008）指出，民营企业的金融困境实质上是一种信用困境。因此，在当前的现实条件下，民营企业亟须政府更好地发挥信息传递的中介作用，缓解其面临的信用困境。

研究表明，在中国转型经济的背景下，政府环境对企业，尤其对于民营企业的发展十分重要。解决民营企业融资困境的关键在于加强企业与资金提供者之间的信息传递。在资本市场信息传递不畅的现实背景下，企业的政府社会资本禀赋成为一种增强资金供求双方信任的重要非正式机制。民营企业可以通过利用嵌入政府社会资本的信任、合作、互惠等要素提高自身社会信用，进而弥补自身声誉或担保机制上的缺陷（曹伟等，2017），改善银行对其风险的评估，相当于获得一种无形的信用担保，在一定程度上缓解民营企业在贷款时面临的“所有制歧视”。此外，开发园区企业和东部地区企业现实获取的优惠政策和政府支持等，可以大大减轻民营企业的负担，向资本市场传递利好的信息，在一定程度上缓解信息不对称。

综上，企业的政府社会资本禀赋可以帮助民营企业缩小与国有企业之间在企业的政府社会资本上的先天差距，弥补所有制结构上的短板，提高民营企业的社会信用度，有效缓解融资约束。因此，本节提出如下假设2。

假设2：企业的政府社会资本禀赋对融资约束的缓解作用受产权性质的影响。企业的政府社会资本禀赋在民营企业中能够发挥显著的缓解作用，而对国有企业的缓解效果可能不明显。

四、研究设计

（一）样本选择和数据来源

本节以2012—2016年沪深两市所有A股上市公司为研究对象，所需要的数据包括四个方面：开发园区数据、政治背景数据、公司治理数据和企业财务数据。（1）开发园区数据。对照国务院发布的《中国开发区审核公告目录（2018年版）》，将上市公司总部所在区域划分为经济特区、国家级开发区、省级开发区、省级以下开发区以及一般区域并依次从高到低赋值。（2）政治背景数据。根据上市公司董事长和总经理名单、高管层和董事会的政治背景，构建上市公司董事长和总经理政治背景数据表。（3）财务数据和公司治理数据均出自国泰安数据库（CSMAR）和色诺芬数据库（CCER）。

参考相关文献，本节对初始样本进行了如下处理：（1）剔除金融类上市公司；（2）剔除同时发行A股和其他类型股票的上市公司；（3）剔除ST、*ST、PT的企业；（4）剔除数据异常或缺失的企业。经过处理后，最终得到2014家公司的共10070个平衡面板数据。本节运用软件Stata12.0进行数据处理。另外，为了避免异常值对结论有效性的影响，本节对所有连续变量进行了上下1%水平的Winsorize处理。

（二）模型设定和变量计算

Almeida等（2004）提出可以通过分析公司的现金持有行为，利用现金－现金流敏感性来检验企业是否存在融资约束。该模型避免了投资－现金流敏感性模型可能存在的自相关问题，能够较好地反映企业的融资约束水平。连玉君等（2008）证明了现金－现金流敏感性模型适用于检验我国融资约束的相关假说；李春霞等（2014）的研究也支持将这一模型作为融资约束程度的识别策略，因此本节亦以Almeida等（2004）提出的模型为基础。Almeida等（2004）指出，融资约束公司由于面临外部融资困境，需要从内部增加现金储备以保证投资项目的资金需求，因而表现出强烈的现金－现金流敏感性，而非融资约束公司的这一需求则不明显。为此，其设定了如下基准模型1：

$$\Delta Cash_{it} = \alpha_0 + \alpha_1 CF_{it} + \alpha_2 Q_{it} + \alpha_3 Size_{it} + \eta_i + \lambda_t + \varepsilon_{it} \tag{1}$$

其中，$\Delta Cash$ 表示公司 i 在年度 t 的现金持有量的变动。CF 表示营业现金流量，如果公司受到融资约束，则 CF 的系数 α_1 应显著为正。Q 表示投资机会，当公司面临有价值的投资机会时，为了避免外部融资不足，企业倾向于保留更多的现金以争取该投资机会，因此 α_2 预期为正。$Size$ 表示公司规模，其对现金持有的影响具有不确定性，一方面规模大的企业可能有更强烈的动机储备现金以应对扩张的需求，但是另一方面，信贷融资中有明显的“大规模”效应，大规模公司的融资能力较强，因而无须选择低收益的现金储备。下标 i 表示公司，t 表示年份，ε_{it}表示残差项。η_i 和 λ_t 分别反映个体效应和时间效应。

为了验证相关假设，本节在模型1的基础上加入企业的政府社会资本禀赋 GSC 以及 GSC 与 CF 的交互变量（$CF \times GSC$），得到如下模型2。如果企业的政府社会资本禀赋能够对融资约束发挥缓解作用，则系数 α_2 应显著为负。

$$\Delta Cash_{it} = \alpha_0 + \alpha_1 CF_{it} + \alpha_2 GSC \times CF + \alpha_3 GSC + \alpha_4 Q_{it} + \alpha_5 Size_{it} + \eta_i + \lambda_t + \varepsilon_{it} \tag{2}$$

为了保证现金－现金流敏感性模型的稳健性，Almeida等（2004）在模型1的基础上进一步增加了影响公司现金持有行为的控制变量，从而使 CF 的系数能够更准确地反映企业的融资约束状况。这些控制变量包括短期债务变动（$\Delta Debt$）、非现金净营运资本变动（ΔNwc）、资本支出（CE）以及行业变量（$Indus$），见模型3。

$$\begin{aligned}\Delta Cash_{it} = {} & \alpha_0 + \alpha_1 CF_{it} + \alpha_2 Q_{it} + \alpha_3 Size_{it} + \alpha_4 \Delta Debt_{it} + \alpha_5 \Delta Nwc_{it} + \alpha_6 CE_{it} + \alpha_7 Year \\ & + \alpha_8 Indus + \eta_i + \lambda_t + \varepsilon_{it}\end{aligned} \tag{3}$$

根据融资优序理论，资本支出首先应当选择内部资金；短期债务可以视为现金的替代品；而非现金净营运资本与现金营运资本存在此消彼长的关系，因此 α_4、α_5 和 α_6 的理论预期符号均为负值。肖作平（2008）指出不同行业之间的公司现金持有量存在系统性差异。在模型3的基础上加入企业的政府社会资本禀赋 GSC 以及交互变量 $CF \times GSC$，得到模型4。在模型2和模型4中，我们主要关注交互项系数 α_2 的符号及其显著性，如果 α_2 显著为负，说明企业的政府社会资本禀赋能够降低企业的现金－现金流敏感度，缓解企业融资约束。

$$\Delta Cash_{it} = \alpha_0 + \alpha_1 CF_{it} + \alpha_2 GSC_{it} \times CF_{it} + \alpha_3 GSC_{it} + \alpha_4 Q_{it} + \alpha_5 Size_{it} + \alpha_6 \Delta Debt_{it} + \alpha_7 \Delta Nwc_{it} + \alpha_8 CE_{it} + \alpha_9 Year + \alpha_{10} Indus + \eta_i + \lambda_t + \varepsilon_{it} \quad (4)$$

表 4－8 归纳了模型的解释变量、被解释变量以及控制变量的计算方法。

表 4－8　变量的计算方法

性质	变量名称	符号	计算方法
被解释变量	现金持有量的变动	$\Delta Cash$	现金及现金等价物期末余额增加额/总资产
解释变量	企业的政府社会资本禀赋	GSC	企业的政府社会资本禀赋各指标按照变异系数法计算得出综合指数
	营业现金流	CF	经营活动产生的现金流量净额/总资产
	交互变量	$CF \times GSC$	营业现金流与企业的政府社会资本禀赋的交乘项
控制变量	托宾 Q	Q	（负债市场价值 + 股权市场价值）/总资产账面价值；负债市场价值 = 负债账面价值；股权市场价值 = 流通股股本 × 期末股价 + 非流通股股本 × 每股净资产
	成长性	$Growth$	主营业务收入增加额/上一年度主营业务收入
	公司规模	$Size$	期末总资产的自然对数
	短期债务	$\Delta Debt$	流动负债增加额/总资产
	非现金净营运资本	ΔNwc	非现金营运资本净增加额/总资产
	资本支出	CE	购建固定资产、无形资产和其他长期资产支付的现金/企业总资产
	财务杠杆	Lev	总负债/总资产
	股利支付	Div	虚拟变量，如果公司本年度支付股利取 1，否则取值为 0
	年份	$Year$	虚拟变量，属于本年度取 1，否则取值为 0，共设 4 个虚拟变量
	行业	$Indus$	虚拟变量。根据中国证监会《上市公司行业分类指引（2012）》，制造业取前二位代码，其他行业取第一位代码，共分 20 个行业。属于该行业取 1，否则取值为 0，共设 19 个虚拟变量

五、实证结果分析

（一）主要变量的描述性统计

表 4－9 报告了主要变量的描述性统计结果，2012—2016 年，全样本企业的政府社会资本禀赋均值为 0.5370、中值为 0.4110，标准差为 0.3498，最小值为 0.1031，最大值为 1.3963，这说明公司间政府社会资本禀赋存在较大差异，企业的政府社会资本禀赋实力雄厚的公司持有量约是薄弱公司持有量的 2 倍之多。

表 4－10 报告了按照产权性质划分全样本后得到的民营企业和国有企业样本的描述性统计结果。首先，国有企业的政府社会资本禀赋持有量（*GSC*）的均值和中位数都大于民营企业，并且均值差异检验的 T 值和中值差异检验的 Z 值均在 1% 水平上显著，表明国有企业在政府社会资本禀赋方面具有显著优势。其次，民营企业的成长性和股利支付水平显著高于国有企业，而在企业规模和负债水平方面则显著低于国有企业。其他变量的描述性统计结果也基本符合经验事实。

表 4-9　　全样本变量描述性统计

变量代码	观测值	均值	标准差	最小值	中位数	最大值
$\Delta Cash$	10070	0.0026	0.0830	-0.2490	0.0020	0.3001
CF	10070	0.0423	0.0716	-0.1929	0.0410	0.2481
GSC	10070	0.5370	0.3498	0.1031	0.4110	1.3963
$Growth$	10070	0.1957	0.6024	-0.5613	0.0849	4.4291
Q	10070	2.3169	1.6480	0.9337	1.7729	11.0273
$Size$	10070	21.9142	1.1818	19.3051	21.7848	25.2695
$\Delta Debt$	10070	0.0382	0.1108	-0.3661	0.0333	0.3736
ΔNwc	10070	0.0107	0.1009	-0.2639	0.0070	0.3622
CE	10070	0.0490	0.0467	0.0001	0.0349	0.2203
Lev	10070	0.4379	0.2153	0.0490	0.4272	0.9258
Div	10070	0.7203	0.4489	0	1	1

表 4-10　　按产权性质划分的样本描述性统计及分析

变量代码	产权性质	均值	均值的差异 T 检验值	中值	中值的差异检验 Z 值
$\Delta Cash$	民营	-0.001	-0.009***	-0.001	-6.121***
	国有	0.008		0.005	
CF	民营	0.042	-0.000	0.041	-0.516*
	国有	0.042		0.041	
GSC	民营	0.519	-0.046***	0.409	-11.674***
	国有	0.565		0.412	
$Growth$	民营	0.237	0.106***	0.116	14.187***
	国有	0.131		0.049	
Q	民营	2.527	0.543***	1.947	22.097***
	国有	1.984		1.551	
$Size$	民营	21.608	-0.792***	21.514	-32.550***
	国有	22.400		22.289	
$\Delta Debt$	民营	0.043	0.011***	0.037	5.806***
	国有	0.031		0.028	
ΔNwc	民营	0.014	0.009***	0.010	4.604***
	国有	0.005		0.002	
CE	民营	0.053	0.009***	0.038	10.111***
	国有	0.043		0.030	
Lev	民营	0.386	-0.134***	0.367	-30.404***
	国有	0.520		0.530	
Div	民营	0.740	0.050***	1	5.430***
	国有	0.690		1	

注：平均值差异的检验方法是 T 检验，中位数差异的检验方法是 Wilcoxon 秩和检验，*、** 和 *** 分别表示 10%、5% 和 1% 的显著性水平。

（二）实证结果分析

1. 企业的政府社会资本禀赋与融资约束的实证结果

表 4－11 是检验企业的政府社会资本禀赋与融资约束关系的实证结果。模型 2 和模型 4 在模型 1 和模型 3 的基础上加入企业的政府社会资本禀赋（*GSC*）和交互变量（*CF*×*GSC*），用于检验本节的假设 1。模型 5 和模型 6 用于本节的稳健性检验。

表 4－11　　企业的政府社会资本禀赋与融资约束回归结果

变量	模型 1	模型 2	模型 3	模型 4	模型 5	模型 6
cons	−0.769*** (−17.38)	−0.797*** (−17.88)	−0.940*** (−12.62)	−0.945*** (−12.68)	−0.954*** (−12.86)	−0.959*** (−12.92)
CF	0.328*** (20.52)	0.373*** (13.04)	0.238*** (15.10)	0.286*** (10.46)	0.222*** (14.03)	0.266*** (9.77)
Q	0.006*** (7.58)	0.006*** (7.62)	0.002** (2.17)	0.002** (2.18)	0.003** (3.04)	0.003*** (3.05)
Size	0.034*** (16.92)	0.036*** (17.50)	0.041*** (17.61)	0.042*** (17.66)	0.044*** (18.38)	0.044*** (18.42)
Δ*Debt*			−0.045*** (−4.43)	−0.045*** (−4.49)	−0.029*** (−2.83)	−0.030** (−2.90)
Δ*Nwc*			−0.218*** (−20.81)	−0.218*** (−20.82)	−0.236*** (−22.26)	−0.236*** (−22.27)
CE			−0.528*** (−19.98)	−0.528*** (−20.00)	−0.548*** (−20.78)	−0.548*** (−20.80)
Lev					−0.086*** (−8.28)	−0.086*** (−8.26)
Div					0.010*** (3.48)	0.010*** (3.43)
GSC		−0.016*** (−3.19)		0.002 (0.38)		0.003 (0.55)
CF×*GSC*		−0.092* (−1.92)		−0.095** (−2.12)		−0.090** (−2.01)
Indus	不控制	不控制	控制	控制	控制	控制
Year	控制	控制	控制	控制	控制	控制
公司效应	控制	控制	控制	控制	控制	控制
Adj－R^2	8.29%	8.55%	19.49%	19.53%	20.35%	20.39%
N	10070	10070	10070	10070	10070	10070

注：***，**，*分别表示在 1%，5%，10% 置信水平上显著。括号内的数值为对应的 t 值（下同）。

结果显示，模型 1 至模型 4 中，营业现金流（*CF*）的系数均为正值，且在 1% 水平上显著，说明我国上市公司整体上面临融资约束的限制。其次，模型 2 和模型 4 中营业现金流与企业的政府社会资本禀赋的交互变量（*GSC*×*CF*）的系数分别在 10% 和 5% 水平上显著为负，与 *CF* 的系数相比，符号相反，绝对值更小，说明企业的政府社会资本禀赋的增加能够在一定程度上降低企业的现金流敏感度。随着企业的政府社会资本禀赋的增加，企业为预防投资的现金储备有所减少，说明企业的政府社会资本禀赋可以缓解企业融资约束，验证了本节提出的假设1。

托宾Q的系数显著为正，与理论的预期符号相同，说明当投资机会增加时，企业倾向于增加现金储备以避免外部融资不足所造成的机会流失。公司规模（*Size*）系数显著为正，说明现金持有行为具有规模效应。短期债务变动（*ΔDebt*）、非现金净营运资本变动（*ΔNwc*）、资本支出（*CE*）的系数符号与预期和已有的经验结果相同。

2. 企业的政府社会资本对融资约束影响的分样本检验

为了检验假设2，本节按照产权性质将全样本分为国有企业和民营企业两个分样本进行分组回归，其回归结果如表4－12所示。

表4－12　　不同产权性质下政府社会资本与融资约束的回归结果

变量	模型4		模型6	
	民营	国有	民营	国有
cons	-1.138*** (-11.68)	-0.447*** (-5.11)	-1.186*** (-12.18)	-0.415*** (-4.77)
CF	0.296*** (8.25)	0.272*** (6.51)	0.280*** (7.82)	0.247*** (5.92)
Q	0.002* (1.91)	-0.002 (-0.89)	0.003*** (2.75)	-0.001 (-0.73)
Size	0.055*** (15.56)	0.019*** (5.89)	0.058*** (16.21)	0.020*** (6.23)
ΔDebt	-0.074*** (-5.49)	-0.002 (-0.14)	-0.053*** (-3.83)	0.008 (0.53)
ΔNwc	-0.240*** (-17.76)	-0.173*** (-10.19)	-0.259*** (-18.90)	-0.191*** (-11.21)
CE	-0.566*** (-16.49)	-0.436*** (-10.50)	-0.586*** (-17.09)	-0.448*** (-10.84)
Lev			-0.0920*** (-6.67)	-0.0940*** (-5.63)
Div			0.009** (2.32)	0.010** (2.47)
GSC	0.002 (0.26)	-0.002 (-0.30)	0.004 (0.53)	-0.004 (-0.54)
CF×GSC	-0.120** (-1.98)	-0.057 (-0.87)	-0.122** (-2.02)	-0.039 (-0.60)
Indus	控制	控制	控制	控制
Year	控制	控制	控制	控制
公司效应	控制	控制	控制	控制
Adj-R^2	22.12%	15.91%	22.95%	17.09%
N	6181	3889	6181	3889

分析回归结果可以得出以下几个主要结论：（1）民营企业和国有企业的现金－现金流敏感度系数均在1%的水平下显著为正，这说明不同产权性质的上市公司均面临不同程度的融资约束；（2）比较现金－现金流敏感度系数的大小后发现，民营企业的回归系数大于国有企业的回归系数，说明与国有企业相比，民营企业受到的融资约束明显更严重。主要原因是与国有企业相比，非国有企业无论是自身条件还是外部环境，都存在明显劣势，导致其无论选择直接融资还是间接融资，受到的阻碍都比较大。（3）模型4和模型6中民营企业政府社会资本与营业现金流的交互项 $GSC \times CF$ 的回归系数分别为0.120和1.122，且在5%水平下显著，说明企业的政府社会资本禀赋能够显著缓解民营企业的融资约束。而国有企业的回归系数仅为－0.057和－0.039，小于民营企业的系数且不显著，说明企业的政府社会资本禀赋对国有企业融资约束的作用效果不明显。原因可能在于，相对于民营企业而言，国有企业在企业的政府社会资本禀赋方面的先天优势导致企业的政府社会资本禀赋较小幅度的增加对其外部融资能力的提高所发挥的作用有限。至此，假设2得到验证。

（三）稳健性检验

1. 模型设定偏误

考虑到中国特殊的制度背景，本节在参考国内与现金持有相关的文献后，在模型3的基础上进一步增加影响现金持有行为的因素作为模型的控制变量，减小由于遗漏变量导致的内生性问题，增强模型的稳健性。增加控制变量财务杠杆（*Lev*）和股利支付（*Div*），见模型5所示。财务杠杆对现金持有行为的影响具有不确定性。杨兴全等（2016）指出，财务杠杆越高的公司一方面要求提高现金持有水平，以降低陷入破产困境的可能性，同时较高的负债反映了企业较强的外部融资能力，因此没有必要为投资机会预留更多的现金储备。股利支付可以减少企业的自由现金流量，从而降低代理成本。肖作平（2008）的研究表明支付现金股利的公司具有更高的现金持有量。在模型5的基础上加入企业的政府社会资本禀赋 GSC 以及交互变量 $CF \times GSC$，得到模型6，用以检验本节的研究假设。

$$\Delta Cash_{it} = \alpha_0 + \alpha_1 CF_{it} + \alpha_2 Q_{it} + \alpha_3 Size_{it} + \alpha_4 \Delta Debt_{it} + \alpha_5 \Delta Nwc_{it} + \alpha_6 CE_{it} + \alpha_7 Lev + \alpha_8 Div + \alpha_9 Year + \alpha_{10} Indus + \eta_i + \lambda_t + \varepsilon_{it} \tag{5}$$

$$\Delta Cash_{it} = \alpha_0 + \alpha_1 CF_{it} + \alpha_2 GSC \times CF + \alpha_3 GSC + \alpha_4 Q_{it} + \alpha_5 Size_{it} + \alpha_6 \Delta Debt_{it} + \alpha_7 \Delta Nwc_{it} + \alpha_8 CE_{it} + \alpha_9 Lev + \alpha_{10} Div + \alpha_{11} Year + \alpha_{12} Indus + \eta_i + \lambda_t + \varepsilon_{it} \tag{6}$$

表4－11报告了利用模型5和模型6得到的全样本回归结果，表4－12报告了利用模型6得到的分样本回归结果。回归结果仍然支持本节的研究假设。财务杠杆系数显著为负，说明在我国，负债更多地作为现金储备的替代方式。股利支付的系数显著为正，与已有的经验结果相符。

2. 异方差－序列相关稳健型标准误

表4－13报告的结果是在固定效应回归中加入robust检验，综合考虑异方差和序列相关对回归结果的影响，获得“异方差－序列相关”稳健型的标准误，从而使得到t值更加稳健。表4－13显示所得到的结果仍然支持本节的假设1和假设2。

表 4-13 企业的政府社会资本禀赋与融资约束回归结果（robust）

变量	模型4	模型6	模型4		模型6	
	全样本		民营	国有	民营	国有
cons	-0.945*** (-14.57)	-0.959*** (-14.69)	-1.138*** (-11.70)	-0.447*** (-5.68)	-1.186*** (-12.50)	-0.415*** (-5.38)
CF	0.286*** (8.19)	0.266*** (7.62)	0.296*** (6.48)	0.272*** (5.20)	0.280*** (6.12)	0.247*** (4.79)
Q	0.002* (1.78)	0.003** (2.48)	0.002 (1.65)	-0.002 (-0.65)	0.003** (2.31)	-0.001 (-0.53)
Size	0.042*** (15.72)	0.044*** (16.65)	0.055*** (12.93)	0.019*** (5.90)	0.058*** (14.02)	0.020*** (6.25)
Δ*Debt*	-0.045*** (-3.47)	-0.030** (-2.28)	-0.074*** (-4.52)	-0.002 (-0.11)	-0.053*** (-3.21)	0.008 (0.40)
Δ*Nwc*	-0.218*** (-14.36)	-0.236*** (-15.56)	-0.240*** (-12.70)	-0.173*** (-7.04)	-0.259*** (-13.74)	-0.191*** (-7.84)
CE	-0.528*** (-16.26)	-0.548*** (-16.72)	-0.566*** (-13.98)	-0.436*** (-8.00)	-0.586*** (-14.28)	-0.448*** (-8.29)
Lev		-0.086*** (-6.81)			-0.092*** (-5.79)	-0.094*** (-4.15)
Div		0.010*** (3.53)			0.009** (2.36)	0.010** (2.56)
GSC	0.002 (0.35)	0.003 (0.51)	0.002 (0.23)	-0.002 (-0.30)	0.004 (0.48)	-0.004 (-0.54)
CF × GSC	-0.095* (-1.89)	-0.090* (-1.79)	-0.120* (-1.78)	-0.057 (-0.77)	-0.122* (-1.82)	-0.039 (-0.53)
Indus	控制	控制	控制	控制	控制	控制
Year	控制	控制	控制	控制	控制	控制
公司效应	控制	控制	控制	控制	控制	控制
Adj-R^2	19.53%	20.39%	22.12%	15.91%	22.95%	17.09%
N	10070	10070	6181	3889	6181	3889

注：本表中所有 t 值均经过公司层面的 cluster 标准误差调整。***，**，* 分别表示在 1%，5%，10% 置信水平上显著。括号内的数值为对应的 t 值。

3. 企业成长性代理变量的选择

在上述研究中，本节沿用 Almeida 等（2004）的做法将托宾 Q 作为度量公司发展前景的指标。然而，托宾 Q 对企业成长性的衡量在很大程度上依赖于完善的资本市场，但是目前我国资本市场并不完善，使用托宾 Q 可能会使结果出现衡量偏误，因此托宾 Q 的有效性有待验证。本节使用销售增长率（*Growth*）作为衡量公司成长性的另一指标代入模型，再次检验相关假设，结果仍然支持本节的研究结论。

六、研究结论与政策建议

本节在前面对企业的政府社会资本禀赋进行概念界定并构建企业的政府社会资本指数的基础上，基于2012—2016年沪深两市所有A股上市公司的经验数据，考察了不同产权性质下企业的政府社会资本禀赋对融资约束的影响。研究结果表明：融资约束仍然是我国上市公司普遍面临的重要问题，并且民营企业受到的融资约束更为严重；企业的政府社会资本禀赋能够对融资约束发挥积极的缓解作用，并且企业的政府社会资本禀赋对于民营企业的价值更高。结合本书的研究结论以及我国目前政府和企业的关系状况，提出下列相关建议：

一是企业应当注重企业的政府社会资本投资，强化企业的政府社会资本禀赋。在我国当前的融资环境下，政府在资本市场中能够发挥信息传递的中介作用，缓解资金供求双方之间的信息不对称。企业的政府社会资本禀赋能够帮助企业提高社会信用度，增强资金提供者对企业的信任，缓解发展滞后的资本市场和制度环境对中国企业成长的阻碍。民营企业应当主动融入国家和地方的经济发展规划，将企业的市场化资源配置和政府公共资源的市场化配置形成合力，有效缓解民营企业融资约束的紧张。

二是明确政府与市场之间的关系，使市场发挥应有的资源配置作用。虽然企业的政府社会资本能够在一定程度上影响资源配置，但是其功效并不在于取代市场的主导作用，而仅仅是在转型经济背景下，企业为谋求发展而寻求的一种替代保护机制。市场应当在资源配置领域发挥主导作用，而政府应当更多地在宏观领域发力，让市场这只“看不见的手”在资源配置中起决定性作用，使融资约束问题产生于市场，解决于市场。

三是增强资金供给侧的服务质量和效率，为实体经济发展提供保障。我国应当进一步开放金融市场，增加小型非国有金融机构的数量，使金融市场在竞争中良性发展，实现资金需求与供给的相互匹配；促进资本市场融资结构多元化，通过金融创新增强资本市场活力，为实体经济发展提供坚强的后盾。

第五章　政府社会资本所有权与利益相关者集体选择

第一节　利益相关者集体选择与企业形成逻辑

一、企业是利益相关者的集体选择

集体选择理论发源于公共管理学、社会学范畴，用于解决社会中的公共选择问题。简单而言，集体选择是“各参与者依据某项规则相互协商而确定集体行动方案的过程”。集体选择有别于简单的一系列个人选择的集合，集体选择是以该集体全体成员都遵从为特征的一种选择，它具有一个给定群体的整体特征，集体选择的结果往往是使参与选择的各方都获得可接受的满足。如果运用集体选择理论对企业进行考察，现代企业理论所认为的构成企业的各种契约实质上就是作为缔约主体的企业利益相关者的集体选择。具有不同的“资本禀赋”和利益追求的利益相关者，各自都是一个独立的行动个体，并可能具有不同的价值取向和行为偏好，其各自的目标是其个体利益最大限度地得到满足。但是，企业的形成说明由企业所代表的集体行动代替了若干独立的个体行动，企业成为一个代表所有参与者的集体利益的主体，并以所有参与者集体利益得到满足为目标，而这是建立在所有参与者的个体理性选择基础之上的。个体只有在相信这样的集体行动优于其独立行动的选择时才会加入，否则就会退出，这与集体选择的基本特征是一致的，因此，我们可以尝试运用集体选择理论对企业进行分析。

企业一切事物的根本目的是价值创造和分享，因此，企业利益相关者的集体选择都围绕着企业价值创造和分享而展开。我们将市场上可能与企业价值创造和分享存在利益关系的个体称为企业的利益相关者，他们各自具有一定的资本禀赋，其共同偏好是追求各自资本的价值增值。他们可以通过选择独自或共同签订企业契约来构建企业并通过企业的团队生产以实现其自身资本的价值增值，也可以选择与企业签订交易契约从而在与企业的市场交易中实现其资本的价值增值。在构建企业的契约选择中，选择独自或与其他利益相关者联合签订企业契约的利益相关者即意味着他们选择通过独自或与其他利益相关者联合组建一家企业来创造并独享或分享价值，企业成为他们共同利益的代表和集体行动的主体，他们则将成为企业的所有者并有权控制企业的运作。作出这类选择的利益相关者也因此具有了共同的目标和利益追求，这为他们所创建的企业赋予了明确的目标——实现企业契约签订者的利益最大化。而与此同时，他们连同其投入的资本在企业内部也自愿接受企业契约的约束和支配，企业契约成为他们需要遵守的共同准则。而那些选择放弃企业契约签订的利益相关者则意味着其选择了与企业签订交易契约，这些利益相关者仍然是市场上独立的行动个体，其与企业拥有平等的市场地位，并期待通过其与企业之间的市场交易实现其个体的价值增值，他们不受企业契约的约束及企业内部权威和命令的支配，也无权参与企业的控制权和合作剩余的分配。因此，企业是企业契约选择者的一种集体选择，或企业是内部利益相关者①的一种集体选择（王竹泉，2006）。如果在这种集体选择中个体理性和集体理性均得到了可接受的满足，企业就会形成。因此，准确地说，企业是企业契约选择者的集体选择达到的一种可接受的均衡状态。

二、企业形成过程中利益相关者集体选择的层次

从上面的分析可以看出，如果把企业视为利益相关者的集体选择，则其首先要进行的集体选择就是是否参与企业契约的签订。在这一集体选择中，所有可能的利益相关者都是潜在的参与者，都面临着两种选择，即选择：（1）参与企业契约的签订并因此单独或与其他共同签约者一同成为企业的所有者；（2）不参与企业契约的签订，待企业成立后与企业签订交易契约。不管最后选择参与企业契约的利益相关者是谁，一旦完成这一集体选择，则企业的所有权归属也就随之确定。

但是，企业契约不仅仅是企业的所有权归属，还包括企业所有权如何行使，其核心是企业的控制权和剩余分享权在所有者之间的分配，而企业控制权和剩余分享权在所有者之间如何分配实质上是对企业治理结构的设计。因此，仅仅完成是否参与企业契约签订的集体选择还不能宣告企业的成立，必须再经过选择签订企业契约的那些利益相关者（即企业的所有者）的又一次集体选择，从而共同决定企业控制权和剩余分享权在所有者之间的分配，至此，具有具体内容的企业契约签订才算完成，企业才能宣告成立。因此，我们可以把企业的形成看作两个层次的利益相关者的集体选择：第一层次集体选择的参与者是所有可能的利益相关者，这一层次集体选择的结果决定了企业契约的签约者或企业的所有者；第二层次集体选择的参与者是企业的所有者，这一层次集体选择的结果决定了企业契约的具体内容，其核心内容是企业控制权和剩余分享权在所有者之间如何分配（或企业治理结构的设计）。也就是说，第一层次的集体选择决定企业所有权的主体边界，而第二层次的集体选择则决定企业所有权的行为边界，二者共同决定了企业的所有权边界。

由于每一个层次的集体选择要达到均衡均需同时满足个体理性和集体理性的条件，因此，每一家企业都不是一成不变的。企业内外部环境以及利益相关者偏好的变化将会对利益相关者的个体理性选择和集体理性选择产生影响，从而可能导致原有的均衡状态被打破，而在一种新的状态下达到均衡，或虽然仍然保持原有的均衡状态，但集体选择参与者对这种均衡状态的满足程度有所改变，如表 5－1 所示。当然，也可能在新的情况下，至少在一个层次的集体选择中已不存在均衡状态，原来的企业就此瓦解。

---

① 虽然从理论上说，所有利益相关者都有参与这种集体选择的权力，但在现实中，不可能所有利益相关者都参与并成为企业契约的缔约主体。因此，可以按是否参与企业的集体选择将企业的利益相关者分为两大类：一类是企业内部的利益相关者，这类利益相关者实际参与企业的集体选择，并力图通过企业的合作实现他们的共同利益。另一类是企业外部的利益相关者，该类利益相关者不参与企业的集体选择，与企业之间的关系是市场交易关系。

表 5 - 1　两个层次集体选择均衡状态的变化组合

情形	第一层次的均衡状态不变	第一层次的均衡状态改变
第二层次的均衡状态不变	①所有权主体和企业控制权、剩余分配权等治理结构均未变。如：原有股东同比例增资；企业盈利能力下降但所有者没有选择退出，也没有对治理结构进行调整；等等	③所有权主体发生变化，但企业控制权、剩余分配权等治理结构均未改变。如：原有的一个股东将其股份全部转让给一个新股东，企业控制权、剩余分配权不作调整
第二层次的均衡状态改变	②所有权主体不变，但企业控制权、剩余分配权等治理结构发生了变化。如：企业所有者不变，但重新调整各自的权力结构；企业配股，原有的股东部分放弃配股权；等等	④所有权主体发生变化，同时企业控制权、剩余分配权等治理结构也发生变化。如：企业增资吸收新股东、企业收购、兼并等，所有权结构调整后对治理结构进行相应调整

资料来源：作者整理。

在表 5 - 1 所列的四种组合中，存在如下四种情形：（1）虽然企业所有权主体和治理结构都没有发生改变，但是，企业契约参与者即所有者（包括个体和集体）对这种均衡的满足程度与没有增资之前或盈利能力未下降之前是不一样的。从这种意义上来说，虽然表面上这种均衡状态所对应的企业未发生改变，但这种均衡状态所对应的企业对其所有者的满足程度或价值是有变化的。（2）虽然所有权主体未发生变化，但企业控制权、剩余分享权等治理结构已经发生变化，因此，企业的所有权边界（主要是行为边界）发生了变化，这种新的均衡状态所对应的企业已不同于原来的企业，已发生了治理结构的重组。（3）企业的所有权主体发生变化，但企业控制权和剩余分享权的分配等治理结构保持不变，同样改变了企业的所有权结构，这种新的均衡状态所对应的企业已经不同于原来的企业，企业的主人已发生了更替。（4）不论是企业的所有权主体，还是企业的治理结构都发生了实质性的变化，这种新的均衡状态所对应的企业已经完全不同于原来的企业，企业的主人和企业的治理结构都发生了变革。由此可见，企业的形成是利益相关者两个层次集体选择达到的一个可接受的均衡状态。但是，这不是一成不变的，而是处在不断的动态变化之中。当一种新的均衡状态出现时（如表 5 - 1 中的②③④的情形），就意味着一家新的企业的诞生，而之前的那种均衡状态所对应的企业就此消亡。正是这种集体选择均衡状态的变化，实现了新、旧企业的更替和变革。只有当原有的均衡状态能够继续保持（如表 5 - 1 中的①的情形）时，则原有的均衡状态所对应的企业才能够得以存续。但即使这样，这一企业对其所有者的满足程度或价值也已经发生了变化。因此，始终处于动态变化之中是所有企业的基本性质。

第二节　政府作为政府社会资本投资者与其他投资者共享企业所有权

企业是资源配置的产物。在企业形成的资源配置过程中，政府是必不可少的参与者。但现有企业理论却将政府作为超然存在于企业组织之外的社会管理者，政府在企业形成的资源配置过程中的所有投入都被视为公共产品。在将政府公共资源配置分为政府公共产品和政府社会资本的基础上，应进一步区分作为政府公共产品提供者的政府和作为政府社会资本投资者的政府的双重身份，确认政府对政府社会资本投资的所有权。

一、传统企业理论中政府的超然主体地位

所有权制度是企业制度的核心。所有权是所有者依法对自己财产所享有的占有、使用、收益、处分等权利，这些也被视为所有权的权能。所有权产生于财产权，在早期单一的物质资本形态下，企业的所有权仅由股东的物质资本投资产生，股东的股权即所有权。

随着实践的发展，企业所有权的几个权能开始分属于不同主体，所有权在不同主体之间如何分配成为分歧的焦点。按照西方主流经济学的逻辑，最优企业所有权安排是剩余索取权与剩余控制权的完全对称，即剩余索取权全部分配给物质资本所有者，其体现的是资本雇用劳动的逻辑。但按照马克思主义政治经济学的逻辑，在公有制替代私有制后，劳动者就成为企业的主人，企业所有权应归属于劳动者，其体现的是劳动雇用资本的逻辑。

20 世纪 90 年代，弗里曼、布莱尔、米切尔等众多经济学家以契约理论、资产专用性理论、利益相关者理论、社会资本理论等为基础，提出利益相关者拥有企业的观点。按照利益相关者理论，能够创造价值的不只是股东提供的物质资本，拥有企业运营管理经验的“智力资本”，拥有关键技术的“技术资本”，拥有客户关系、垄断性商品供货渠道、垄断运营权的“社会资本”都参与了价值创造。企业的所有权应在物质资本、智力资本、技术资本、社会资本所有者间共享。

但是，每一家企业都是资源配置的产物。在每一家企业形成的资源配置过程中，政府都实实在在地投入了个性化的基础设施、企业名号、经营许可以及特别政策等政府社会资本。与物质资本、智力资本等其他的投入要素一样，“政府社会资本”对每一家企业的价值创造来说都是不可或缺的，理应赋予作为该类资本投资者的政府以相应的资本所有权。然而，传统企业理论均未认可政府作为政府社会资本出资者的所有者身份，对每一家企业中均必不可少，并由政府投入的社会资本视而不见，忽视了政府作为企业当然所有者的地位，而是将政府作为超然存在于企业组织之外的社会管理者。将政府视作超然主体作为企业所有权理论的外生变量是西方主流企业理论的根本缺陷。

二、政府作为政府社会资本投资者参与利益相关者集体选择

从资源配置视角看待企业，具有普适性，每一家企业都是资源配置的产物，都是不同形态资本的结合体。不管是哪个国家，企业建构的资源配置过程中都既有市场的参与，也有政府的参与，所不同的是政府参与的程度具有差异，将政府限定在“守夜人”和纯粹的公共产品提供者的角色，漠视政府在企业建构的资源配置中所投入的政府社会资本的存在，显然不是基于现实世界的一种行为刻画，其理论的解释力和生命力势必受到影响。

如前所述，作为资本配置的重要主体，中国政府所配置的公共资源规模庞大，政府社会资本的投资规模更是远超世界其他任何一个国家。对中国来说，将政府作为政府社会资本投资者纳入企业理论的解释框架不仅具有普适意义，更具有重要的现实意义。

王竹泉和杜媛（2014）、王竹泉等（2017）从企业利益相关者的集体选择逻辑出发，认为政府通过对某些特殊性权力和资源分配权的运用，事实上成为企业的内部利益相关者，此类资源与公共产品和服务资源存在本质区别，它们与企业的物质资本、智力资本等其他的投入要素相同，具有明显的资本属性特征，是政府向企业所投入的“政府公共资本”，应当将

其区分开来。以此为基础，对政府的社会管理者身份和企业所有者身份予以区别对待和分类治理，有利于理顺政企双方的资源配置关系，从而构建良性的政企关系。王竹泉（2018）延循这一研究逻辑，基于政府的双重资源配置权这一客观基础现实，提出将政府配置的公共资源按照其属性分类的不同，区分为政府公共产品和政府社会资本，通过对政府两类资源配置在企业集体选择过程中参与层次的区分，厘清政府社会资本投资对企业产权契约层次参与的本质与政府应当的产权主体地位，将政府在政企关系构建中的隐性产权关系予以显性化和制度化，通过显性的产权制度约束将政府和企业各利益相关方之间的权利和义务规范化，从而为政企关系软约束问题的根本性解决与良性政企关系的构建奠定制度基础。

从集体选择的角度来看，拥有政府社会资本禀赋的政府与其他资本所有者一样，都是通过集体选择共同构建企业，并追求所有集体选择参与者的共同利益——企业价值最大化。对这种共同利益的追求也将激励政府为企业提供更加优良的基础设施配套条件、更加优质高效的政府服务和更加优良的商业环境等。同样，其他资本的所有者同样可以选择与什么样的政府一起进行集体选择，选择企业的注册地就是在对加入集体选择的政府进行具体的选择。因此，政府作为提供政府社会资本的利益相关者应该成为企业构建的利益相关者集体选择的当然参与者。政府在每一家企业成立时所投入的政府社会资本都是其他私人资本提供者难以取代、对企业构建又不可或缺的核心资源，因而与其他资本提供者获得所有权一样，政府也应凭借其所提供的政府社会资本享有企业的所有权。企业的本质是政府作为政府社会资本投资者与其他资本提供者的集体选择，集体选择参与者共享企业的所有权，从而形成异质性资本所有者的混合所有制。由于政府在每家企业中所投入的政府社会资本具有显著的个性差异，因此，每一家企业的混合所有制又都具有自己的个性，这种个性是由企业所有者的构成及其投入的资本决定的，其中政府投入的政府社会资本的个性是关键。

第三节　政府社会资本所有权的确认基础

既然企业的本质是政府作为政府社会资本投资者与其他资本提供者的集体选择，那么政府在企业中凭借政府社会资本投入所享有的所有权比例就应该通过集体选择确定，而并非由政府单方面决定。政府投入的政府社会资本的具体形态、规模、结构和质量是确认其所有权比例的基础，这种机制充分体现了资源配置市场化的理念。

一、地区（行业）政府社会资本所有权的确认基础

不同地区之间、同一地区的不同行业之间，政府社会资本投资可能存在较大的差异，因此，地区（行业）政府社会资本所有权的确认应以地区（行业）政府社会资本的测度为基础。

对政府社会资本投资的测度可以根据地区（行业）进行，通过对各个地区、各个行业政府社会资本投资的测度，可以确定政府对各个地区（行业）政府社会资本投资的整体性水平，以及各个地区政府社会资本投资上的行业比较优势，这种地区（行业）比较优势能够体现各地政府社会资本投资对地区（行业）内企业价值创造的资源异质性程度。政府据此可以确立对地区（行业）内所属企业的共性股份比例，成为地区（行业）内所有企业所

有权确定的基础，以此为基础与地区（行业）内所有企业的其他股东进行股权谈判。

由于地区政府之间的竞争以及公共财政收入的目标约束，这一共性股份比例的定价权并不是由政府单方垄断的，地区主政官员在政治晋升激励下，存在吸引其他资本投资者投资的强烈动机，如此会形成政府社会资本投资市场的激烈竞争，其他资本所有者可以根据自身个体理性满足程度的预期进行自由选择。同时，政府社会资本投资市场也不会出现过度竞争局面，导致地区（行业）共性股份比例过低问题，这是因为各个政府存在公共财政预算收入的约束问题，如果股份比例过低，政府社会资本投资所获得的收益分享将非常低，将无法实现公共财政预算收入目标，更何况政府还承担着维护公平市场秩序的任务，股份比例过低将影响社会公平，降低社会对政府的信任度，导致政府税收收入规模的减损。因此，由于政府社会资本投资市场的供给竞争以及政府公共财政预算收入的约束，地区（行业）共性股份比例最终会达到一种均衡状态。

二、企业中政府社会资本所有权的确认基础

上述地区（行业）共性股份比例将成为地区（行业）内企业其他资本所有者与政府进行所有权安排谈判的基础，双方进而根据企业与地区（行业）标准的差异因素对股权比例的调整进行协商和谈判。这些差异因素包括但不限于企业进入地区（行业）的先后顺序、投资规模、地理位置等，它们影响了政企关系结构中企业的结构位置和网络位置，进而影响了企业对政府社会资本的利用程度，或者说企业与政府的团队合作能力。例如，与地区（行业）后进入企业相比，地区（行业）先进入企业与政府之间已经形成了较强的关系纽带，存在更强的情感认同，其对政府社会资本的获取和利用存在更高程度的表达性行动特征，具有较低的政府社会资本获取和维持成本，而后进入企业进入时，地区（行业）的政企关系网络已经具有相当规模，政府社会资本的吸引力将逐渐由政府社会资本投资的直接促进作用向马歇尔外部性这一间接作用转移，与政企关系网络中重要企业即对网络运行除政府之外至关重要的网络桥梁的连接可能对企业价值的创造更为重要，因而若采用同样的持股比例设定，将会削弱企业交易理性的满足程度；再如地理位置因素，位于产业集聚区外的企业与处于集聚区内的企业相比，在生产协同上便具有更高的交易成本，与重要关系桥梁的连接距离并不占优，对政府社会资本投资马歇尔外部性的利用程度较低，这会降低企业的剩余价值创造水平，政府降低持股比例有利于企业契约的缔结；再如投资规模因素，投资规模越大，企业价值创造活动不仅能够给政府带来更大规模的收益分享，还会创造更大规模的税收收入，对政府经济租金的增加在双重路径上都具有显著的促进作用，其在政企关系网络中的结构位置更高，也更容易成为重要的关系桥梁，因而在政府社会资本网络效能的扩大上发挥着更为重要的作用，这可以成为其与政府在股权比例谈判上的筹码；等等。

三、企业中政府社会资本所有权的最终确定

企业中政府社会资本的最终股权比例的确定将取决于政府与其他资本所有者的个体理性满足程度，如果双方个体理性均能得到基本满足，则将具有达成企业契约的可能性。以两家企业 A 和 B 为例，不考虑政府主政官员的任期影响和公平问题，所有的投资与剩余价值创造均已经折现，政府的资本投资额为 C，两家企业的投资额保持不变，政府社会资本投资所享用的股份比例为 R，除企业所得税之外不考虑其他税种的影响，企业所得税按照企业利润

的一定比例征收。如果政府将资本全部用于公共产品和服务资源供给，两家企业所创造的剩余价值分别为 V_1 和 V_2，此时政府通过征税的方式获得经济租金，政府获得的经济租金总额为 $(V_1+V_2)\times T-C$。如果政府将一部分资本用于对 A 企业的政府社会资本投资，而将一部分资本用于公共产品和公共服务供给，A 企业所创造的剩余价值增量为 ΔV_1，由于公共产品和公共服务供给的不足，市场交易成本的增加导致 B 企业的剩余价值减量为 ΔV_2，此时政府获得的经济租金总回报为 $(V_1+\Delta V_1)\times(R+T)+(V_2-\Delta V_2)\times T-C$。因此，对政府而言，只要 $(V_1+\Delta V_1)\times(R+T)+(V_2-\Delta V_2)\times T-C$ 大于 $(V_1+V_2)\times T-C$，政府便能获得更高的经济租金回报，即能够满足政府的个体理性诉求，此时 R 须大于 $(\Delta V_2-\Delta V_1)\times T/(V_1+\Delta V_1)$。而对于企业而言，与政府社会资本投资合作的利润分享应当大于不与政府社会资本投资合作时的税收利润，这主要是针对 A 企业而言，须保证 $(V_1+\Delta V_1)\times(1-R-T)$ 大于 $V_1\times(1-T)$，此时 R 必须小于 $\Delta V_1\times(1-T)/(V+\Delta V_1)$。因此，持股比例 R 存在一个可行区域集，在这一可行区域集内，能够实现政府与其他资本所有者个体理性的同时满足。而且，通过上述计算可以发现，如果资本用途转变所导致的 B 企业剩余价值减量 ΔV_2 小于 A 企业的剩余价值增量 ΔV_1，那么政府甚至不予持股也能够实现自身经济租金回报的增加。

因此，以地区（行业）共性股份比例为基础，根据企业与行业标准的差异性因素，通过对自身个体理性满足程度的分析，政府与企业其他资本所有者可以通过协商谈判确定政府社会资本投资的持股比例，实现政府社会资本投资所有权的相对有效确定。

第四节　政府社会资本所有权的特殊安排

从理论上讲，所有权可以界定为企业控制权和剩余收益权的分布状况与匹配方式，它在公司治理的整个制度安排中居于产权基础的地位，它决定了股东结构和股东大会，进而决定了公司内部激励和监督机制的构成和运作，它的合理与否即如何在股东之间合理分配剩余控制权和剩余收益权直接影响公司的治理效率，影响利益相关者的团队协作水平，从而左右着企业集体“组织租金”以及各个利益相关者分享额的规模大小。根据控制权和剩余收益权的匹配程度，可以将股权结构区分为控制权可竞争和控制权不可竞争两个类型，当控制权可竞争时控制权与剩余收益权是相互匹配的，而当控制权不可竞争时，控股股东的控制地位是锁定的（郑德理、沈华珊，2002）。当企业存在政府社会资本投资时，政府如何与其他类型的资本所有者进行企业治理结构安排的协商、谈判，如何分配企业的控制权和剩余收益权，直接关系到企业的价值创造水平和自身的投资效率。

一、政府社会资本的资源异质性与“同股同权”假定的矛盾

经典企业契约理论认为最优的所有权结构应当是剩余控制权与剩余索取权的尽量匹配（Milgrom and Roberts，1992），并强调物质资产所有权在投资激励中的关键作用，认为物质资本所有权是企业剩余控制权的直接来源，剩余控制权具体以投票权为具体表现形式，拥有了投票权也就拥有了对企业未决事项的最终裁决权（张维迎，1996）。投票权以及剩余收益权等权利附着在证券上，受公司治理相关的法律、法规以及公司章程等规定和保护。在这一契约安排逻辑中，控制权与剩余收益权的安排是在物质资产所有者之间进行的，所有的股东

是一个同质性的整体，除持股数量不同之外，在资源基础、利益诉求、行使权利的方式和途径等各个方面均不存在差异，相应的投票权设计也遵循“一股一票”的“股份平等”设计逻辑，这被理所当然地理解为民法平等原则在公司治理领域中的自然延伸，投票权的具体实施也遵循“资本多数决”这一所谓的经济民主理念（汪青松、赵万一，2011）。在这种股东同质化的假定下，这种投票权安排机制有利于降低寻租，呈现较少的病态状况（Blair and Stout，1999）。

但是，这一股权结构安排逻辑与现实世界存在明显的矛盾，现实世界中的股东并不是同质化的群体，除持股数量不同之外，股东在资源基础、利益诉求、经营关切度以及行使权利的方式和途径等方面都是异质性的，如管理层股东与物质资本股东对企业的利益诉求就存在明显不同，管理层股东除关注股利、资本增值等与物质资本股东相同的物质性利益之外，还关注在职消费、社会知名度等非物质性利益，即便是同为物质资产投资者，大股东与中小股东之间就存在显著差异，与大股东相比，中小股东更为关注资本性增值，对企业日常经营管理的关切度非常低，在股东权力行使上也更多地采用“用脚投票”这一被动方式。因此，这种以无差异物质资本进行所有权配置所派生出来的“股份平等”原则，仅仅体现了资本客体即股份的平等，而忽略了资本主体的异质性本质特征，所谓的“一股一票”制度和“资本多数决”原则仅仅是形式上的平等，它掩盖了股东之间权利和义务的实质性不平等。当相关配套监管制度不够完善时，这种投票机制极容易被大股东所滥用，成为大股东利益攫取、谋取控制权私利的工具（La Porta et al.，1997，1998，2002），反而导致剩余收益权和控制权的匹配出现较大程度的扭曲，产生极大的效率损失和实质性的不公平（李海英等，2016）。

从股权所凭借的资源基础这一根本溯源来看，这一矛盾体现得更加明显。实际上，在不完全契约理论的发展过程中，早已有大量学者关注到物质资产早已不再是企业控制权的唯一来源，事实上，诸如创意、人才等关键性资源以及接近和使用关键资源的能力（Rajan and Zingales，1998）、信息和专业决策技能（Aghion and Tirole，1997）、知识壁垒（Miller and Shamsie，1996）、制度安排（Lawrence，2008）、社会资本（高闯、关鑫，2008；赵晶、郭海，2014）等对企业价值创造而言非常重要的异质性资本投入同样可以成为企业控制权的来源。这些异质性的资源投入会在投资目标、投资偏好以及认知等方面存在巨大异质性特征，自然使其在股份持有和投票行为等方面产生很大的差异，并承担着不同的风险水平，这要求投票权机制的安排应当将这些因素统统考虑在内（Edelman and Thomas，2005），企业具体的投票权安排应尽量由所有的资本投入者根据自身的投资诉求通过集体协商或讨价还价的方式所确定（张维迎，1996；王竹泉、杜媛，2012），可以采用多样化的投票权安排以实现控制权的稳定（王春艳等，2016）。此时如果仍然遵循以物质资本出资比例确定投票权的“同股同权”制度安排逻辑将不利于企业控制权的稳定，并很有可能对企业的持续性价值创造产生极大的负面作用。

作为一种多维度、多形式的资本投资，政府社会资本投资是由不同的政府部门所作出的，具有政治、经济、社会、技术等多个维度上的投资，从资源形态上来看具有物质、制度、关系等多种资源形态，在投资目标、路径及监管措施等各个方面也存在显著差异。对于个性化基础设施等单纯的物质性政府社会资本投资，政府对企业生产经营活动的参与程度或者说干预程度一般偏低，对企业的利益诉求主要体现在增量 GDP 与增量财税收入上，在与企业的谈判中也往往不具备谈判优势，政府社会资本投资主要扮演了“筑巢引凤”的角色；对于与制度、政策相关的政府社会资本投资，不论是基于政府官员自由裁量所作出的投资，还是基于被投资对象客观绩效所作出的一种“相机性租金”（青木昌彦等，1998），政府社会资本都存在一定的投资标准，只是遵守标准的程度有高低之分，既然存在较多的显性制度约束，政府对企业具体经营内容的关切程度自然也就偏高，企业也必须按照制度、政策等相关标准向政府履行相关的申报程度，才能获得相应的政府社会资本投资，即便是寻租活动也同样如此，政府对企业的利益诉求也不仅仅体现在增量GDP与增量财税收入等显性利益诉求，还包括宏观上的产业结构升级、国际竞争力提升、国家经济安全等隐性利益诉求；对于关系性质的政府社会资本投资，政府对企业的生产经营活动自然具有较高的参与程度，因为关系的维系必须寓于企业的生产经营活动中，否则将与企业的价值创造过程脱节，政府也将无法达成自身的投资目标，至于这种关系的亲疏水平和规范化程度，则受各种因素影响，可能表现为良性的“亲”“清”关系，也可能发生较为严重的“越界”行为，诸如企业家行贿、政府官员腐败等问题。

政府社会资本投资的这种异质性特征，决定了“同股同权”制度下的“股份平等”“资本多数决”并不能兼顾公平和效率，反而可能给企业带来极大的效率损失，最终损害企业集体的整体利益和各个投资者自身的经济利益。基于这一客观事实，有必要进行股权结构的创新设计，打破“同股同权”制度假定的严格约束，以体现法律上的实质平等和经济效率原则，这对法律也提出了同样的创新变革需求，从而给政府和其他股东之间的股权结构安排留存较大的自治空间和集体谈判空间，而非套用一种标准化的股权结构（Caspar，2008）。

二、政府社会资本“同股不同权”的制度创新

由于我国公司法律制度的限制，当前我国企业仍然采用“同股同权”的股权结构安排，但国外已经出现了多种多样的“同股不同权”的股权结构安排形式，甚至出现了一些极为复杂的制度创新，如附有金融衍生工具的“有负担股份”等（Martin and Partnoy，2005），这为我国未来政府社会资本投资的所有权安排提供了重要的制度创新路径。

（一）类别股份制度的应用设想

类别股份是指在企业股权结构安排中，由于股份认购时间、价格、认购者身份、交易场所等的不同，从而在流通水平、股东权利和义务等方面存在不同的股份（罗培新，2004）。其中，最为常见的类别股份制度即是优先股股份制度。

优先股股份是在现金股利派发或者企业清算时的剩余财产分配等方面优于普通股份，而在投票权方面劣于普通股份的一种类别股份。在红利分配上，优先股通常有一个固定的数额，如按照股份面值的一定比例派发，或按照一定的规则参与固定红利之外的利润分配；既可以是累积性的，也可以是非累积的。优先股可以永久存续，也可以规定在一定期限届满之后转换为普通股或者由公司进行回购。其优点在于对收益权的强化，与普通股股份相比，能够更好地满足中小投资者的经济利益诉求，抑制大股东对中小股东的利益攫取。

由于类别股份制度对中小投资者具有较强的利益保护作用，因此在世界大多数国家都得到了应用，我国也已经引入了这种股份制度，2013年11月30日《国务院关于开展优先股试点的指导意见》和2014年3月21日证监会《优先股试点管理办法》为该制度在我国的应用发展提供了法律依据，这也为政府社会资本的应用奠定了制度基础。对政府社会资本投

资具有较强需求，而又不希望政府过多参与企业经营管理或者政府本身对企业经营管理关切程度并不高的企业，优先股制度能够更好地保证政府的经济利益，降低政府的投资风险水平，从而为政府和其他股东之间达成较为满意的集体选择结果提供更多的可能性。比如，对于一家拥有较大发展前景但风险相对较高的科技型企业，它急需政府社会资本投资的资本支持，但创始人团队又不想失去对企业的控制权，而政府也不愿意承担过高的投资风险水平，对投资收益的稳定和保障具有更高的需求，那么通过给予政府优先股股份则可以同时满足双方意愿诉求；再比如，对一家具有较好资源基础和市场地位但临时处于财务困境的企业，政府的社会资本投资能够帮助其他资本投资者脱困，但政府则承担了较高的不确定性风险，而且政府因持有股份而对企业具体经营过程的介入可能会损害其他股东的控制权利益，致使各方很有可能因控制权和收益权的分配而陷入僵局，错过最佳的投资时机，最终可能导致企业破产倒闭，甚至引发较为严重的社会稳定问题，而优先股股份的引入则能够纾解这一集体选择困境。

在具体应用过程中，根据优先股的存续期和是否可转换等标准，可以区分为直接优先股、可转化优先股、可回购优先股、参与分红优先股等，具体选择哪种形式，则由政府和其他资本投资者根据自身对投资风险的承担意愿、对控制权的分享意愿等进行具体协商确定。

（二）投票权制度创新的应用设想

投票权制度创新是指对特定股东所持股份所代表的投票权进行加强或限制的一种股权结构创新，这种制度创新大体可以区分为双重股权结构、优先权股份等加强性与非优先性无投票权股份、投票权设限等限制性两类股权结构创新。

1. 双重股权结构制度的应用设想

双重股权结构是指一种对同一单位面值的股份赋予两个或者多个投票权的投票权制度创新。在双重股权结构中，股份通常被划分为高、低投票权两类，从而实现了收益权与控制权的分离，持有高投票权股票的投资者拥有更大的决策权，而持有低投票权股票的投资者则拥有较低甚至没有决策权，这种结构安排有利于调动各类资本投资者的投资积极性，特别是对企业拥有较高控制权诉求但又缺乏足够资本的资本投资者如创始人（团队）等，能够提升公司治理的效能，表现为企业长期战略的贯彻执行、企业文化的长期维持、管理层抗压能力和决策效率的提高等各方面的益处（李海英等，2017）。当然，这种结构安排也为拥有高投票权的股东损害其他股东利益提供了便利，其他股东由于投票权上的限制可能无法采取有效的方式避免这种情况发生，在大多数情况下只能采取“用脚投票”的方式，不利于低投票权股东的利益保护。因此，这种结构安排一般会在适用范围、投票权倍数、决策事项范围和股权流通性等权能、信息披露等方面作出限制（商鹏，2016）。

对于政府社会资本投资而言，政府与其他资本投资者可能囿于自身投资意愿、能力和目标、资源专用性水平、投资管理成本、控制权诉求等因素，对企业控制权和剩余收益权的安排存在差异性诉求。本着集体效率最高的原则，对控制权和剩余收益权进行适度分离会更好地调动各方的资本投入积极性，保证企业生产经营活动的稳定性和可持续性。一般而言，当政府存在强烈的政府社会资本投资意愿时，为提高其他资本投资者的投资意愿，可以给予其他资本投资者更高比例的投票权；当政府社会资本投资的资产专用性水平更高时，如果政府的投票权力得不到实现，由于信息不对称问题的存在，政府的经济利益便存在较高的被侵占风险，给予更高比例的投票权反而可能更好地维护政府的利益；由于政府社会资本投资是由多个政府部门作出的，它具有多维度、多元化的特点，与一般的资本投资相比，政府社会资本投资本身便存在更高的管理成本，政府各个部门在企业经营管理的过多介入也会产生较高的代理成本问题，产生较大的效率损失，此时，降低政府社会资本投资的投票权可能更有助于实现各方的个体理性诉求。因此，基于效率最大化原则，根据政府与其他资本所有者各自对控制权和剩余收益权分配的偏好以及各自的谈判能力，确定政府的非对称性投票权，能够提高各类资本投资者的集体合作意愿，调动各类资本投资者的投资积极性，更好地维持企业契约关系。

2. 优先权股份制度的应用设想

优先权股份是指公司发行的、赋予其持有者与其所持股份无关的特别决策权或否决权的一种股权类型。这种特别的决策权或否决权，可能是董事候选人提名权、董事任命权，甚至对股东大会决议的否决权。在欧洲国家，有一种特殊的优先权股份是专门针对政府而言的，即金股制度，这种股份赋予政府或其控制的机构对私有化之后的公司享有超越一般持股者所享有的特别权利，使政府可以保持对并购等重大事项的一票否决权，以保障国家对关系国计民生、国家经济安全领域的私有化国有企业重大经营决策事项上的控制权（冯果、杨梦，2014）。在一般情况下，黄金股份并不享有收益权，其所拥有的否决权并不针对企业经营管理层的任免、具体的生产经营管理和利润分配等一般权限范围，在具体运用中也必须符合特定的规则，如丹麦和波兰要求平等对待股东，爱沙尼亚要求符合公司利益，法国、意大利和爱沙尼亚要求符合公共利益，波兰要求符合公共秩序或者公共安全等。

世界各国政府对于关系到本国国计民生、经济安全等的关键经济领域都进行了大量的政府社会资本投资，在国有化管理体制下，政府可以通过物质资产的产权纽带关系进行控制，政府社会资本的产权作用也就被替代了，但在私有化管理体制下，政府社会资本的产权纽带作用可以通过黄金股份予以确立，在英国、法国等西方资本主义国家的国有企业私有化过程中，黄金股份便为政府继续保持对关系到国计民生、国家经济安全等经济领域的控制确立了产权基础。对我国而言同样如此，随着市场化进程的不断推进，大量民营资本将进入关系国家安全和国民经济命脉的重要部门和关键领域，在缺乏替代性的物质资本产权纽带的背景下，通过黄金股份对政府社会资本的产权确认可以保证政府在外资并购、市场垄断乃至公共利益维护等重大经营管理事项的特别决定权，可以很好地实现政府社会资本的控制权诉求，政府可以对企业的这些重大决策事项行使最终的一票否决权，从而保证国家的重大经济利益，也为良性政企关系的建立和维护确立了产权基础。

当然，黄金股机制也被认为会抑制投资者的投资热情，妨碍资本的自由市场流动，扭曲市场的资本配置，造成效率损失（张立省，2012），欧盟委员会便针对多国的黄金股机制向欧洲法院提起诉讼，要求对各国政府的黄金股股份权力进行约束。因此，为避免这一情况的发生，对于政府社会资本投资的黄金股制度创新，也应当在权利内容、适用范围、到期期限、执行程序、争议解决方法等方面制定相应的法律性约束条款，防止政府权力的滥用，以保证对其他资本投资者的公平。

3. 限制性股份制度的应用设想

限制性股份制度主要包括非优先性无投票权股份与投票权设限两类股份制度。非优先性无投票权股份是指公司发行的不享有投票权，也不用以补偿投票权缺失的特别经济性权利的股份类型。非优先性无投票权股份的权利构造除了缺少投票权之外，其他的权利都类似于普通股份，其主要目的是在实现外部融资的同时保持原股东（一般是作为公司创立人的家族股东）的控制权。投票权设限则是指对单个股东能够在股东大会上所投的表决权数设定一个绝对数额或者表决权比例的上下限，对于低于下限或超过上限的股份所附表决权进行限制的一种股权制度，如葡萄牙的《公司法》就明确给予了本国公司可以进行投票权设限的权力。

通过政府社会资本投资，政府作为企业的合法股东，享有对企业经营管理决策的合法投票权，但政府同时也是国家暴力的统治者和市场资源的重要支配者，如果政府运用自身所拥有的暴力工具和手段，或者凭借自身对市场资源的支配地位，在投票中左右其他股东的决策，谋求自身利益的最大化，那么很有可能会对企业的持续经营产生负面影响，如过度工程建设、雇用过多员工，支付过高薪酬等问题，此时通过对政府投票权进行一定的限制，可以保证企业价值创造的可持续性。这对处于竞争性行业中的企业尤为重要，由于激烈的市场竞争，一旦经营决策出现失误，将很有可能导致企业经营的失败甚至破产，致使股东价值出现大幅度减损。在应用中，可以针对政府容易干预企业的经营管理事项，如重大基建投资、重大对外投资、人事任命、员工薪酬制度等对政府的投票权予以限制。

（三）限制处置权股份的应用设想

处置权是所有权的重要组成部分之一，股份的自由处置尽管体现了“股份平等”原则，能够较好地契合经济民主原则，但新股东的介入可能并不符合其他原有股东的集体选择意愿，对已有控制权分配格局的稳定可能产生一定的负面影响，进而影响他们在企业价值创造过程中的资本投资积极性，他们可能会自动“关闭”对企业的资本投资甚至退出企业契约，因此，对处置权的限制有利于企业所有权分配格局的稳定。

限制处置权股份的创新主要包括可回购股份、受限股份两类，其中可回购股份是指在发行时便规定公司可以在未来某个时期必须或可以对这些股份按照事先约定的价格进行回购，回购选择权可以赋予公司或者股东；受限股份是指公司通过协议直接授予其雇员的，要求在特定的待权期届满或者既定财务目标达成之前不能出售、转让或者质押的一种处分权受到限制的股份类型，根据限制条件，可以分为期限型受限股份和业绩型受限股份。

由于政府与企业的本质不同，在政府与市场中具有合作意向的利益相关者之间的协商谈判过程中，政府社会资本投资相对于其他资本投资的异质性特征决定了政府社会资本投资对企业价值创造的稀缺性和不可替代性，如果政府可以自由转让其在企业中的所持股份而不受约束，那势必增加其他资本投资者的资本投资风险，使其与其他资本投资者的集体选择所能达成的可行集合范围缩小甚至变得不可行。特别是，在民主政治体制下，代表政府进行政府社会资本具体投资决策的政府官员实行任期制，政府主政官员的变更往往会导致政府社会资本投资在方向、规模等方面的变更，这必然影响企业资源基础的稳定性，对企业价值创造的可持续性产生负面影响。因此，对政府的股份处置权进行限制，特别在持股期限上予以约束，有利于降低其他资本所有者的资本投资风险，避免企业契约集体的非正常性中断和解体所造成的投资损失，也能够避免政府社会资本投资成为沉没成本。

第六章　政府社会资本的所有权权能及其行使

市场是资源配置最有效的手段，发挥市场在资源配置中的决定性作用，首先要讨论的是资源的产权问题。产权的清晰、合理界定，是市场经济有效运行、实现资源配置的帕累托最优的基础。在传统分析框架中，产权包含了占有权、使用权、收益权、处分权等权利。由于产权的权利集合通常附着在产品或服务上，因而所谓的市场交易，实质上是两个权利集合的交换。讨论政府社会资本所有权，即对政府所掌握的异质性资源的权利，是指由政府社会资本的占有权、使用权、收益权、处分权等构成系列权利集合。政府社会资本的所有权本质上反映的是产权主体之间的经济权利关系。本章遵循现代经济学产权分析框架，集中讨论政府社会资本的所有权权能及其行使。

第一节　政府社会资本所有权的权能

在分析政府社会资本的所有权时，其“异质性”是考察的重点。值得关注的是，与其他传统“资本”相比，政府社会资本主要存在以下几点特征：

一是具有公共环境资源投资的约束性特征。对于土地、海域、湖泊等自然资源，政府不能一味从经济效益考虑追求政府社会资本的增加，需要从整个社会福利角度出发，将环境因素、公共服务、居民生活水平等因素纳入其中，权衡公共产品和服务资源供给与政府社会资本投资的投资比重，从而实现总体经济租金最大化水平。显然，如果政府社会资本投资的边际报酬率低于公共环境资源投资，那么将损坏政府的总体价值回报。

二是需要满足区域规划与竞争中性。一方面，政府社会资本的投入与使用应与地方政府区域经济规划和战略选择相适应，以保证其规模效应以及对其余民间资本的引导效应；另一方面，由于政府社会资本投资具有特定性，是政府基于经济效率目标在牺牲社会成员整体性公平代价下而进行的一种有选择性的投资，它以特定的企业为投资对象，在使用上具有排他性，其他企业无法享受政府社会资本投资所带来的好处。正因为如此，获得政府社会资本投资的企业具备了其他企业所没有的资本禀赋，从而为其形成特殊的市场竞争能力奠定资源基础。所以，政府社会资本的投入还须从整个市场角度出发保证其公平性与竞争中性。

三是具有高度的专用性特征。由于政府社会资本具有较强的特殊性和不可替代性，在企业持续经营过程中，政府社会资本与企业其他物质资本、人力资本等的契合水平越发紧密，政府社会资本对于企业的专用性就越高；由于政府社会资本的资源约束性等其他特征，对于政府来讲专用性也很高。这就使得政府社会资本在政企之间呈现双向锁定特征：当政府由于自身决策机制、资本类型等因素的限制，导致政府社会资本投资的退出成本同样非常高昂，当企业出现经营困难时不能够及时退出，在多数时候会变成沉没成本，如没有发挥研发激励效果的政府补助等。上述特征决定了政府社会资本的复杂性与特殊性，对其产权特性产生了深远影响。

一、占有权

占有权表现为所有者对财产进行实际控制或支配时所形成的系列权力。政府社会资本从本质上来看属于一种全民共有的财富，我们在讨论政府所掌握的数据资产时，这些数据多来源于居民个人，例如居民在纳税时产生的行为数据等。但通常来讲，个人并不具备搜集、开发其个人数据的能力，更无法按照商业要求进行标准整合。同时对于大多数数据，例如个人行为数据，只有当数据量达到一定规模时才具有“大数据”的特征从而产生经济价值。赵海军（2012）认为，次生信息资源是各主体机构对外界信息再次加工和深层次处理而形成的增值信息，各主体有权以这部分凝聚自己信息加工劳动的增值了的信息资源与外界进行价值交换。因此，上述提到的个人行为数据，实际上包含两个层面：一是个人产生的行为数据，二是政府搜集、加工、整合而成的可以交易的数据资源。对于前者，个人拥有其绝对数据权限，对于后者，政府拥有权限。

从法定的产权主体来看，占有权可以分为独占权、公占权，即一项资源既有可能是由单一产权主体占有，也有可能是由多个产权主体占有。一般来说，财产权就是财产的实际占有者，但也会发生所有者与占有者相分离，出现财产被非所有者占用的情况。由于我们是马克思主义政党，坚持社会主义，生产资料公有，政府所掌握的生产资料实质为全民所有，但由政府占有。政府数据资源会产生三种情形：一是由中央政府加工的数据，例如经财政部加工处理的相关数据信息，实质上为个人委托中央政府代为处理；二是由地方政府加工的数据，例如地方财政局加工处理的相关数据，实质上为个人委托地方政府代为处理；三是由中央与地方政府共同加工的数据，例如财政部委托地方财政局加工或二者共同加工处理的数据，则中央与地方政府分享其权限。

当政府所有持有的数据等要素实现市场化配置，经过经营转化、授权经营等途径最终由国有资本投资公司以政府社会资本的形式投入企业中，此时政府作为企业的合法股东之一，表现为政府的持股权。此时的政府社会资本是一种可辨识的、个性化的资本，既可以是企业的无形资产，也可以是有形资产。政府社会资本一方面变成了企业所掌握的实实在在的生产经营资源，另一方面成为政府与企业建立所有权关系的纽带，即政府凭借政府社会资本的所有权成为企业的合法股东。政府社会资本成为一种独立的、可以识别和运作的对象，既可以部分转让也可以全部转让，既可以持续增加投资也可以退出。

需要说明的是，当政府社会资本的产权缺失，不存在法定意义上的占有权时，政府社会资本将会面临重大问题：一是政府所持有大量资源不加限制的任意配置。由于产权缺失，数据、补助等资源并未确权，仍属于政府会计中的“表外业务”，缺乏统一的计量口径与管理平台，所以各级政府部门与政府官员在以“行政化”手段分配资源时呈现出一定的盲目性，常常过于重视短期效益，忽视了可持续发展原则以及“成本收益”原则。二是资源分配后缺乏合理的管理机制。例如，政府的研发补贴投入后，由于契约的不完整性，很有可能面临企业“敲竹杠”从而反而在研发中投入较少的资金，即“假装吃螃蟹、实际吃馒头”的行为。产权的缺失则会加剧双方的契约不完全性和信息不对称性。

二、使用权

使用权表现为使用者按照财产的性质和功能，用来满足某种生产或生活需要的权利。它可以派生出许多其他权利，如管理权、经营权、销售权、采购权和进出口权等，其中管理权又可划分为控制权、监督权、审批权和决策权等。财产只有通过实际使用才能给产权主体带来利益或其他效用。使用权一般为产权主体持有，当然在产权分割的情形下也可以提供给其他主体利用，例如他人可以借用、承包、租赁等从而获取使用权。无论财产的占有权与使用权是否一致，即无论是否由同一个产权主体承担，使用权的形式必须在现有法律法规的框架内行使，遵守社会公德、维护他人的合法权益和利益。

由于上述政府社会资本的异质性特征，除了传统的使用权例如管理、控制等，本部分还就其配置与监督问题进行专门探讨：

一是在资源配置方面，在传统分析框架下有以行政命令为基础的政府的行政化配置与以价格为信号的市场化配置两种方式。传统模式下的政府社会资本以行政配置为主，其流量、流向、流速均由政府部门决定，高度依赖于官员的“职业判断”。应当承认，行政化配置有其固有优势，例如可以充分贯彻政府意图、方便调控不同行业和不同地区的政府社会资本配置规模，能够“集中力量办大事”，但其缺陷也十分明显：一是无法发挥价格的信号作用，政府社会资本的价格与价值偏离较高，长此以往会导致“价格双轨”等现象；二是由于过度依赖政府官员的个人判断，从而导致资源配置过程中呈现较为浓厚的主观色彩，为寻租造成风险隐患，更无法实现竞争中性。

二是在监督方面，现有模式下的政府社会资本存在较大弊端。对于其余财产，在以作价入股形式进入企业后，产权主体自然成为企业合法股东，从而行使股东权力参与股东大会并通过投票权影响企业经营决策。此时的产权主体在信息上具有较大的优势，比“外部利益相关者”和传统意义上的政府具有更高的信息对称性，从契约角度来看极大降低了产权主体与企业之间的“不完全性”。对于尚未确权的政府社会资本，一方面如上文所述，未列入政府的表内业务且以行政配置为主，在投入阶段便缺乏足够的监督管理；同时在投入企业后，产权缺失的政府社会资本面临较大的监督困境，无法签订较为明晰的合约从而最大程度地减少政府所面临的“敲竹杠”风险，也无法像其余财产一样，使得政府成为企业的合法股东之一，从而在信息与决策方面获得应有的优势。

三、收益权

收益权表现为依靠财产所获得的某种经济利益的权利。对于财产主体来讲，由于其所有权可以分割（多个产权主体共同拥有一件财产），占有权可以表现为共同占有和单独占有，其收益权往往也可以分割，即既有可能是独享收益权，也有可能是共享收益权。由于收益权是产权的重要经济实现形式，从某种意义上讲，失去收益权的财产便丧失了其所有权存在的价值，明晰产权的目的就是为了制造经济收益。收益权并不意味着占有与使用。由于产权的可分割性，产权主体完全可以让渡自身的占有权、使用权，从而创造经济租金或利润。例如，可以将一台设备租出去，从而创造足够的经济租金；也可以作价入股，从而以股权形式收取股息。

对于政府社会资本，可以采取多种收益形式从而实现其收益权。一是可以采用一次性转让的形式出售其所有权，并伴随占有权、使用权、收益权及处分权的让渡。例如，数据资产、信息产品与物质商品一样具有价值和使用价值，价格是其价值的一种表现形式。胡业飞和田时雨（2019）考察发现，英国、德国政府开发了标准化的文本信息与数据，并由企业、政府、公民代表及第三方研究机构共同组成价格委员会每年对信息数据协商定价。企业或个人须登录英国 BSIShop 平台（shop. bsigroup. com）与德国 BeuthVerlag 平台（www. beuth. de）购买，前者每条信息价格为 100—500 英镑，后者价格为 100—400 欧元。此时，数据资产实现一次性转让，实现了产权主体的转换。二是可以采取租赁的形式收取租金，不改变政府社会资本的所有权，让渡部分或全部占有权、使用权、收益权及处分权。例如，当土地以租赁形式交由企业开发利用时，在不改变其所有权的前提下，允许企业在法律规定下以双方提前约定的用地方式（如商业用地或工业用地）投入生产经营，政府定期收取土地租金。三是可以采取作价入股形式收取股息。例如土地作价入股，近些年在各地实践中不乏“国企土地 + 民企资本”的成功案例，如咸阳城投以土地作价入股 49%、天地源公司投入人民币 6. 222 亿元入股 51%，二者共同开发咸阳高铁站项目；南京市采用国有建设用地使用权作价出资或入股，采用 PPP 模式与民营企业在养老服务领域合作。土地作价入股不仅使得国有企业能够按土地要素参与利润分配，改善了国有企业经营绩效，同时为民营企业提供了宝贵的土地资源，实现双赢。

本书所主张的作价入股形式，要素市场化、资本化进程，能够帮助政府使所掌握的多种生产要素释放活力、加速流动，以国有资本形式投入市场，既能够充分保障国家权益、防止国有资产流失，也使得各类生产要素真正能够在不同所有制企业间公平配置。党的十九届四中全会提出的“健全劳动、资本、土地、知识、技术、管理、数据等生产要素由市场评价贡献、按贡献决定报酬的机制”、2020 年公布的《中共中央国务院关于构建更加完善的要素市场化配置体制机制的意见》和正在推行的“管资本”为主的国有资产监管体制改革，从要素科学配置上为政府社会资本的市场化配置提供了理论基础和体制保障。

四、处分权

处分权又称为处置权，表现为改变财产的状态或用途的权利，在所有权中占据重要位置。处分权是财产所有人对其财产在法律规定的范围内最终处理的权利，即决定财产在事实上或法律上命运的权利。产权主体拥有处分权，意味着其能够让财产依据自身的意愿进行处置，只有拥有处分权才可以让渡其他权限。处分权在多数情况下由所有人享有，但在某些情况下，也可以使所有权与处分权分离，形成非所有权依法享有的处分权。政府社会资本是典型的处分权与所有权分离的产权形式，由政府代产权主体（人民）行使处分权。

由于政府社会资本的特殊性，当政府社会资本以作价入股形式投入企业，与一般性财产相比其处分权有其特殊性，具体表现在企业并不具备政府社会资本的全部处分权，仅获得部分处分权。这是因为：第一，由于政府社会资本具有高度专用性特征，例如政府出台的创业扶持政策，是创业企业得以存活的关键，企业像其他财产一样自行转让或用于其他用途；第二，政府社会资本并非单纯的以营利为目的的财产，还需要兼顾可持续性与公平性，同时要与宏观经济规划与政府的地区和产业政策相协调，不同行业、地区政府社会资本配置数量多少并非完全由市场决定，因此对于已经投入某重点地区、重点行业或重点企业的政府社会资本，被投企业并不能随意将其出售、转让或租用给其他企业；第三，政府社会资本的用途不能随便变更，例如企业研发补助应做到“专款专用”仅用于研发投入，数据资源仅能按照规定的用途进行开发利用，不得违反道德伦理等其他提前约定的事项。因此，对于在企业中存在的政府社会资本，企业仅拥有其规定内的部分处分权，这是其与其他财产的重要区别之一。

第二节　政府社会资本所有权的行使

政府社会资本与传统意义上的财务资本为核心的国有资本具有相同之处，但也存在较大差异，这导致了在所有权的行使方面，二者既有区别又有联系。相同之处在于，均为全民所有、政府代为管理的国有资产，当以国有资本形式投入企业后，均成为企业的合法股东，依法享有股东各项权利。但正如上文所述，政府社会资本相较于其他资本，具有公共环境资源投资的约束性、需要满足区域规划与竞争中性、高度的专用性等特征，这就意味着相较于一般意义上的国有资本，政府社会资本在行使所有权时具有一定的特殊性和复杂性。

一、政府社会资本占有权行使

占有权的行使有赖于科学的统计与计量。相较于其他财产，摸清政府社会资本的“家底”较为困难。一是如前文所述，由于产权缺失，数据、补助等资源并未确权，仍属于政府会计中的“表外业务”，缺乏统一的计量口径与管理平台；二是我国幅员辽阔，政府层级多、部门数量多，难以科学计量；三是政府社会资本形态多样，货币、技术、数据等多种要素为计量增加难度。相较于传统国有资本清晰的权利边界，政府社会资本仍旧存在不清晰、模糊的问题。对此，自然资源部、财政部、生态环境部、水利部、国家林业和草原局 2019 年印发《自然资源统一确权登记暂行办法》（下称《办法》），就如何实现自然资源的确权登记作出重要指示，对于政府社会资本基本权利的界定和占有权的行使具有一定的启示意义。

一是科学划分所有权边界，从而明确占有权行使主体和权利边界。《办法》指出，通过开展自然资源统一确权登记，清晰界定全部国土空间各类自然资源资产的所有权主体，划清全民所有和集体所有之间的边界，划清全民所有、不同层级政府行使所有权的边界，划清不同集体所有者的边界，划清不同类型自然资源之间的边界。对于政府社会资本，可借鉴自然资源确权办法，划清不同人民群体间的所有权边界和不同层级政府之间的使用权边界。对于中央委托相关部门、地方政府代理行使所有权的，所有权代理行使主体登记为相关部门、地方人民政府。例如，对于数据，北京市政府在行使公共管辖权过程中所产生的具有经济价值的数据资源，由于仅与北京市相关，则理应由北京市人民所有，此时为北京市政府占有；财政部在行使部门职能时产生的数据，则应确立为全民所有，为中央政府所占有。

二是在上述基础上，建立“政府社会资本登记簿”。《办法》指出，应建立自然资源登记簿，并记载以下事项：自然资源的坐落、空间范围、面积、类型以及数量、质量等自然状况；自然资源所有权主体、所有权代表行使主体、所有权代理行使主体、行使方式及权利内容等权属状况；自然资源登记簿应当对地表、地上、地下空间范围内各类自然资源进行记载，并关联国土空间规划明确的用途、划定的生态保护红线等管制要求及其他特殊保护规定等信息。同时，自然资源登记单元具有唯一编码，编码规则由国家统一制定。相应地，建立“政府社会资本”登记簿，科学记载政府社会资本的数量、质量等状况，如对于数据资源，应登记其数据大小（如1T）、数据内容（如隐去个人信息的公民纳税数据）、适用范围（如能够开展哪些用途）等。政府社会资本由国家根据资本形态、所有者统一编号管理。

二、政府社会资本使用权行使

（一）政府社会资本的市场化配置

要素市场化改革，目标就是大幅减少政府对资源的直接配置，使市场在要素配置中发挥决定性作用。中共中央、国务院发布的《关于构建更加完善的要素市场化配置体制机制的意见》，提出构建更加完善的要素市场化配置体制机制，坚持深化市场化改革，破除阻碍要素自由流动的体制机制障碍，扩大要素市场化配置范围，健全要素市场体系，推进要素市场制度建设，实现要素价格市场决定、流动自主有序、配置高效公平等目标。近年来，随着社会主义市场经济的不断完善，我国公共资源配置市场化改革稳步推进，在提高公共资源利用效率和效益、转变政府职能、维护社会公平正义、反腐倡廉等方面收效明显，公共资源配置市场化改革，能够带来显著的政治、经济和社会等方面的效益。

政府社会资本的特殊性决定了其资源配置在现有行政化配置基础上，更需要对其进行“市场化赋能”，充分发挥价格的信号作用，以供需关系为基础优化其资源配置。按照《关于构建更加完善的要素市场化配置体制机制的意见》健全要素市场化交易平台、拓展公共资源交易平台功能等要求，在全面梳理、整合各级政府和不同部门所掌握公共资源基础上，制定方案实现从生产要素到经营性国有资产的转化。以数据资源为例，在我国贵州等地开展政府数据登记制度试点工作，对不同部门所掌握的政府信息数据整合、梳理，为数据资产标准化建设、明晰产权打下坚实基础。由此，其他部门所掌握的数据资源经过经营转化与授权经营，成为政府“表内事项”从而转化为经营性国有资产，并交由国资部门进行运作，实现了政府部门内的第一次让渡。经过此次让渡，国资部门掌握了政府社会资本的占有权、使用权和处分权，当然也可能表现为不同部门之间的共同占有权与共同使用权，因为即便经过标准化建设数据资源以经营性国有资产的形式交由国资部门代管，但大数据管理局等其余部门依旧可以在法律和制度规定的范畴内开发和使用该数据，以便提供更优质的公共服务。

（二）国家治理与产权监督

20世纪90年代以来，“治理理论”在西方学术界盛行，成为公共管理新模式。治理理论强调公共管理需除政府自身以外其他社会行动者的积极参与，须强调社会的作用，强调社会与国家的协作，动员管理对象共同参与，极力寻求管理方式的灵活性和管理手段的多样化。习近平总书记在党的十八届三中全会提出了全面深化改革总目标是实现国家治理体系与治理能力现代化的重要论断，这是党和国家首次明确提出的实现国家治理现代化的重要指示。党的十九届四中全会审议通过《中共中央关于坚持和完善中国特色社会主义制度、推进国家治理体系和治理能力现代化若干重大问题的决定》，提出与时俱进完善和发展中国特色社会主义制度和国家治理体系，为实现“两个一百年”奋斗目标、实现中华民族伟大复兴的中国梦提供有力保证。

政府社会资本参与下政府对涉及国计民生的重点企业的监督应重点通过加强政府作为社

会管理者的监督来实现，而对于其他企业的监督，政府作为社会管理者的监督则可以作为一种威慑力，日常的监督交由政府作为政府社会资本投资者行使即可，从而使政府作为社会管理者的监督集中于少数的重点企业，提高监督效率。总之，政府具有政府社会资本投入者和社会管理者的双重身份，应根据对其自身的投资目的和社会管理目标对各类企业的监督体制进行分类研究，实现政府对企业的监督体系的协同创新。

政府双重身份体现在既是政府社会资本的投入者、股东，又是社会管理者，双重身份下使得政府对企业拥有多重监督权。一方面，政府作为每一家企业天然的股东，尽管只是小股东，但是却具有了参与重大决策的权利和监督的权利，具体包括：股东身份权利、参与决策权利、资产收益权、退股权、知情权等。资本市场逐渐探索的“同股不同权”等公司治理结构，为政府社会资本投资的股权监督提供了重要的制度创新路径。可选择的股权安排有：黄金股、优先股，当然也能通过双重股权结构对企业控制权和剩余收益权的安排产生差异性诉求，特别是对于关系到本国国计民生、经济安全等关键经济领域都进行了大量的政府社会资本投资，政府可以通过产权关系进行控制。通过特定股权安排对政府社会资本的产权确认可以保证政府在外资并购、市场垄断乃至公共利益维护等重大经营管理事项的特别决定权，可以很好地实现政府社会资本的控制权诉求，政府可以对企业的这些重大决策事项行使最终的一票否决权，从而保证国家的重大经济利益，以实现政府对企业的有效监督。

三、政府社会资本收益权行使

（一）政府社会资本作价入股

1. 从国有资产到国有资本

当前，我国正推进国有资本管理体制转型，国有资本投资与运营公司应运而生。通过国资部门向国有资本投资、运营公司授权，委托国有资本以政府社会资本形式向市场投放，最终完成从生产要素到经营性国有资产再到政府社会资本的转变。政府社会资本具有显著的“资本特征”：一是具有资本的增值性特征。政府社会资本与其他类型的资本一样，同样以追求经济价值的最大化为投资目标，通过与其他类型的资本合作，进行扩大再生产，促进企业价值的不断增加，从而实现自身价值最大化的投资目标。二是具有资本的流动性特征。政府社会资本只有在持续不断积累和投资过程中，持续寻找高利润的投资领域，才能不断地为政府产生高额的价值回报。一旦政府社会资本被闲置或被绑定在个别领域，失去了流动性，将不能保证增值的可持续性，甚至沦为某些利益集团的私有物品，这也是对其进行市场化、资本化运作的重要原因之一。三是具有不确定性特征。任何投资活动都是具有某种风险的资本投资，投资者无法在投资之前准确地预测投资的收益或损失状况。对于政府社会资本而言，政府官员的认知能力、知识结构都影响其投资收益，这也是充分发挥国有资本投资公司等专业投资主体优势的理由所在。

2. 政府社会资本定价

本节通过国有与民营企业的简单静态博弈说明此问题：假设政府社会资本的价值为 V，明晰产权后其价格为 C，未明晰产权时企业家为得到该资本所付出的代价（如寻租）为 B，政府在配置资源时选择性歧视的概率为 P，此时政府社会资本期望收益如表 6－1 所示。

表 6－1　　　　政府社会资本定价的博弈矩阵

产权条件 / 企业性质	未明晰产权	明晰产权后
国有企业	V	$V-C$
民营企业	$(V-B)P+V(1-P)$	$V-C$

注：① $V-C>(V-B)P+V(1-P)$；

② $V-C+V-C>(V-B)P+V(1-P)+V$。

在市场化配置过程中，暗含两个约束条件：第一，明晰产权后民营企业的期望收益大于不明晰产权时的期望收益；第二，明晰产权后国有企业与民营企业的期望收益之和大于未明晰产权时的期望收益，即政府社会资本定价 C < 1/2BP。意味着民营企业家可接受的定价主要取决于两个方面，一个是明晰产权前为得到政府社会资本所付出的代价 B，另一个是政府在配置资源时选择性歧视的概率 P。推向市场化的政府社会资本在供给时本身遵循公平交易原则，只有在生产经营实际过程中真正发挥作用政府社会资本企业才会购买，价格反映价值。这样做的好处是显而易见的：既能够保护国有资本正当权益，同时使资源能够配置到真正需要的微观主体，整体福利得到增进，实现竞争中性。

（二）利税分流的新型财税体制

政府社会资本实现产权改革后，其收益权及其行使将发生重大变化，其中"利税分流"是其重要的创新标志之一。传统的政府单一作为社会管理者，政府与企业之间的利益关系也只是体现为单一的税收关系（由政府作为物质资本投资者直接投资的企业除外）。税收的强制性和公共性的特征决定了企业和政府之间在利益关系上的敌对性。政府作为社会管理者的公共利益将仍然通过税收的方式实现，并遵循"取之于民用之于民"和"公共服务均等化"的原则，以政府向社会成员提供公共产品的方式服务全社会。在当前财税管理体制下，政府社会资本投资收入的获得与政府公共产品投入供给对价的索取相同，均通过税收方式得以实现，在征收税种与税率上也与未接受政府社会资本投资的市场主体并无差异，市场主体须按照税法规定无条件地缴纳税收，不仅破坏了税收公平原则，政府为企业无偿提供的支持（包括有形和无形的）亦没有实现政府的投资"效率"，是不可持续的。对政府配置公共资源按其属性进行分类后，就实现了政府公共产品和政府社会资本供给的分类管理，对政府社会资本管理体制进行改革便成为内在诉求。政府作为社会资本所有者的经济利益将通过政府与企业其他资本所有者共同参与企业利润分配的方式来实现，而不能凭借政府的特殊身份强制或优先索取。

通过利税分流管理，政府公共产品的投入的收益关系仍然由税收体系予以规范，而政府社会资本投资与市场主体的利益关系则通过剩余利润分享的方式予以规范。同时，由于政府在不同企业中所投入的政府社会资本可能存在着差异，因此，政府作为政府社会资本投资者在每家企业中享有的利润分配权利也应存在差异，而不能强求一致，且其在每一家企业中所享有的利润分配权利的大小也不能由政府单方面决定，而必须由政府与其他投资者的集体选择来决定。这意味着税利分流的财税管理体制将是未来财税体制改革方向。从政府公共资源配置中属于政府社会资本的部分按"效率优先"的原则由国有资本预算进行配置，这部分公共资源配置所形成的政府与企业的关系体现的是政府作为政府社会资本所有者与被投资企业之间的产权关系，遵循市场的一般价值规律，即“多投多得、少投少得”的原则。因此，政府社会资本收益权的行使，必然伴随着利税分流的财税管理体制改革。通过利税分流管理，政府公共产品的投入的收益关系仍然由税收体系予以规范，而政府社会资本投资与市场主体的利益关系则通过剩余利润分享的方式予以规范。

四、政府社会资本处分权行使

（一）政府的处分权行使

当政府社会资本投入企业后，政府可以行使以下处分权：一是政府社会资本的持续投资。由于当前政府社会资本的投入往往伴随着经济发展政策与企业扶持政策的实施，而这些政策往往并非一蹴而就，如地方政府持续为中小企业提供信贷支持与创新补助，这意味着以货币形式衡量的政府社会资本价值并非“静态”，而是随着时间推进不断增长；这种增长并非企业的资本运作所制造的，而是政府作为股东所进行的持续性投入，类似于传统公司治理框架内的“股东增持”。政府社会资本的增持意味着企业产权结构变化与持股比例调整。二是退出与政府社会资本收回。由于资源的稀缺性与不可再生性，以及政府产业政策与区域发展规划的变迁，政府社会资本不能像其余传统“资本”一样，投入企业后便成为股东的“沉淀财富”。政府社会资本在配置时应与企业签订相应协议，以“对赌”或其他形式对政府社会资本的退出做出提前约定。本章第三节将对政府社会资本的可持续性投资作出详细论述。

（二）人大报告制度与人民处分权行使

建立国务院向全国人大常委会报告国有资产管理情况制度，是以习近平同志为核心的党中央加强人大预算审查监督、国有资产监督职能的重大改革举措和重要决策部署。2017 年年底，中共中央专门印发了《关于建立国务院向全国人大常委会报告国有资产管理情况制度的意见》等文件。建立政府向本级人大常委会报告国有资产管理情况制度，不仅对国有资产监管实现“全覆盖”，而且对国有资产清查实现“全口径”，有利于解决长期以来人大对国有资产监督缺乏科学化系统化常态化制度安排等突出问题。

由于实质上政府社会资本是一项由人民委托政府管理的国有资本，人民将其产权的部分权利让渡给政府，也包括部分处分权。但作为政府社会资本的实际产权主体，人民对其使用、收益及利润分配具有监督权与话语权。同样，实现市场化运作后，政府社会资本成为由国资本部门所掌握的经营性国有资本，理所应当与当前传统意义上的国有资本一同纳入人大监督体系。由中央及地方国资委牵头，建立政府向本级人大常委会报告政府社会资本管理情况制度，包含以下三个方面：一是汇报当期政府社会资本存量，全面统计政府所持有的各类要素及其价值，时时公开资本存量；二是汇报本期政府社会资本流向及分布情况，绘制“政府社会资本布局图”；三是汇报当期政府社会资本时时定价情况，确保其价格与价值相当。同时，除了向人大汇报以外，各级国资委向社会时时公开以上情况，方便企业寻找新的投资价值。

第三节　政府社会资本所有权的让渡

本节系统分析政府社会资本的产生过程，并分析其所有权的让渡，从而以产权视角刻画政府社会资本“投入—行权—退出—再投入”的循环过程。值得注意的是，与政府所掌握的其他资源一样，政府社会资本本质上仍是全民所有、由政府作为代理人持有的一种国有资产。因此，当政府行使政府社会资本所有权时，事实上所有权已经发生了一次让渡，即全民将其所持有的政府社会资本中的使用权、收益权、处分权让渡给“人民代理人”，即政府。本章未分析人民向政府授权的政治过程，仅以政府作为出发点分析其运动轨迹。

一、要素的经营转化与资源整合

政府社会资本可以界定为由政府基于经济价值目标所投入的嵌入政企伙伴型结构关系的异质性资源。除了传统意义上的物质资本以外，政府基于政权在社会日常事务管理过程中积累了大量信息、数据、信用、商誉、技术、人力等不同类型的资源，同时向市场投放了大量不同类型的补助，如财政补贴、税收优惠等，是当前企业生产经营必不可少的生产要素。这种资源与传统意义上的经营性国有资产具有如下不同之处：一方面，政府社会资本并非单纯的货币资本，而是涵盖数据、信息、技术、商誉等多种要素的异质性资源，这些异质性生产要素由发改委、财政、工商、科技、人社、国资、自然资源等不同部门掌握。从另一个角度讲，企业审批流程烦琐、需要多个部门盖章审批，恰好说明企业生产经营需要多种不同形态的异质性资源。另一方面，许多政府社会资本并非天然存在，例如数据资源是政府在行使行政管辖权时所产生的“附属品”，特殊的生产许可是政府在行使市场准入与审批职能时为企业带来的重要经济价值。

以数据资源为例，政府在履行其公共管理职能时会产生大量数据沉淀与数据积累，例如居民纳税的行为数据、企业对公共服务的购买数据等。这些数据分别由不同的政府部门所掌握，需要系统整合处理才能成为具有经济价值的数据资源。当前各级政府成立“大数据管理局”，集中汇总政府各部门产生的有价值的信息数据，并由大数据管理局采取统一的数据登记、采集等流程工作，最终产生满足市场需要的、经过隐私处理的数据。再如当前税务、工商、发改委、科技局、财政局等政府部门均以不同的名义向市场投放不同类型的补贴，例如扶持中小企业发展基金、研发补助、税收返还等，多类似于“公共物品”向企业免费投放。当以政府社会资本形式投向企业时，需要将各部门补助统一归口管理，以股权投资形式向企业注资。因此，要素市场化配置以及政府社会资本的市场化运作，首先需要将政府各个部门所持有的各类生产要素集中起来、科学登记、统一管理，在产权明晰的前提下实现从要素到资产的转变，实现要素的占有权从分散向统一的转化。

当前，在我国政府部门机构改革探索中，关于资源的市场化配置已有初步探索。青岛市在2019年启动机构编制改革，在市发改委、市工信局、市财政局、市商务局、市交通运输局等16个与市场关联度高的部门专门设立了市场配置促进处。这一创新性的改革在全国尚属首次。市场配置促进处主要负责协调推进市场化改革，创新政府配置资源方式，大幅度减少政府对资源的直接配置，更多引入市场机制和市场化手段，提高资源配置效率和效益，推动政府向社会力量购买服务，发挥行业协会商会作用等工作。通过改革，努力使党政机关干部运用市场化手段推动工作成为思维习惯，更加充分认识、尊重、利用市场在资源配置中的决定性作用。这些在实践中的做法，为要素的整合与经营转化起到了推动作用。

二、国有资本授权经营与投资

我国在国有资本授权经营体制方面已有较长时间的探索。1992 年，国家国有资产管理局、国家计委、国家体改委和国务院经贸办联合下发的《国家试点企业集团国有资产授权经营的实施办法》将授权经营定义为：“国有资产授权经营是指由国有资产管理部门将企业集团中紧密层企业的国有资产统一授权给核心企业（集团公司，下同）经营和管理，建立核心企业与紧密层企业之间的产权纽带，增强集团凝聚力，使紧密层企业成为核心企业的全资子公司或控股子公司，发挥整体优势。”2019 年 4 月 19 日，国务院印发了《改革国有资本授权经营体制方案》（以下简称《方案》），目标要求出资人代表机构加快转变职能和履职方式，切实减少对国有企业的行政干预。国有企业依法建立规范的董事会，董事会职权得到有效落实。将更多具备条件的中央企业纳入国有资本投资、运营公司试点范围，赋予企业更多经营自主权。到 2022 年，基本建成与中国特色现代国有企业制度相适应的国有资本授权经营体制，出资人代表机构与国家出资企业的权责边界界定清晰，授权放权机制运行有效，国有资产监管实现制度完备、标准统一、管理规范、实时在线、精准有力，国有企业的活力、创造力、市场竞争力和风险防控能力明显增强。

从国有资本授权经营体制的改革目标来看，本书所提倡的以产权改革为基础、市场化为导向的政府社会资本运作模式符合国家整体规划，促进政府公共管理职能与国有资本出资人职能分开，依法理顺政府与国有企业的出资关系，依法确立国有企业的市场主体地位，最大限度地减少政府对市场活动的直接干预，同时我国国有资本授权经营体制的改革也为政府社会资本的资源配置提供了良好的制度配套与政策支持。《方案》指出，国有资本授权经营体制改革要坚持权责明晰、分类授权，政府授权出资人代表机构按照出资比例对国家出资企业履行出资人职责，科学界定出资人代表机构权责边界。国有企业享有完整的法人财产权和充分的经营自主权，承担国有资产保值增值责任。按照功能定位、治理能力、管理水平等企业发展实际情况，一企一策地对国有企业分类授权，做到权责对等、动态调整。这实际上对政府社会资本的出资代表——国有资本投资公司提出了更高要求。

对于国有资本投资公司，《方案》提出，国有资本投资、运营公司作为国有资本市场化运作的专业平台，以资本为纽带、以产权为基础开展国有资本运作。在所出资企业积极发展混合所有制，鼓励有条件的企业上市，引进战略投资者，提高资本流动性，放大国有资本功能。增强股权运作、价值管理等能力，通过清理退出一批、重组整合一批、创新发展一批，实现国有资本形态转换，变现后投向更需要国有资本集中的行业和领域。国有资本投资公司以对战略性核心业务控股为主，建立以战略目标和财务效益为主的管控模式，重点关注所出资企业执行公司战略和资本回报状况。

2018 年《国务院关于推进国有资本投资、运营公司改革试点的实施意见》指出，按照国有资产监管机构授予出资人职责和政府直接授予出资人职责两种模式开展国有资本投资、运营公司试点。其授权模式存在两种：一是国有资产监管机构授权模式。政府授权国有资产监管机构依法对国有资本投资、运营公司履行出资人职责；国有资产监管机构根据国有资本投资、运营公司具体定位和实际情况，按照“一企一策”原则，授权国有资本投资、运营公司履行出资人职责，制定监管清单和责任清单，明确对国有资本投资、运营公司的监管内容和方式，依法落实国有资本投资、运营公司董事会职权。国有资本投资、运营公司对授权范围内的国有资本履行出资人职责。国有资产监管机构负责对国有资本投资、运营公司进行考核和评价，并定期向本级人民政府报告，重点说明所监管国有资本投资、运营公司贯彻国家战略目标、国有资产保值增值等情况。二是政府直接授权模式。政府直接授权国有资本投资、运营公司对授权范围内的国有资本履行出资人职责。国有资本投资、运营公司根据授权自主开展国有资本运作，贯彻落实国家战略和政策目标，定期向政府报告年度工作情况，重大事项及时报告。政府直接对国有资本投资、运营公司进行考核和评价等。

因此，对于政府社会资本的授权经营，存在三种情况：

一是由本级政府直接授权国有资本投资公司运作。仍以数据为例，当本级政府大数据管理局将各个部门所掌握的数据资源集中整合、进行标准化处理后，由本级政府直接授权于国有资本投资公司进行商业化运作。国有资本投资公司在得到授权后，贯彻落实本级政府的战略和政策目标，定期向政府报告年度工作情况，并与主管部门及时沟通重大事项。政府社会资本的投资运营及考核情况由本级政府直接完成。该模式的优点是由本级政府直接与国有资本投资公司对接，减少管理层级与决策链条，使重大政府社会资本的运营管理能够更为及时有效，更有利于贯彻政府意图。

二是由国资委授权国有资本投资公司运作。当采用本级国资委授权国有资本投资公司时，实际上经历了两次授权：一是在本级政府协调下由其他政府部门向国资委授权，二是由国资委向国有资本投资公司授权。该种模式与当前我国国有资本管理体制较为相近，政府授权国有资产监管机构（国资委）依法对国有资本投资、运营公司履行出资人职责，由国资委根据实际情况按照“一企一策”原则，授权国有资本投资公司履行出资人职责，并对其进行考核评价。此时，由国资委定期向本级人民政府报告政府社会资本投资运营情况。该模式的优点是在国有资本投资公司与本级政府之间形成以国资委为核心的“缓冲带”，从而最大程度减少政府干预空间，与当前现有的国有资本管理体制能够完美结合。

三是由上级政府委托本级政府进行运作。政府社会资本在运作过程中还存在一种可能，即其占有权、收益权、使用权与处分权由上级政府掌握，或由上级政府与本级政府共同掌握，从而由上级政府委托本级政府运作。相较于上述两种模式，该种模式最为复杂，在实践中应平衡好下列关系：一是两级政府间的使用权、收益权划分，对于政府社会资本的用途、管理、收益等问题提前约定，从而防止代理问题与利益冲突；二是确保政府社会资本的配置方向既能够符合上级政府区域战略，又能够符合本级政府战略，发挥上级政府的资源调度能力和本级政府对市场的熟悉和了解程度的双重优势。

三、政府社会资本的可持续性投资

企业是由内部利益相关者通过集体选择所达成的一种动态均衡状态，始终处于动态变化之中是所有企业的基本性质，所有权主体和企业治理结构的变化均会导致企业契约均衡状态的动态变化（王竹泉、杜媛，2012）。政府社会资本与其他资本一样，需要动态管理，实现政府社会资本的动态管理和可持续性投资是市场化运作的关键。当已经投入企业的政府社会资本回报率不高、未能贯彻政府经济意图，或者区域经济与产业战略变化时，使得政府能够从企业中“抽回”政府社会资本并重新组合，以便再次投入其他地区、产业和企业。

一是政府社会资本的永久性转让。仍旧以某地区居民纳税行为数据为例，当政府判断其没有泄露个人隐私的风险隐患、可以在市场持续流通，政府可以与企业达成交易契约，以双方约定的价格实现数据资源的永久性转让。

二是政府社会资本的退出机制。区别于其他普遍意义上的投资者，在签订投资契约时就政府社会资本的投入时间与退出机制专门作出约定，例如约定政府社会资本投资期限，或约定只有当企业在预定的时间达到某种指标任务（如营业规模、雇员水平、研发投入等）后才能续投，以“对赌协议”等形式约束双方行为。对于物质性的政府社会资本来讲，例如财政补贴、研发补助等，其从企业资本配置与生产经营来看不可替代性程度最低，政府退出企业契约关系可以采用市场转让、内部转让或直接减资等三种方式中的任何一种或几种组合方式，并不会对企业未来的价值创造产生较大的负面影响，只是企业资本结构和规模发生了变动而已。对于一些关键生产要素，例如互联网企业所需的关键数据、创业企业所需的关键政策，一旦政府退出，企业原有的价值创造机制也就遭到破坏，也就不存在未来现金流，因而也无法采用现金流折现的方式评估它们的价值。此时，只能按照政府退出日企业的账面价值由政府和其他资本投资者根据政府股权比例、未来价值创造减损程度等因素协商谈判解决，甚至需要政府弥补企业其他股东的价值损失。

三是政府社会资本的再组合与再投入。当政府社会资本由国有资本投资公司重新收回后，经过重新评估与组合，可以再次投向市场。政府社会资本的投入和动态管理与政府公共管理目标和经济增长目标相契合，在政府社会资本的重新组合与再投入过程中与区域经济规划、产业规划相结合，从而不断提升经济增长的可持续性和政府社会资本的绩效管理水平。在此过程中，应当将政府社会资本的原有存量部分、新增的增量部分和整体经济规划建设相结合，开辟新的投资领域，做好资本增量管理，既能够体现政府社会资本的效率和回报水平，也能够更好地和地区经济发展规划相匹配，从而实现政府资源配置与经济可持续发展相适应。

第七章　政府社会资本参与的企业混合所有制改革

企业是资源配置的社会建构。政府和市场在资源配置中作用的不同既是区分不同经济体制的核心标志，而且也必然给资源配置所建构的企业打上清晰的社会制度的烙印，从而彰显出不同经济体制下企业制度的鲜明特色。党的十八届三中全会《关于全面深化改革若干重大问题的决定》提出，要推动国有企业完善现代企业制度，积极发展混合所有制经济，并指出“国有资本、集体资本、非公有资本等交叉持股、相互融合的混合所有制经济，是基本经济制度的重要实现形式”。2015 年 9 月，国务院发布了《关于国有企业发展混合所有制经济的意见》，提出“分类推进国有企业混合所有制改革”。但是，受国有企业改革理论依据是“产权论”还是“超产权论”分歧的影响，人们对混合所有制改革的理论依据仍存在颇多困惑和分歧。企业混合所有制的内涵是什么？其本质和作用机理是怎样的？其应用范围如何？作为一种企业制度，中国的企业混合所有制有何特色？本章试图引入政府社会资本，对企业混合所有制改革的内涵、本质、作用机理以及中国特色进行全新阐释，为中国特色企业理论和企业制度话语体系构建提供核心支撑。

第一节　混合所有制的解读与认识误区

一、国外对混合所有制的解读

无论是作为思想理论研究，还是作为一种社会实践，混合所有制均最早出现在西方社会，它是在资源配置中“看得见的手”和“看不见的手”的争议过程中产生、发展和演变的。由于资源配置有宏观层次和微观层次之分，混合所有制也有宏观层次的混合所有制经济和微观层次的企业混合所有制之分。

从宏观层次的混合所有制经济来看，1929—1933 年的世界经济大萧条使以“政府干预理论”为代表的凯恩斯主义登上了历史舞台。Keynes（1936）指出“挽救资本主义制度的切实办法就是扩大政府职能，让国家权威和私人策动力合作”。瑞典学派 20 世纪 60 年代初提出了“混合经济理论”。World Bank（1997）的报告认为：“政府对一国经济和社会发展以及这种发展能否将持续下去有举足轻重的作用。在追求集体目标上，政府对变革的影响、推动和调节方面的潜力是无可比拟的。当这种能力得到良好发挥，该国经济便蒸蒸日上，但是若情况相反，则发展便是止步不前。”Newman（2001）认为，从所有制的构成来看，存在着传统型混合经济到新混合经济的转变。传统的混合经济是第一次国有化浪潮下产生的，其过分强调政府管制，忽略了市场的作用。新混合经济是针对西欧私有化改革后经济调整时期的一种经济状态，认为政府对市场不是起支配作用，而是要起调节、补充和润滑的作用。陈池（2007）分析了英国的混合经济模式运行中的四种混合制度，即混合型产权制度，混合型自由企业制度、混合型资源配置机制和普惠型福利制度。

从微观层次的企业混合所有制来看，Boardman 和 Vining（1989），Shirley 和 Walsh（2000）的研究表明，混合所有制公司的盈利和生产率水平明显不如私有公司。而 Backs（2001）对全球混合所有制航空企业的研究结果显示，混合所有制航空公司的业绩指标高于国有航空公司而低于私有航空公司。Gupta（2005）研究了“黄金股”模式的作用，认为政府通过直接和间接手段掌控混合所有制企业，其最常见的手段是采用“黄金股”模式，即确保一些提供公共服务的、有重点设施以及具有战略意义的国有企业在转为私营后能直接或间接受到政府的掌控，也就是说政府既要确保企业充分自由市场制度，也要确保政府有效监督管制。新西兰在2012年通过了混合所有制模式（The Mixed Ownership Model）议案，允许在国家保持控股地位的前提下，对国内的5家国有企业进行改革，包括4家能源企业和1家航空企业，新法将这些国有企业引入一个全新的所有制模式，即混合所有制模式。Crosland（2013）认为，西欧的私有化运动最普遍的做法是部分私有化，也就是说出售国有企业的部分股份，从而形成混合所有制的股份公司。

二、国内对混合所有制的解读

改革开放以来，国内学界对混合所有制的研究与党和国家的经济体制改革政策交相呼应。董辅礽（1979）对传统所有制理论中全民所有制只能有“国家所有制”一种形式进行了反思，开启了我国学者对所有制理论研究的先河。之后，学界关于马克思主义所有制理论的研究大致可以分为三种取向：一是反思马克思主义所有制经典理论并尝试作出新阐释，如：于光远（1994）、王成稼（2007）、卫兴华（2008）等；二是重新澄清和阐明马克思主义所有制理论的基本观点和立场原则，吴宣恭（2013）、周新城（2018）等；三是结合我国所有制领域改革对马克思主义所有制理论作时代化理解，如刘国光（2011）、顾钰民（2012）、程恩富等（2015）等（包炜杰、周文，2019）。

党的十五大报告（1997）首次明确“公有制为主体、多种所有制经济共同发展，是我国社会主义初级阶段的一项基本经济制度”，对社会主义基本经济制度进行了初步界定。党的十八届三中全会强调，公有制为主体、多种所有制经济共同发展的基本经济制度，是中国特色社会主义制度的重要支柱，也是社会主义市场经济体制的根基。大量学者如刘伟（2015）、季晓南（2019）等从宏观与微观两个层面剖析混合所有制经济，宏观层面在于表述国家经济结构中公有制经济与非公有制经济的构成和比重，微观层面则表现为企业内部公有资本与非公有资本的构成和比重。刘伟（2015）认为，混合所有制经济包含两个方面的含义：一方面，是就整个国民经济总体而言的所有制结构及由此决定的社会经济基础；另一方面，则是就企业个体而言的产权结构及相应的企业（公司）治理结构。前者决定社会经济制度的性质和根本特性，后者则决定企业主体的产权归属及利益、责任、风险的制度安排。也有观点认为，社会主义基本经济制度的公有制主体地位和私营、外资、个体经济的非主体地位，在性质上和数量上都有清晰界定，不存在所谓“宏观层面的混合所有制经济”（项启源、何干强，2014），混合所有制应该专指微观层面的公私资本交叉持股的股份制度

（卫兴华，2015），是一种高效的资本组织形式（李明星、吕汉阳，2019）。

党的十九届四中全会再次强调，公有制为主体、多种所有制经济共同发展的所有制是基本经济制度的核心，必须毫不动摇地巩固和发展公有制经济，大力发展各种所有制经济交叉持股的混合所有制经济，探索公有制的多种实现形式。毫无疑问，我国关于所有制及其实现形式的不断探索为中国特色社会主义基本经济制度的形成奠定了坚实基础。

从微观层次的企业混合所有制来看，厉以宁（1987）首次提出所有权多元化不仅是指社会主义社会中可以存在多种所有制，包括公有制，也包括非公有制，而且企业生产资料所有权也可以不是单一的，而是由全民、集体和个体按照多种方式交叉、渗透而形成的混合性质的。刘烈龙（1995）将我国混合所有制经济进行形态上的规范后，大致将其划分为 5 种基本形式：社会混合所有制、企业内生产资料混合所有制、企业内剩余混合所有制、企业内经营者与所有者混合所有制以及公有制与个人所有制高度统一的混合所有制；李正图（2005）认为，混合所有制企业的现实生产力是各相关利益者的生产要素综合的结果；葛扬、林乐芬（2008）认为，企业层面的混合经济的边界是动态的，因此，混合经济的边界便会由一定经济条件下的均衡状态所确定。张文魁（2010）认为，企业从非混合所有制转变为混合所有制有利于其经营绩效的提升。宋志平（2013）认为，从企业角度而言，混合所有制可以通过扩大投资来源使企业的规模扩大、风险分散，有效地实现资本的社会化和资源的有效配置，对资本的所有制关系起到优化作用，从而促进了两权分离并大幅提高企业和资本的运作效率。顾钰民（2014）根据马克思的企业理论，通过分析企业制度的发展，来阐述混合所有制经济产生的一般规律，认为企业制度经历了从简单协作到工场手工业制度，再到工厂制度以及公司制度的演变，其中公司制度的基本产权特征是混合所有制。魏杰等（2014）对混合所有制经济的产权安排作出了三个维度的系统分析：一是不同经济成分混合的社会形态；二是不同经济成分与不同投资主体混合的企业形态；三是不同投资主体混合的社会形态。贾康（2014）全面分析了 PPP 模式的正面效应，认为这种机制与混合所有制有着天然的内在连接。何自力（2014）认为混合所有制是指不同所有制成分在企业内部以资本为纽带结合而形成的所有制形态。綦好东等（2017）指出，混合所有制经济，在宏观上体现为一个国家或地区不同所有制成分共存的经济形态，在微观上则表现为由不同性质产权主体构成的企业经济形式。

三、混合所有制的认识误区

综观国内外对混合所有制的解读，不难看出，人们对混合所有制的认识还不够统一，存在以下三方面的认识误区：

（一）将混合所有制经济和企业混合所有制混为一谈

1978 年改革开放以来，邓小平提出了“坚持公有制为主体、多种所有制经济共同发展的社会主义初级阶段的基本经济制度”。党的十一届六中全会提出，国有经济和集体经济是我国基本的经济形式，一定范围的劳动个体经济是公有制经济的必要补充。党的十二大报告充分肯定了非公有经济的积极作用，认为非公有经济和外商投资的发展都是公有制经济必要的、有益的补充。党的十三大报告指出：私营经济“是公有制经济必要的和有益的补充”，“中外合资企业、合作经济和外商独资企业，也是我国社会主义经济必要的和有益的补充”。邓小平南方讲话提出了“社会主义市场经济理论”。党的十四大报告强调要“以公有制包括全民所有制和集体所有制经济为主体，个体经济、私营经济、外资经济为补充，多种经济成分长期共同发展”。党的十四届三中全会通过的《中共中央关于建立社会主义市场经济体制若干问题的决定》指出：“建立社会主义市场经济体制，就是要使市场在国家宏观调控下对资源配置起基础性作用”，并强调“必须坚持以公有制为主体、多种经济成分共同发展的方针”。党的十五大报告提出：“公有制为主体，多种所有制共同发展，是我国社会主义初级阶段的一项基本经济制度”，“非公有制经济是我国社会主义市场经济的重要组成部分”。党的十五届四中全会提出大力发展股份制和混合所有制经济。在这一阶段，由于不断推动经济制度由纯一色的公有制经济向多种经济成分并存的混合所有制经济发展，并将非公有制经济从改革开放早期的“拾遗补阙”地位提升到“公有制经济的补充”的地位，使得我国的社会生产力实现了前所未有的大解放，国民经济实现了高速增长，连续若干年 GDP 增速超过 10%，社会财富大量增加，彻底结束了短缺经济时代，人民的生活得到了极大的改善。

但是，进入 21 世纪以后，在整个国民经济快速发展的同时，国有资本所在的领域又出现了向“一股独大、过大”发展的趋势，公有成分迅速增长，企业效率严重下降。财政部《关于我国国有企业十年发展的报告》显示，从 2001 年到 2010 年，全国国有企业净资产收益率平均为 5.4%，其中中央企业为 7.2%，比外商投资企业平均值低 3.3 个百分点①。

中华人民共和国经济发展走过的曲折道路一再证明：只要搞“一大二公、纯而又纯”的公有制，经济发展就会受到阻碍甚至倒退，只要重视非公有经济与公有制经济的共同发展，国有企业的活力就会焕发，国民经济就会实现快速增长。党的十八届三中全会通过的《中共中央关于全面深化改革若干重大问题的决定》总结了我国国民经济发展和国有企业改革的历史，提出要“积极发展混合所有制经济”，并提出“国有资本、集体资本、非公有资本等交叉持股、相互融合的混合所有制经济，是基本经济制度的重要实现形式”的重要论断，这显然是顺应历史规律的科学选择。

由此可见，我国从 1993 年提出《中共中央关于建立社会主义市场经济体制若干问题的决定》到 2013 年《中共中央关于全面深化改革若干重大问题的决定》明确提出“积极发展混合所有制经济。混合所有制经济是基本经济制度的重要实现形式”，这既是我国对我国改革开放成功经验的概括总结，更是遵循客观经济规律的理性选择。但是，混合所有制经济与企业混合所有制改革并非一回事。前者是属于宏观经济体制的范畴，而后者则属于微观企业制度的范畴。

黄速建（2014）认为，混合所有制指从企业的产权结构而言，除了国家所有或集体所有的成分外，还有其他的非公有制成分，形成国有资本、集体资本和非公有资本交叉持股、相互融合的状况。显然，就整体经济结构来看，毫无疑问，我们早已进入混合所有制经济。但若按传统理论考察微观企业的所有权结构，则属于混合所有制的企业可谓是凤毛麟角。据国家统计局第四次经济普查按登记注册类型分组的企业法人单位（见表 7-1）的数据显示，截至 2018 年年底，我国内资企业法人单位数为 1834.8 万家，其中国有企业 7.2 万家，集体企业为 9.8 万家，股份合作企业 2.5 万家，联营企业 0.7 万家，有限责任公司 233.4 万家，股份有限公司 19.7 万家，私营企业 1561.4 万家。且不说股份合作企业、联营企业、有限责

① 中国民主促进会中央委员会，关于进一步深化国有企业改革的提案，http://www.mj.org.cn/lxzn/czyz/czyzjyxc_1/201312/t20131228_168144.htm。

任公司、股份有限公司中有相当数量的企业还不符合混合所有制的企业所有权结构，仅国有企业和私营企业等明显不符合混合所有制企业所有权结构的企业比例就高达 85.5%。即使所有的国有企业都实行了企业混合所有制改革，其所占所有内资企业法人数量的比例也不过是 0.39%。

表 7-1　　按登记注册类型分组的企业法人单位

	单位数（万家）	比重（%）
合计	1857.0	100.0
内资企业	1834.8	98.8
国有企业	7.2	0.4
集体企业	9.8	0.5
股份合作企业	2.5	0.1
联营企业	0.7	0.0
有限责任公司	233.4	12.6
股份有限公司	19.7	1.1
私营企业	1561.4	84.1
其他企业	0.1	0.0
港、澳、台商投资企业	11.9	0.6
外商投资企业	10.3	0.6

资料来源：第四次全国经济普查公报（第二号）——单位基本情况。

国家发展改革委 2019 年 5 月宣布，在已经推出的 3 批 50 家重要领域的混改试点基础上，推出了国有企业混合所有制改革第 4 批试点名单。第 4 批试点企业共 160 家，其中，中央企业系统 107 家，地方企业 53 家。自 2013 年党的十八届三中全会明确提出加强混合所有制改革到 2015 年 9 月《国务院关于国有企业发展混合所有制经济的意见》发布，再到第 4 批混合所有制改革试点企业的确定，5 年多时间过去了，国有企业混合所有制改革尚基本处于探索阶段。与此同时，党的十八届三中、四中、五中全会推出了一系列非公有制经济企业市场准入、平等发展的改革举措，形成了鼓励、支持、引导非公有制经济发展的政策体系，但是，由于一些原因，这些政策的配套措施还不是很实，政策落地效果还不是很好。因此，如何在微观企业层面认识混合所有制是关系到混合所有制改革方向、应用范围和改革成效的关键问题，切忌将混合所有制经济的发展状况与企业混合所有制改革的发展状况混为一谈。从全社会的角度来看，混合所有制经济就是要实现公有经济与非公有经济的共同发展，其方向是十分明确的，相关的政策也便于统一，而就具体竞争性国有企业的混合所有制来说，情况则千变万化，很难整齐划一，必须在进一步分类的基础上实施分类改革。

（二）主要是从不同产权性质资本混合的角度对企业混合所有制进行研究，鲜见从不同形态资本的角度对企业混合所有制的研究

对于企业混合所有制，大部分研究是将企业混合所有制界定为不同产权性质的资本的混合，并从产权激励、股权制衡以及优势互补等方面阐释企业混合所有制的作用机理，因此，其研究的焦点集中在混合所有制企业的性质、不同性质所有权之间的比例关系以及具体实施方式方面，而鲜有从异质性资本配置的视角探讨企业混合所有制的研究。

如前所述，每家企业都离不开物质资本、智力资本和社会资本。但是，现有研究却忽视了一个最为关键的问题，就是每一家企业其实都是这三种资本形态的结合体，而不是表面上所表现出来仅是其中一种形态的资本独享所有权或两种形态资本的所有者共享所有权。王竹泉（2016）指出，多种形态资本的所有者共同享有企业所有权才是企业混合所有制的真正要义，仅把企业混合所有制理解为国有资本和民营资本的混合是片面的，会严重制约企业混合所有制改革的应用范围。企业混合所有制改革的本质是利益相关者资本管理。

（三）将企业建构过程中政府投入的土地、知识、数据等政府社会资本与政府公共产品相混淆

在企业建构的资源配置中，政府投入的并非仅是国有企业中的国有资本。为促进地方经济发展、招商引资，中国很多地方政府都为企业提供了特殊的土地使用权、知识、数据以及专项政策等支持，这些要素为企业的经营发展作出了重要的贡献，但很多情况下却被视为公共产品而无偿提供。

党的十九届四中全会《决定》提出“健全劳动、资本、土地、知识、技术、管理、数据等生产要素由市场评价贡献、按贡献决定报酬的机制”，其中，土地、知识、数据等生产要素参与分配均为首次提出，而且在这些资源的提供中，政府作用可能更为突出。如何使政府提供的土地、知识、数据等生产要素也平等地由市场评价贡献、按贡献决定报酬，将是健全社会主义基本经济制度需要解决的重大课题。但是，不论是公共管理理论，还是企业理论，目前都未认可政府作为政府社会资本出资者的身份，而是将政府作为超然存在于企业组织之外的公共管理者。因此，将政府作为具有社会公共管理权和政府社会资本所有权双重权力的主体并将政府作为每一家企业的政府社会资本投资者纳入企业制度的分析框架之内，从而创新企业混合所有制将是中国特色企业制度的突破口。

第二节　异质性资本禀赋与企业混合所有制的普遍性

一、企业的本质是异质性资本禀赋的利益相关者的集体选择

如前所述，当前企业理论和政企关系理论将政府作为以提供公共产品、满足社会公共利益为目标的超然主体，忽视了政府自身的经济利益追求和政府在每一家企业中投入的政府社会资本的存在。如果将具有政府社会资本禀赋的政府纳入企业制度的分析框架，则每一家企业都是一个“具有异质性资本禀赋的利益相关者的集体选择”，政府凭借其在每一家企业中所实际投入的政府社会资本参与了每一家企业的利益相关者的集体选择。

政府参与企业的集体选择并非是一种被动的选择。政府可以选择是否接受其他资本所有者提出的集体选择，其他资本的所有者同样可以选择与什么样的政府一起进行集体选择。因此，按利益相关者集体选择企业理论，每一家企业都是一个混合所有制的组织，是由投入政府社会资本的政府和其他资本投资者组成的一种集体选择。混合所有制是所有企业的共同特征。即使传统意义上的独资企业，也是一个由政府和业主共享企业所有权的混合所有制的组织，世界上并不存在一家纯粹意义上的独资企业。传统意义上的国有独资企业则是拥有政府

社会资本所有权的政府投入的政府社会资本和物质资本的混合。

因此，每一家企业都是一个多种形态资本的结合体，企业的创立或重组就是政府和其他形态资本的所有者将多种形态的资本进行融合或重新组合从而形成企业自有资本的过程，多种形态资本的所有者共同享有企业所有权才是企业混合所有制的真正要义。企业的本质是异质性资本禀赋的利益相关者的集体选择，参与集体选择的利益相关者成为企业所有者，确定了企业所有权的边界和企业的目标。政府在每一家企业成立时都投入了其他私人资本提供者难以取代的政府社会资本，因而应该是每一家企业集体选择的天然参与者。与其他资本提供者获得所有权一样，政府也应凭借所提供的政府社会资本享有企业的所有权。每家企业都是政府提供的政府社会资本和其他资本提供者提供的其他形态资本混合的产物，其本质是"政府作为政府社会资本的投资者与其他形态资本所有者的集体选择，反映的是企业异质性资本混合中的政府与市场的关系"。

二、混合所有制是所有企业的共同特征

企业不是天生就存在的，而是后天产生的，是人为构建的结果。从资源配置视角看待企业，具有普适性。不管是哪个国家，企业建构的资源配置过程中都既有市场的参与，也有政府的参与，所不同的是政府参与的程度具有差异，这也是每一家企业具有自己的个性化特征的基础。

如同世界上没有完全相同的两个人一样，世界上也不存在两家完全相同的企业，每一家企业都具有自己的特征。但是，如果不承认政府作为政府社会资本投入者在企业中享有的所有权，我们可能无法辨识同一个投资者甲在A、B两个不同的国家或地区投入相同的货币资金分别组建的两家企业的差异何在。在不考虑政府作为政府社会资本投入者享有所有权的情况下，这两家企业是没有差别的。但是，在考虑了政府作为政府社会资本投入者享有所有权的情况下，这是两个完全不同的集体选择：在A国或地区设立的企业是投资者甲与A国或地区政府的集体选择，该企业是由投资者甲与A国或地区政府共享所有权的组织；而在B国或地区设立的企业是投资者甲与B国或地区政府的集体选择，该企业是由投资者甲与B国或地区政府共享所有权的组织。由此可见，不仅每一家企业都是一家混合所有制的企业，而且每一家企业的混合所有制又都具有自己的特性。这种特性是由企业所有者的构成及其投入的资本决定的，政府作为向每一家企业投入政府社会资本的主体，理所应当成为企业的所有者之一。混合所有制不应是简单的国有、民营不同性质资本的混合，其本质是不同形态资本（物质资本、智力资本和社会资本等）的混合。由于每一家企业中都有政府所提供的政府社会资本，因此，每家企业都是政府提供的政府社会资本和其他资本提供者提供的其他形态资本混合的产物。从这个意义上来说，混合所有制是所有企业的普遍形式，反映的是企业异质性资本混合中的政府与市场的关系。中国特色社会主义市场经济制度的微观基础是中国特色混合所有制企业制度。

由此可见，不仅每一家企业都是一家混合所有制的企业，而且每一家企业的混合所有制又都具有自己的个性，这种个性是由企业所有者的构成及其投入的资本决定的。企业混合所有制是不同形态资本所有者达成一项企业契约或重新达成一项新的企业契约的集体选择，企业混合所有制改革的本质是利益相关者资本管理。

需要指出的是，目前我国虽然国有企业众多，但是政府在国有企业的所有权却并非以政

府在企业中投入的政府社会资本来界定，而仍然以企业中物质资本的提供者是政府（包括中央政府或地方政府）来界定。如果政府没有在一家企业中投入有形的物质资本，政府就不会成为现实中企业的所有者。因此，深化企业混合所有制改革应充分利用政府社会资本参与的广泛性和普遍性的特征，以政府社会资本参与的企业混合所有制为突破口，将企业混合所有制真正发展成为基本经济制度的重要实现形式。

第三节 政府社会资本参与的企业混合所有制改革路径

一、现行的企业混合所有制改革政策与路径

2013 年，党的十八届三中全会通过的《中共中央关于全面深化改革若干重大问题的决定》指出："允许更多国有经济和其他所有制经济发展成为混合所有制经济。国有资本投资项目允许非国有资本参股。允许混合所有制经济实行企业员工持股，形成资本所有者和劳动者利益共同体。"这标志着混合所有制改革在我国的全面启动。

此后，国有企业混合所有制改革进程大大加速，2015 年国务院政府工作报告将混合所有制经济由此前的"加快发展"改成了"有序实施"。2015 年 9 月，国务院发布的《关于国有企业发展混合所有制经济的意见》提出"政府引导，市场运作""完善制度，保护产权""严格程序，规范操作""宜改则改，稳妥推进"四项基本原则；国家发展和改革委员会颁布的《关于鼓励和规范国有企业投资项目引入非国有资本的指导意见》指出，在国有企业投资项目引入非国有资本时，要完善引资方式，规范决策程序，防止暗箱操作和国有资产流失。这一转折，使得我国国有企业混合所有制改革的步伐更加规范、稳健。

2016 年出台的《关于国有控股混合所有制企业开展员工持股试点的意见》（以下简称《意见》）允许符合下列条件的企业开展员工持股试点，为企业混合所有制改革提供了新的路径。试点企业条件是：（1）主业处于充分竞争行业和领域的商业类企业。（2）股权结构合理，非公有资本股东所持股份应达到一定比例，公司董事会中有非公有资本股东推荐的董事。（3）公司治理结构健全，建立市场化的劳动人事分配制度和业绩考核评价体系，形成管理人员能上能下、员工能进能出、收入能增能减的市场化机制。（4）营业收入和利润 90% 以上来源于所在企业集团外部市场。该《意见》要求对员工的人力资本的引入"坚持增量引入，利益绑定"，即主要采取增资扩股、出资新设方式开展员工持股，并保证国有资本处于控股地位。该意见优先支持人才资本和技术要素贡献占比较高的转制科研院所、高新技术企业、科技服务型企业（以下统称"科技型企业"）开展员工持股试点。中央企业二级（含）以上企业以及各省、自治区、直辖市及计划单列市和新疆生产建设兵团所属一级企业原则上暂不开展员工持股试点。

2019 年，国资委印发的《中央企业混合所有制改革操作指引》指出，混合所有制改革要按照完善治理、强化激励、突出主业、提高效率的要求推进。具体要求为：制订方案过程中，要科学设计混合所有制企业股权结构，充分向非公有资本释放股权，尽可能使非公有资本能够派出董事或监事；注重保障企业职工对混合所有制改革的知情权和参与权，涉及职工切身利益的要做好评估工作，职工安置方案应经职工大会或者职工代表大会审议通过。显

然，企业混合所有制改革不是单纯的为混而混，而是产业链中产业节点、市场化经营机制、不同资源禀赋的混合，切忌一窝蜂、定比例，要发挥市场配置资源的作用，绝不能用行政手段取代市场。

从现行的政策来看，企业混合所有制改革主要是面向国有企业，改革的路径主要是引入非公有资本，充分向非公有资本释放股权，并在符合条件的企业中积极探索员工持股试点，在增量引入智力资本的同时，优化混合所有制企业的股权结构和资本结构。但是，通过国有土地使用权、政府数据、政府特许权、政府专项资助等的市场化实现更大范围（不限于国有企业）、更多形态资本参与（不仅有物质资本、智力资本参与，而且有社会资本的参与）的企业混合所有制改革尚未引起政府有关部门的重视。

二、2013 年以来的企业混合所有制改革进展及基本现状

根据中央企业产权登记数据显示，近年来混合所有制企业户数呈上升趋势。2013—2016年，中央企业及各级子企业中混合所有制企业户数占比由 65.7% 提高至 68.9%，2017 年增加超 700 户后，占比为 69%，同年省属企业占比为 56%。不过，中央企业、省属企业等的集团公司几乎都是国有独资企业（整体上市的除外）。因此目前开展的企业混合所有制改革试点主要是在国有集团公司以外的国有非上市公司进行。2016—2019 年，国家发展改革委共公布了 4 批混合所有制改革试点企业名单，总计 210 家。

从国有上市公司的股权结构（如表 7－2 所示）来看，国有上市公司第一大股东从 2003 年的平均 45.12% 下降到 2018 年的 38.17%，下降了 6.95%。其中下降幅度最大的是 2006 年度，下降了 4.86%，这主要是股权分置改革中国有股对非国有流通股的补偿导致的。随后第一大股东持股比例总体稳定。区分市场竞争类和非市场竞争类企业来看，尽管非市场竞争类行业第一大股东的持股比例较市场竞争类而言高出约 4—8 个百分点，但其变化趋势基本一致。区分第一大股东层级来看，无论股东是中央、省级还是市级政府控制的企业，第一大股东持股比例其变化趋势基本一致；相对而言，中央企业和省属企业控股的上市公司，第一大股东持股比例下降更多。

表 7－2　国有上市公司第一大股东和前十大股东持股比例变化（%）

年份	第一大股东						前十大股东					
	全部公司	分类		分层			全部公司	分类		分层		
		市场竞争类	非市场竞争类	市级	省级	中央		市场竞争类	非市场竞争类	市级	省级	中央
2003	45.12	43.25	48.13	41.60	47.58	46.75	51.73	49.19	55.78	27.95	20.71	28.67
2004	45.51	43.64	48.44	43.08	48.07	46.55	52.36	49.77	56.38	30.77	26.58	22.97
2005	44.11	42.54	46.53	41.84	46.19	45.36	51.87	49.58	55.37	30.12	26.41	23.47
2006	39.25	37.16	42.29	35.85	41.81	40.37	47.33	44.70	51.16	24.74	24.73	21.88
2007	38.82	35.86	43.00	34.20	41.50	41.17	46.97	43.49	51.84	25.01	24.69	21.75
2008	38.86	35.61	43.23	34.57	41.78	40.77	47.01	43.58	51.60	25.02	25.50	22.28
2009	39.50	36.31	43.85	35.13	41.88	41.10	47.89	44.31	52.76	25.33	24.05	23.28

续表

年份	第一大股东						前十大股东					
	全部公司	分类		分层			全部公司	分类		分层		
		市场竞争类	非市场竞争类	市级	省级	中央		市场竞争类	非市场竞争类	市级	省级	中央
2010	39.37	35.97	44.27	34.46	42.41	40.44	48.01	44.76	52.67	24.28	23.34	22.73
2011	39.25	35.91	44.03	33.63	42.62	40.28	47.74	44.25	52.71	23.08	23.95	22.05
2012	39.85	36.72	44.26	34.96	42.53	40.79	48.38	45.01	53.09	24.57	23.87	22.09
2013	39.78	36.52	44.25	35.35	42.57	40.38	48.46	45.09	53.07	25.27	24.79	22.87
2014	39.55	36.37	43.89	34.80	42.73	39.98	48.24	44.62	53.18	25.93	25.16	21.30
2015	39.02	35.69	43.60	35.35	41.80	39.27	48.87	45.34	53.72	26.17	24.18	22.08
2016	38.46	35.09	43.05	35.37	40.65	39.04	48.93	45.14	54.09	26.00	24.55	22.73
2017	38.32	35.01	43.09	35.92	39.95	39.31	48.72	44.63	54.62	24.88	25.58	23.55
2018	38.17	34.99	42.99	36.03	39.97	38.85	48.70	44.69	54.69	26.33	26.19	23.96

从前十大股东来看，国有股股东合计持股比例从2003年的平均51.73%下降到了2018年的48.70%，下降了3.03%。同样，由于股权分置改革的影响，2006年度下降幅度最大，为4.54%，随后前十大股东中国有股股东合计持股比例总体稳定，并略有上升。从第一大股东的变化趋势可以看出，尽管第一大股东下降比例幅度较大，但减少的部分可能并没有稀释给非国有股股东，而是由其他国有企业购买，即并未发生产权性质的转移，这种股权变化属于股权分散化，而不是资本形态的多元化和不同性质资本的混合。区分市场竞争类和非市场竞争类企业来看，相对第一大股东而言，非市场竞争类企业前十大股东中国有股股东合计持股比例较市场竞争类企业而言更高，高出约6—10个百分点；并且自2006年以后，非市场竞争类企业前十大股东中国有股股东合计持股比例总体呈增长趋势。区分股东层级来看，无论股东是中央、省级还是市级政府控制的企业，前十大股东中国有股股东合计持股比例其变化趋势基本一致。

从上述数据可以看出，尽管企业混合所有制改革作为新一轮国有企业改革的重要抓手，但是，从目前来看，中央和省属集团公司的混合所有制改革尚未破冰，国有上市公司的混合所有制改革也并未有实质性的变化。相反，在电力、石油、天然气、铁路、民航、电信、军工等领域的国有股权还有所增加，试点混合所有制改革的企业数量十分有限。人们对“企业混合所有制改革”的认识还存在较大的误区，将“企业混合所有制改革”视为国有企业的专利，尚未对非国有企业的混合所有制改革给予应有的关注，更没有超越国有资本与民营资本的混合形式从根本上把握混合所有制改革的实质和精髓，企业混合所有制改革的红利远未得到充分释放。

三、企业混合所有制改革的新路径：政府社会资本引导的企业混合所有制

企业混合所有制的内涵不应局限于民营资本和国有资本之间的混合，而应是不同形态资本的混合；企业混合所有制改革的本质是不同资本形态的资本配置结构优化。企业的所有权结构是动态调整的，是企业在不同时期主动适应市场变化的主观行为；国有资本表现为国家

作为生产要素所有者在企业资产中所占份额的各项权益，是法律规定和公司治理框架内的客观存在。如前所述，政府提供的公共资本并非仅是国有企业中的国有资本。为促进地方经济发展、招商引资，中国很多地方政府都为企业提供了特殊的土地、知识、数据以及政策等的支持，这些要素为企业的经营发展作出了重要的贡献，但在很多情况下却被视为公共产品而无偿提供。随着技术、土地、数据等异质性生产要素价值不断提升，确认政府对企业中政府社会资本投入的所有权，积极探索政府社会资本引导的企业混合所有制改革具有积极意义，要素市场化配置为这一创新的企业混合所有制改革路径提供了重要的契机。

要素市场化、资本化进程，能够帮助政府所掌握的多种生产要素释放活力、加速流动，以国有资本形式投入市场，既能够充分保障国家权益、防止国有资产流失，也使得各类生产要素真正能够在不同所有制企业间公平配置。党的十九届四中全会提出的“健全劳动、资本、土地、知识、技术、管理、数据等生产要素由市场评价贡献、按贡献决定报酬的机制”、2020 年公布的《中共中央　国务院关于构建更加完善的要素市场化配置体制机制的意见》和正在推行的“管资本”为主的国有资产监管体制改革，从要素科学配置上为推动企业混合所有制改革提供了理论基础和体制保障。

（一）生产要素的经营转化与授权经营

除传统意义上的物质资本以外，政府基于政权在社会日常事务管理过程中积累了大量信息、数据、信用、商誉、技术、人力等不同类型的资源，同时向市场投放了大量不同类型的补助，如财政补贴、税收优惠等，是当前企业生产经营必不可少的生产要素。这些异质性生产要素由发展改革委、财政、市场监管、科技、人社、国资、自然资源等不同部门掌握。从另一个角度讲，企业审批流程烦琐、需要多个部门盖章审批，恰好说明企业生产经营需要多种不同形态的异质性资源。按照《关于构建更加完善的要素市场化配置体制机制的意见》健全要素市场化交易平台、拓展公共资源交易平台功能等要求，在全面梳理、整合各级政府和不同部门所掌握公共资源的基础上，制订方案，实现从生产要素到经营性国有资产的转化，并以授权经营形式授予国有资产管理部门运作。通过国资部门向国有资本投资、运营公司授权，以政府社会资本形式向市场投放，最终完成从生产要素到经营性国有资产再到政府社会资本的转变。

（二）政府信息数据的市场化和资本化

刘鹤（2019）指出：数据对提高生产效率具有较强的乘数作用，是最符合当今时代特征的新型生产要素。我国 80% 以上的信息数据资源掌握在各级政府部门手里，是政府未来的核心资产和社会创新要素。推动政府信息数据转化为政府社会资本并引导其他形态资本的优化配置不仅是推行要素市场化配置的重点领域，而且也是异质性资本配置的企业混合所有制改革的努力方向。

习近平总书记在中共中央政治局就实施国家大数据战略进行第二次集体学习强调，要制定数据资源确权、开放、流通、交易相关制度，完善数据产权保护制度。国务院发布的《促进大数据发展行动纲要》中明确提出，“要引导培育大数据交易市场，开展面向应用的数据交易市场试点，探索开展大数据衍生产品交易，鼓励产业链各环节的市场主体进行数据交换和交易，促进数据资源流通，建立健全数据资源交易机制和定价机制，规范交易行为等一系列健全市场发展机制的思路与举措”。

2020 年国务院发布《关于构建更加完善的要素市场化配置体制机制的意见》（以下

简称《意见》）中特别提出“加快培育数据要素市场”，要求：（1）推进政府数据开放共享；（2）提升社会数据资源价值；（3）加强数据资源整合和安全保护。在该《意见》的指导下，工信部明确提出要开展数据资产交易试点，激发工业数据市场活力：“引导和规范公共数据资源开放流动，鼓励相关单位通过共享、交换、交易等方式，提高数据资源价值创造的水平”；“构建工业大数据资产价值评估体系，研究制定公平、开放、透明的数据交易规则，加强市场监管和行业自律，开展数据资产交易试点，培育工业数据市场。”

近年来，各地方政府对推动政府信息数据市场化和大数据产业发展进行了积极的探索和实践。2016 年 1 月，贵州省通过了《贵州省大数据发展应用促进条例》，这是中国首部大数据地方法规，将大数据产业纳入法制体系，填补了中国大数据立法的空白。2016 年 2 月，国家发展改革委、工业和信息化部、中央网信办发函批复，同意贵州省建设国家大数据（贵州）综合试验区，这也是首个国家级大数据综合试验区。2017 年 7 月，《贵州省政府数据资产管理登记暂行办法》出台，对政府数据资产的范围及其登记办法进行了专门规范，为贵州省全面准确掌握政府数据资产信息、推进政府数据资产管理登记、带动全省大数据产业发展提供了制度支撑和法律依据。浙江省把打造全国大数据产业中心作为发展信息经济的重要目标，大力推动大数据发展和运用，取得了显著成效。2016 年 9 月，浙江省内唯一经省政府批准的大数据交易中心——浙江大数据交易中心正式挂牌成立。浙江大数据交易中心充分借助浙江省丰富的大数据资源和产业，培育发展大数据应用新兴商业模式和新兴业态，促进浙江构建和完善大数据产业链，建立全国领先的产业高地，带动制造业转型升级。作为智慧政府建设的先行省份，浙江省以“最多跑一次”改革为重要切入点和突破口，不断完善建设集约、服务集聚、数据集中、管理集成的统一数据平台。广东省则凭借其在基础设施、产业支撑、市场应用等方面的优势，积极探索政务数据开放和工业大数据应用。2017 年 4 月，《珠江三角洲国家大数据综合试验区建设实施方案》出台，为建设完善政务大数据库、全面提升政务数据集中度和数据质量、突破政府与社会间的数据壁垒、提升政府数据开放程度和社会化利用水平提供了行动指南。

在国家和地方政策的推动鼓励下，数据交易从概念逐步落地，部分省市和相关企业在数据定价、交易标准等方面进行了有益的探索。基于大数据交易所的交易模式是目前我国大数据交易的主流建设模式。比较典型的代表有贵阳大数据交易所、长江大数据交易所、东湖大数据交易平台等。这类交易模式主要呈现以下两个特点：一是运营上坚持“国有控股、政府指导、企业参与、市场运营”原则；二是股权模式上主要采用国资控股、管理层持股、主要数据提供方参股的混合所有制模式，该模式既保证了数据权威性，也激发了不同交易主体的积极性，扩大了参与主体范围，从而推动数据交易从“商业化”向“社会化”、从“分散化”向“平台化”、从“无序化”向“规范化”转变，将分散在各行业领域不同主体手中的数据资源汇集到统一的平台中，通过统一规范的标准体系实现不同地区、不同行业之间数据共享、对接和交换。这种模式为政府信息数据的市场化和资本化提供了良好的借鉴，各地政府部门应以此为基础加快推进以政府信息数据等政府社会资本为引导的企业混合所有制改革。在这方面，青岛市人民政府的行动方案值得推崇。《青岛市人民政府办公厅关于加快工业互联网高质量发展若干措施的通知》（青政办发〔2020〕13 号）提出：定期发布场景清单。积极推进场景清单“全市通用、全球共享”模式，列入场景清单的项目优先享受工业互联网相关扶持政策。设立工业互联网产业专项资金，建立市级工业互联网重点项目库，探索财政资金“拨改投”改革，对工业互联网重点项目按照不高于被投企业总股本的50%实行股权投资，构建财政资金激励引导产业转型发展的长效机制，更好地支持“工业互联网+产业链”集群发展。发挥政府引导基金杠杆作用，撬动社会资本发起设立100亿元规模的工业互联网基金。发挥中电信5G基金等400亿元基金群的优势，重点投向工业互联网示范项目、工业互联网平台、解决方案服务商等，以促进资本、技术和项目的加快集聚。

（三）国有企业存量土地作价入股

随着城市用地不断减少、生态约束不断增大，存量土地的高效再利用是大势所趋。一方面，国有企业占地面积大、使用效率不高，盘活存量土地对于改善国有企业经营绩效、降低杠杆水平作用显著。以土地作价出资或入股是盘活国有企业闲置土地的重要途径。早在1992年《股份制试点企业土地资产管理暂行规定》便对土地资产出资（入股）作出说明，1998年《土地管理法实施条例》明确作价出资、入股的土地有偿使用方式。近些年在各地实践中不乏“国企土地+民企资本”的成功案例：咸阳城投以土地作价入股49%、天地源公司投入人民币6.222亿元入股51%，二者共同开发咸阳高铁站项目；南京市采用国有建设用地使用权作价出资或入股，采用PPP模式与民营企业在养老服务领域合作。

土地作价入股不仅使得国有企业能够按土地要素参与利润分配，改善了国有企业经营绩效，同时为民营企业提供了宝贵的土地资源，实现双赢。

（四）政府社会资本与黄金股

目前，国内外的企业实践中出现了多种多样的特殊股权，如双重股权、黄金股、PPP等。在它们的所有权结构中，可以明显地看到对“同股同权”原则的背离，使得所有权与控制权不一致或控制权与索取权不一致。由创始股东掌握具有更高投票权的A类股票，对外发行低等投票权的B类股票以同时获得权益筹资并保留住控制权，这就形成了双重股权结构，即股票具有不同投票权能的公司股权结构。虽然我国的相关经济法律尚未许可，但实践中已有较高的需求。赴美上市的中概股公司如京东、百度、唯品会，国外的科技类公司中大多都偏好于采用双重或多重股权结构，谷歌在2014年发行了C类股份，宣告采用三重股权结构；到2015年，佩奇、布林、施密特持有的Google股票低于总股本的20%，但仍拥有近60%的投票权。2014年阿里巴巴公司的整体上市引起了香港监管机构和我国学者的争鸣。2015年下半年，香港监管机构又一次掀起是否采用双重股权结构的大讨论。2017年3月2日，Snapchat在美国纽交所上市，成为全球首家上市首发三重股权结构股票的公司。它设计了每股一权的B类股票（即双重股权结构股票中的A类股票）、每股十权的C类股票（即双重股权结构股票中的B类股票），以及无投票权的A类股票。

在当前混合所有制改革的形势下，政府如何借助其社会资本在双重股权结构下进入不同类型的国有企业，成为混改的新思路。黄金股或金股则是国外实行多年的一种特殊股权结构。金股是指一股或金额非常小的特殊股权，其持有者可以在一些重大决策上享有一票否决的特殊权利，但不享有分红权。它起源于英国20世纪80年代的国有企业私有化改革，是为国家或政府这一特殊的企业利益相关者设计的。通常用于新闻媒体业等特殊行业的企业，政府作为国家的代理人可以通过保留一股（或极少数股份）拥有在该企业某些特别重要事项上的超级投票权和终极否决权，即一票否决，如涉及政府声誉、社会舆论的重要决策，以超越市场的政府有形之手保护国家利益、为企业掌舵。持有该金股的政府并未在企业投入显性的物质资本，且未在企业享有占有权，但凭借其无形的社会资本投入获得了与占有权、控制权均不对等的企业重大事项否决权，并通过营业税、增值税、所得税等实际参与了企业的收益分配，在该制度下，占有权、索取权和控制权均不相等。英国报业企业多使用黄金股制度，如英国电信，英国帝国化学工业集团、英国通用电气公司、劳斯莱斯股份有限公司、BAE 系统公司、荷兰皇家电信集团、TNT 公司等。由于各个国家的政治环境、法律环境不同，黄金股制度的权利结构、权利主体、使用条件等具体的安排也各不相同，但在我国的混合所有制改革中，该制度也可成为某些国企改革的选择路径之一。

第四节　异质性资本配置的企业混合所有制作用机理与普适性

既然混合所有制是每一家企业的共性特征，那么推行企业混合所有制改革有何意义？其作用机理是什么？异质性资本配置的企业混合所有制是否具有普适性？

一、异质性资本配置的企业混合所有制的作用机理

在企业混合所有制改革的本质是利益相关者资本管理的认识基础上，企业混合所有制改革的意义或其提升企业价值的作用机理可以从以下两个方面来理解：

（一）通过所有权关系和优化治理结构提升企业价值

每一家企业都是由多种形态资本所有者共同享有企业所有权，不同形态资本所有者在企业中的所有权关系属于生产关系和上层建筑的范畴，因此，企业可以通过混合所有制改革优化企业治理结构，进而通过改进生产关系实现企业生产力的提升。在这个方面，企业混合所有制改革可以发挥的空间十分巨大。

物质资本、智力资本和社会资本在特定时间、特定空间都可能成为特定企业生存和发展所需要的关键资源，提供这些关键资源的利益相关者理所应当成为企业的内部利益相关者，从而享有企业所有权。但是，目前的企业所有权制度仍停留在以物质资本为主的时代，如何使智力资本、社会资本的所有者能够同样获得企业所有权是企业混合所有制改革应该重点突破的领域。

在此特别要强调的是，国内外的企业理论都将提供公共产品的政府视为一个超然主体排除在企业所有者的范畴之外，但是，每一家企业的运作都离不开政府特别是地方政府所提供的政府社会资本。从异质性资本配置的视角重新解读企业混合所有制，深入挖掘异质性资本配置中的政府与市场的关系，确认政府在每一家企业中作为政府社会资本所有者的权利和地位，进而创新企业混合所有制制度，形成解读中国特色企业制度的应用理论，对于营造合作共赢的政企关系具有重要的意义。我国的企业混合所有制改革应在这种新型企业制度和政企关系的创建中作出表率。

（二）通过资本基础和优化资本配置提升企业价值

资本规模和资本结构是决定企业生产力高低的物质基础，而每一家企业的资本都是多种形态资本所有者投入的不同形态资本的集合。作为一个由物质资本、智力资本和社会资本等多种不同形态资本构成的融合体，企业资本配置的短板限制了企业的生产效率和发展，只有多种形态资本合理配置、优势互补、协同运作，才能有效地提升企业的价值创造能力。因此，企业可以通过混合所有制改革优化资本配置，实现不同所有者的资本以及不同形态资本

的优势互补和协同运作，从而改善企业生产力的物质基础，提高企业的生产力。在这方面，应当充分发挥国有资本的信用优势、抗风险能力强等方面的优势，而民营资本则应该充分发挥其机制灵活、市场反应敏锐等优势，企业家、技术专家、员工等则应充分发挥其智力资本的优势，各地方政府则应充分发挥其所能提供的优良的基础设施、商业环境、人文环境等方面的条件和优势，让每一家企业都成为一个资本不断积聚和增值的场所。

二、异质性资本配置的企业混合所有制改革的普适性

尽管企业混合所有制改革是伴随着国有企业改革而提出的，但是，将企业混合所有制改革限定在国有企业范围显然是片面的。不论是国有企业还是民营企业，企业混合所有制改革的积极意义均是显而易见的。

党的十八届四中全会提出要“健全以公平为核心原则的产权保护制度，加强对各种所有制经济组织和自然人财产权的保护，清理有违公平的法律法规条款”。党的十八届五中全会强调要“鼓励民营企业依法进入更多领域，引入非国有资本参与国有企业改革，更好激发非公有制经济活力和创造力”。党的十九大报告进一步指出：“经济体制改革必须以完善产权制度和要素市场化配置为重点，实现产权有效激励、要素自由流动、价格反应灵活、竞争公平有序、企业优胜劣汰。”由此可见，不论是从基本经济制度重要实现形式的混合所有制经济的改革目标来看，还是从微观经济组织产权制度层面的企业混合所有制改革实施主体来看，“混合所有制改革”都并非“国有企业”“公有资本”的专利或特权，也绝非一般意义上的国有资本与民营资本的混合。

如前所述，多种形态资本的所有者共同享有企业所有权才是企业混合所有制的真正要义。企业应端正对企业混合所有制改革的认识，将企业混合所有制改革视为所有企业均可以享受的政策红利，抓住机遇，加深对企业混合所有制改革的研究，积极参与企业混合所有制改革的宏伟实践。

传统意义上的国有企业由于其只是拥有政府社会资本所有权的政府以其投入的政府社会资本和其投入的物质资本的混合，因此，存在着不同形态资本的所有者单一因而缺乏相互制约的局限，再加上政府作为所有者对利润的追逐动机不强，其弊端就会显现出来。而引入具有经营管理才能和智力的企业家、技术专家或拥有更强的追逐利润动机的民营资本的投资者，则有助于克服这类企业自身的局限，进而提高企业资本的运用效率和市场竞争力。

同样，民营企业可以通过企业混合所有制的改革克服其自身资本实力有限、抵御风险能力较弱、对政府拥有的政府社会资本的吸附力较低的局限，通过引入国有资本进而提高企业的资本实力和抗风险能力，并通过优化企业的资本结构进一步提高企业资本的运用效率和市场竞争力。在这方面，一些成功的案例可供我们借鉴。复星集团通过资本运作与国有企业合作，将民营企业的机制活力嫁接到国企资源上，创造了价值增量；泰豪科技通过跨所有制的资本组合，源源不断地补充并整合各种资源，实现了快速发展；上海胜华电缆通过不断并购重组国有电缆厂，实现低成本、高效益的跨越式发展；特锐德通过与各地政府的合作，在公共服务设施建设中既契合公司发展的需要，又保障民生和社会效益，推动技术创新和资源节约型社会的建设。

不仅如此，即使已经是多种形态资本混合所有制的企业，其仍然有进一步通过企业混合所有制改革提升企业价值的空间。这种提升企业价值的方式是根本性的，属于体制和制度创

新的范畴。每一家企业都应该积极参与混合所有制的改革，不断通过制度创新增强企业的活力，提高资本的运用效率，释放企业混合所有制改革的红利。特别是如果企业混合所有制改革能够使政府以政府社会资本提供者身份获得企业所有权的设想成为现实，则这种改革将会引起全球企业制度划时代的变革，不仅将提升我国经济的发展水平，而且将对提升全球经济的发展水平作出重要贡献。

第五节　异质性资本配置的民营企业混合所有制改革案例剖析

每一家企业都是物质资本、智力资本、社会资本这三种形态资本的结合体，企业混合所有制的内涵不应局限于国有资本与民营资本之间的混合，而应是不同形态资本的混合，是提供不同形态资本的所有者共享企业有权。企业通过混合所有制改革，调整不同形态资本以及各类资本所有者的结构，以实现资本配置结构与治理结构的优化。企业混合所有制改革的原理不仅适用于国有企业，同样也适用于民营企业。

与国有企业相比，民营企业虽然有更大的利润追求动机和更强的创新意识，但在经营资质和许可、资信等级与融资能力以及社会关系资源吸附能力上具有天然的劣势，也更难吸引优质人才。随着生产社会化分工不断细化，许多民营企业虽然凭借其某一单一的竞争优势便能得到迅速发展，但是随着企业规模的扩张和业务的拓展，企业的融资能力、经营资质和许可、社会关系资源等的不足将会成为制约其进一步发展的瓶颈。为弥补发展中的资源短板，许多民营企业运用企业混合所有制改革原理，积极寻求与拥有特定资源的资源提供者进行合作，与资源提供者达成新的企业契约，通过资本融合的方式迅速弥补自身资源缺陷，以实现企业跨越式发展。本节以中国创业板第一股“特锐德”（股票代码：300001）从公司2004年设立至今分阶段的发展过程为例，阐释异质性资本配置的民营企业混合所有制改革的机理与成效。

一、特锐德公司简介①

特锐德（全称为青岛特锐德电气股份有限公司，以下简称“特锐德”）2004年3月在青岛市崂山区注册成立，实际控制人为于德翔。2009年9月，特锐德成为创业板发审会第一家通过审核的企业，成为创业板“第一股”，并以全国第一家的身份成功登陆创业板，股票代码300001，股票名称：特锐德。特锐德自成立以来一直专注户外箱式电力设备的研发与制造，目前已经成为中国最大的户外箱式电力产品系统集成商、中国最大的箱式变压器研发生产企业。基于在户外箱式电力设备的技术积累和创新延伸，公司成功开拓了新能源汽车充电网和新能源微网两个业务板块；发挥传统箱式变压器业务的技术产品优势，以智能制造业务为创新根基，实现充电生态网和新能源微网双翼齐飞。截至2020年6月30日，特锐德在全国设立子公司108家，资产总额156.6亿元，建成了智能充电、电力电子、云平台、大数据、智能调控、无线充电、智能箱变、德国电气技术、储能技术、新能源微网等十大研发中

---

①　根据特锐德官网的企业简介和特锐德2020年半年度报告整理。

心，培养和引进了来自微软、艾默生、浪潮、电网、中兴等著名企业的多位首席科学家，带领 1100 多人的技术研发团队，取得 1200 多项技术专利。

特锐德是国家高新技术企业、国家企业技术中心，是中国电力产品技术标准的参与者和制定者、中国杰出的箱式电力产品系统集成商、电力系统集成解决方案的专家，先后承担了多项国家重点研发专项，包括：科技部“安全可控、能源互联、开放互通的智能充电网研究与应用示范”重点项目，工信部第一批制造业单项冠军培育企业、第一批绿色制造体系建设“绿色工厂”示范企业，国家绿色制造系统集成“面向新能源汽车的电能替代绿色关键技术研究及应用”项目，工信部制造业与互联网融合试点示范“以智能充电网为核心的能源管理大数据平台建设”项目、智能制造综合标准化与新模式“特锐德箱式电力设备智能工厂”专项等。公司多款产品被鉴定为“产品国际首创、技术水平世界领先”。作为青岛崛起的“新五朵金花”，特锐德立志打造中国制造的“金名片”。

特锐德旗下的青岛特来电新能源有限公司（以下简称“特来电”）是业内最先提出汽车充电生态网技术路线的公司，也是目前唯一践行的企业，其设计理念充分契合未来电动汽车规模化发展的充电需求。近几年不断通过技术和商业模式创新引领行业发展，目前已成为中国规模最大的汽车充电运营公司。特来电首创了世界领先的汽车群智能充电系统，是国内唯一实现充、放电双向流动功能的充电站，通过低谷充电、高峰卖电，引导新能源汽车用户参与电网的削峰填谷，为能源的平衡起到积极的调节作用。特来电致力于打造中国最强汽车充电网生态公司，搭建世界最强智能充电网技术架构，引领新能源汽车充电行业的发展；同时结合传统变配电、新能源发电、新能源车充电以及储能打造高效、节能的综合能源管理体系；以推进新能源产业进程为己任，创造未来更加美好的和谐绿色新生活。

二、特锐德分阶段的异质性资本配置的企业混合所有制改革透析

从 2004 年注册成立至今才短短的十几年时间，特锐德就从一家刚刚问世的民营企业迅速成长为中国最大的户外箱式电力产品系统集成商、中国最大的箱式变压器研发生产企业，同时旗下的特来电更是飞速成为中国规模最大的汽车充电运营公司，其快速发展的秘诀就是特锐德不断推进异质性资本配置的企业混合所有制改革。

（一）特锐德成立时的异质性资本配置

特锐德 2004 年 3 月 16 日在青岛市崂山区工商局领取营业执照，当时公司名称为“青岛特锐德电气有限公司”，公司控股股东青岛德锐投资有限公司 2004 年 2 月在青岛市崂山区注册成立，注册资本为 700 万元，经营范围为以自有资金对电力设备制造业投资。对于一家生产电力设备的企业来说，几百万元的注册资本显然是远远不够的。但是，青岛德锐投资有限公司和青岛特锐德电气有限公司之所以能够在青岛市崂山区注册成立，与当时青岛高新技术产业开发区管委会[①]对以于德翔为核心的技术团队的技术创新能力和智力资本的高度信赖是分不开的。成立初期，除机器设备、运输设备与办公设备外，特锐德在青岛市崂山区高科园株洲路 101 号的生产用地、厂房、办公楼等均是在青岛高新技术产业开发区管委会帮助下以

① 1991 年，青岛市委、市政府审时度势，作出了发展高科技产业的决定，1992 年于中韩镇成立青岛高科技工业园。1994 年 4 月，青岛市调整市区行政区划，青岛高科技工业园与崂山区、青岛石老人国家旅游度假区、青岛崂山风景区合为一套机构。2001 年 4 月，青岛高科技工业园更名为青岛高新技术产业开发区。

租赁方式获得的，对于刚刚开始创业的民营企业来说，政府的信任和优惠的基础设施投入的支持无疑是最为宝贵的资源，而青岛高新技术产业开发区给予区内企业的一系列特殊政策优惠也是吸引特锐德的技术团队从异地加入与青岛市地方政府集体选择的重要原因。可以这样说，如果没有青岛高新技术产业开发区管委会的信任和特殊支持，从事电力设备制造投资的德锐投资的成立可能还会大大延迟，而直接从事电力设备生产制造的特锐德就更难以如此高效率地投入实际运营。因此，特锐德的成立就是青岛高新技术产业开发区管委会以其拥有的政府社会资本与特锐德技术团队的物质资本、智力资本融合的结果。

（二）特锐德初创期的异质性资本配置

特锐德成立不到一年，2004 年 12 月，特锐德的铁路电力远动智能箱式变电站、10kV 智能箱式开关站、35kV 智能箱式变电站三种产品被认定为高新技术产品。同月，特锐德被青岛市科技局认定为省级高新技术企业。2005—2008 年，特锐德两次获得国家科技部中小企业创新基金无偿资助（第一次为 55 万元，第二次为 160 万元），多次获得青岛市科技局和青岛市崂山区科技局科技计划项目的资助，累计 500 万元，国家和地方政府的累计无偿资助高达 715 万元。这对于初创期的特锐德来说无疑是雪中送炭。2009 年 6 月，特锐德通过出让方式购买一宗工业用地的土地使用权，用于新建特锐德电气工业园。该地块位于青岛市崂山区松岭路 336 号，面积 78320.7 平方米，购置成本仅 5104.33 万元，使用期限为 50 年。如此优惠的土地使用权价格更是体现了青岛市地方政府对特锐德的特别支持。另外，作为中外合资企业和高新技术企业，特锐德还享受“两免三减半”及高新技术企业所得税优惠政策，2005 年、2006 年免征所得税，2007 年、2008 年、2009 年实际执行的所得税税率分别为 7.5%、12.5%、12.5%。

除了在高新技术企业认定、政府专项资助、土地使用权优惠出让、企业所得税减免等方面的支持或优惠政策外，青岛市地方政府更是在特锐德创业板上市方面给予了特别的政策支持。早在 2000 年酝酿推出创业板时，特锐德还没有成立。在青岛市筹备在创业板上市的企业圈中，特锐德几乎从未出现在人们的视线中。直到 2008 年 10 月，特锐德才提出拟在创业板上市，这一设想马上得到了青岛市发展改革委等的特别支持。2008 年 12 月，特锐德在青岛市的推荐下获得“国家高新技术企业”的称号。2009 年 4 月中旬，广发证券等中介机构进驻公司，2009 年 6 月 15 日，青岛市崂山区科技风险投资有限公司和天津华夏瑞特地产投资管理有限公司同特锐德签署《青岛特锐德电气股份有限公司股份认购协议》。其中，青岛市崂山区科技风险投资有限公司货币出资 1764.90 万元，以每股 5.30 元的价格认购新增股份 333 万股①；天津华夏瑞特地产投资管理有限公司货币出资 885.10 万元，以每股 5.30 元的价格认购新增股份 167 万股。2009 年 6 月 24 日，特锐德在青岛市工商行政管理局完成工商变更登记手续，取得新的企业法人营业执照，注册资本变更为 10000 万元。青岛市崂山区科技风险投资有限公司是由青岛市崂山区人民政府批准成立的国有独资有限责任公司，出资人为青岛市崂山区国有资产管理局。由此，特锐德完成公司上市前的改制重组。从 2008 年 10 月提出创业板上市到 2009 年 9 月以创业板第一股成功登陆创业板，特锐德的创业板上市仅用了 11 个月的时间，创造了创业板上市的奇迹。当然，若没有国家科技部、中国证监会

---

① 根据《境内证券市场转持部分国有股充实全国社会保障基金实施办法》，特锐德首次公开发行股票并在创业板上市后，青岛市崂山区风险投资有限公司持有的 333 万股将转持于全国社会保障基金理事会。

以及青岛市地方政府的特别支持，这一奇迹也不可能上演。

由此可见，从企业成立到成功在创业板上市，国家和地方政府的政府社会资本为特锐德的快速发展提供了强有力的支持，有效地弥补了初创期特锐德异质性资本配置的短板。特锐德则在异质性资本配置结构优化的基础上，爆发出了企业强大的生机和活力。从 2004 年公司成立到 2009 年成功上市，特锐德一直处于高速发展态势。2006 年、2007 年、2008 年和 2009 年 1—6 月公司分别实现营业收入 6961. 45 万元、12345. 66 万元、27097. 84 万元和 17802. 85 万元，分别比上年同期增长 77. 34%、119. 49% 和 134. 30%。净利润分别为 1391. 00 万元、1842. 44 万元、6119. 22 万元和 3886. 43 万元，分别比上年同期增长 32. 45%、232. 12% 和 155. 64%。异质性资本配置优化的企业混合所有制的成效得到了充分显现。

（三）特锐德上市后的异质性资本配置

2009 年 10 月上市以来，异质性资本配置的企业混合所有制在特锐德得到了更大的发展。2011 年 12 月 28 日上午，国务院常务会议作出了对“7・23”甬温线特别重大铁路交通事故的处理决定：铁道部原部长刘志军、原副总工程师兼运输局局长张曙光对事故发生负有主要领导责任。之后，中国高铁建设进程放缓，能源行业也开始转型调整，特锐德在铁路系统和煤炭系统的订单不断萎缩，承受着行业调整带来的巨大挑战。

2013 年，特锐德提出了二次创业的理念，提出了三个创业目标，并分别运用混合所有制集团化商业模式推进创业目标的实现。首先，提出打造互联网创新思维下的创新电动汽车群充电业务、电动汽车租赁业务的目标，进军新能源领域，促进企业业务转型。特锐德成功对电动汽车充电业务进行技术改造，成立全资子公司——青岛特来电新能源有限公司，并通过合资、战略合作等方式，以城市为单位联合各地地方政府、地方国企、电动车车企的力量，提升企业对社会资本的吸附能力、获得市场资源。其次，提出国际化目标，在香港成立拥有控股权的“特锐德控股有限公司”，并推进国外主要地区子公司的建立，运用交叉持股的方式将国际职业经理人转化为特锐德的股东，努力实现特锐德发展战略从产品化向平台化转化。最后，提出进一步提升电力系统市场占有率的目标，通过合资、增资等方式，融合具有特定市场资源和技术的电力设备服务企业之力量，提升电力设备业务的客户体验，实现企业竞争力与品牌影响力的提升。

1. 融合地方政府的政府社会资本投入推进电动汽车群充电业务拓展

2011 年，国家出台“十二五”规划纲要，把新能源汽车列为战略新兴产业之一。当时，电动汽车充电行业在国内尚处于战略机遇期，特来电凭借其在充电设备制造方面的技术优势，决定进军新能源领域。经过一系列技术创新，特来电在大范围开展汽车充电业务方面已不存在技术上的困难，但依然面临政府支持、市场资源的短板，特来电为提升自身对社会资本吸附能力、获得市场资源，积极与地方政府、地方国有企业、电动汽车车企展开以下合作。

特来电首先在全国筛选出最有利于发展电动汽车群充电业务的大中型城市，然后在每一座目标城市成立一家当地子公司，与目标地方政府签订合作协议，获得特殊授权，免费为整座城市的电动汽车充电设备进行整体规划与建设。电动汽车充电桩一端连接着城市电网，涉及国家用电安全，建设须得到政府的许可，在电动车广泛普及后，充电桩会自然成为城市基础设施的一部分，最终实现双赢。特来电不仅在目标城市中成立子公司以获取当地的社会资源，并且通过与政府签署更加明确的合作协议，进一步加大了政府对特来电汽车群充电业务上的政府社会资本投入，这有利于特来电获取每座城市中最佳设备建设场地，并形成一定程度的市场垄断。

与此同时，特来电在成立每一座城市的子公司时均确保至少一家当地国企为其注资，并通过合资成立子公司、签订战略合作协议等方式积极与具有国资背景的大型电动汽车制造商合作，借助国有企业与政府之间的天然纽带，加深企业与政府之间的黏性，借此获得政府更多的政府社会资本投入，提升子公司对政府社会资本的吸附能力，获取市场垄断地位，以确保充电业务顺利拓展。目前在全国的充电运营商中，特来电通过城市合伙人和共建合伙人两级合伙人体系，快速推进充电生态网的建设，同时通过股权激励，打造凝聚力高、战斗力强的团队。

（1）城市合伙人。特来电已与多家政府平台下设的投资集团或公司、各地市公交集团、整车厂、电池厂商进行合资或合作。根据同创共享的战略，截至 2020 年 6 月月末，特来电已在北京、上海、天津、重庆、广州、深圳、成都、南京、杭州、大连、宁波、厦门等 99 个城市成立了 108 家合资或全资子公司，全面开展城市充电设施网络的投资建设，项目落地城市 334 座，上线运营公共充电桩超过 16 万个，累计充电量达到 48 亿度，为近 300 万个的电动汽车车主提供充电服务。

（2）共建合伙人。特来电持续推进“共建共享”的轻资产运营模式，借助多年实践总结出的成熟的选址建站的大数据运营模型，挑选出盈利优质的充电站，和有资源、有资金、有眼光的战略合伙人共建共享，实现平台化的轻资产运营。“共建共享”的运营模式帮助特来电在合理控制自有资本投入的基础上，汇集更多的优质资源和社会力量，共同快速推进充电生态网的建设，同时也可有效带动充电设备的销售，为特来电贡献更多的收入和利润。

特来电通过融合政府的政府社会资本投入，促使电动汽车群充电业务在全国各地迅速开展起来。2015 年，特来电提出充电网概念，创新发布 CMS 主动防护、柔性充电智能系统；2016 年，特来电发布中国最大的“充电网、车联网、互联网”大数据云平台；2017 年，特来电发布“汽车充电网”与“新能源微网”双向融合系统；2018 年，特来电在世界首创“充电、光伏、储能”智慧车棚；2019 年，特来电发布“面向新能源车安全的充电网两层防护技术”；2020 年，特来电成为国家工业互联网创新发展工程 39 家重大项目企业之一。

2. 融合国际管理人才的智力资本投入助力国际业务拓展

2013 年，特锐德提出开拓国外市场，搭建国际化平台，促进企业集团由制造型企业向平台型企业战略转型的目标完成。为弥补在国际业务中管理经验与市场运作经验的不足，特锐德巧妙设计了中外混合的股权架构，以吸引国际管理人才、提升企业国际市场运作能力，具体设计如下：

第一，特锐德集团在香港成立“特锐德控股有限公司”（简称“香港特锐德”），集团持股比例 51%，控制权之外的其余股份分配给 10 位左右拥有国际化电力设备营销经验，且非常熟悉当地市场的外籍人士；同时，香港特锐德成立了“特锐德国际有限公司”（简称“特锐德国际”）。香港特锐德和特锐德国际均为以建立国际化营销平台为目的的平台型公司，负责公司国际市场推广、全球各个分支机构的建设运营及目标企业并购等。

第二，获得香港特锐德股权的外籍人士须在特锐德具有产品优势的地区（例如加拿大、澳大利亚、非洲、南美、中亚、中东等）设立当地公司，当地公司由外籍人士控股、香港特锐德参股，参股比例不超过 49%。

在由中外混合股权架构搭建的特锐德国际化平台上，特锐德通过让渡部分股权，将国际经理人转化成特锐德在国外各地子公司的老板和香港特锐德的股东，外籍人士的国际管理经验被固化为特锐德的自有智力资本，这有效提升了国际管理人才的智力资本在特锐德集团资本结构中的份额，弥补了特锐德国际市场运作经验的不足，为特锐德国际业务的拓展打下了良好的基础。

特锐德通过提升国际管理人才的智力资本在其股本结构中的比重，对特锐德国际化战略产生了积极影响。在国际化市场稳中求进，发挥产品优势加大与国内、国际合作伙伴的战略合作。截至 2019 年年底，特锐德通过特锐德控股和在世界各地的子公司的股权分配，建立了市场与参与者利益一体化的国际化平台。表 7－3 列示了 2019 年年末特锐德的国际化平台的基本情况。

表 7－3　　2019 年年末特锐德国际化平台的基本情况

子公司名称	主要经营地	注册地	业务性质	持股比例		取得方式
				直接	间接	
一级子公司						
特锐德控股有限公司	中国香港	中国香港	投资、贸易	51.00%		直接投资
二级子公司						
TGOOD Global Limited 特锐德国际有限公司	中国香港	中国香港	投资、贸易		100.00%	直接投资
TGOOD Central Asia Limited 特锐德中亚有限公司	中国香港	中国香港	投资、贸易		51.00%	直接投资
TGOOD Russia Limited 特锐德俄罗斯（香港）	中国香港	中国香港	投资、贸易		51.00%	直接投资
TGOOD Capital Ltd	中国香港	中国香港	投资、贸易		100.00%	直接投资
TGOOD Africa Pty Ltd 特锐德非洲有限公司	South Africa 南非	South Africa 南非	投资、贸易		100.00%	直接投资
TGOOD Middle East General Trading LLC 特锐德中东贸易有限公司	UAE 阿拉伯	UAE 阿拉伯	投资、贸易		49.00%	直接投资
TGOOD Southeast Asia Sdn. Bhd. 特锐德东南亚有限公司	Malaysia 马来西亚	Malaysia 马来西亚	投资、贸易		100.00%	直接投资
TGOOD Engineering (Qingdao) Ltd 配能电力工程技术（青岛）有限公司	Qingdao，China 中国青岛	Qingdao，China 中国青岛	投资、贸易		100.00%	直接投资

续表

子公司名称	主要经营地	注册地	业务性质	持股比例		取得方式
				直接	间接	
TGOOD Singapore Pte Ltd. 特锐德新加坡有限公司	Singapore 新加坡	Singapore 新加坡	投资、贸易		100.00%	直接投资
TGOOD Germany GmbH 特锐德德国有限公司	Germany 德国	Germany 德国	投资、贸易		51.00%	直接投资
TGOOD Australia Holdings Pty 特锐德澳大利亚控股有限公司	Australia 澳大利亚	Australia 澳大利亚	投资、贸易		100.00%	直接投资
TGOOD Mexico S. de R. L. 特锐德墨西哥有限公司	Mexico 墨西哥	Mexico 墨西哥	投资、贸易		100.00%	直接投资
TGOOD Latin America SAS 特锐德拉美有限公司	Colombia 哥伦比亚	Colombia 哥伦比亚	投资、贸易		100.00%	直接投资
三级子公司						
TGOOD Central Asia Ltd. LLP 特锐德中亚有限公司（哈萨克斯坦）	Kazakhstan 哈萨克斯坦	Kazakhstan 哈萨克斯坦	投资、贸易		51.00%	直接投资
TGOOD Latin America SPA（Chile）特锐德拉美有限公司（智利）	Chile 智利	Chile 智利	投资、贸易		100.00%	直接投资
TGOOD Russia LLC 特锐德俄罗斯	Russia 俄罗斯	Russia 俄罗斯	投资、贸易		51.00%	直接投资
TGOOD Australia Pty Ltd. 特锐德澳大利亚有限公司	Australia 澳大利亚	Australia 澳大利亚	投资、贸易		100.00%	直接投资

资料来源：作者根据特锐德 2019 年度报告整理。

3. 融合具有市场资源优势企业的社会资本投入推动电力系统的业务发展

特锐德为实现自身在电力系统整体规模、竞争实力和经济效益的快速提升，2013 年提出推行“分散式集团化商业模式”。特锐德通过兼并、收购、参股等资本运作手段，积极寻求与同行业企业的合作契机，以资本为纽带对分散在全国各地的区域市场资源进行吸收整合，取得了一定的成效。

2013 年 1 月，特锐德向乐山一拉得电网自动化有限公司注资 3200 万元，对其实现控股，持股比例 51.61%。原一拉得与特锐德经营产品基本一致，其整体实力在四川省同行业内排名前三，在西南地区享有较高的品牌知名度和良好的口碑，此次注资使特锐德将乐山一拉得在西南地区的市场资源转化为其控股子公司的股本，为特锐德在西南地区电力系统迅速打开市场及长久发展打下良好基础。

2013 年 3 月特锐德与瑞士特锐德电气公司共建特瑞德电气（青岛）有限公司，出资 1020 万元，占注册资本的 51%。此次合作将瑞士公司的市场资源、技术资源以资本的形式融入特锐德，有利于加深特锐德与瑞士特锐德电气公司在国际市场运营、专业技术方面的长期合作，推进特锐德国际化战略的发展进程。

2013 年 5 月，特锐德与山西晋能集团实现战略合作，斥资近 1.3 亿元实现对原晋能集团两家全资子公司的控股和参股。具体而言，特锐德增资山西晋能电力科技有限公司，获得其 51% 的股份，增资山西晋缘电力化学清洗中心有限公司，获得其 49% 的股份。晋能集团属山西省重点国有企业，2013 年实现利润在省属国有企业中排名第一，属世界 500 强企业。晋能电力科技公司的电力设备产品在山西省电力市场占有较高份额。晋能化学清洗公司是国内电网高压带电设备水冲洗及电站动力设备机化学清洗的重点企业。特锐德通过与山西晋能集团强强联合，将山西晋能集团在山西电力系统的市场资源、技术资源融入其控股、参股公司的股本中，这有利于特锐德迅速推进山西地区电力系统的业务发展。

2013 年 12 月特锐德通过受让股权方式获得辽宁电能发展股份有限公司 15% 的股权。辽宁电能发展股份有限公司为辽宁省电力有限公司直属企业，在东北地区电力市场有良好的业务基础和丰富的市场运作经验。特锐德此次参股将有利于加深其与辽宁电能发展股份有限公司在东北区域市场的交流合作，获取辽宁电能发展股份有限公司的部分市场资源，有利于特锐德巩固其在东北地区的市场地位。

特锐德通过推行“分散式集团化商业模式”，积极寻求与在特定区域市场中具有明显市场优势的同行企业的合作，运用混合所有制的手段将合作企业在特定区域的市场资源融入特锐德的自有资本，以提升具有市场优势的同行企业的社会资本在特锐德资本结构中的比重，进而使特锐德迅速扩大了区域市场规模、提升了市场竞争力。

4. 异质性资本配置的企业混合所有制改革迈上新台阶

目前，特来电已发展成为中国规模最大，技术最强的新能源汽车充电网生态运营公司，充电桩数量、电量、流量、专业人才、技术专利均保持行业领先，并取得了多项国际领先的研发成果。

（1）四层网络架构的充电网技术体系。特来电创新性地搭建四层网络架构的云平台技术体系，从变电、配电到充放电实现统一调度，是目前世界上最大的新能源汽车大数据云平台。通过数据信息与调度控制打通设备层、智能监控层、能源管理层以及大数据分析应用层，搭建未来世界最大的智能充电网技术架构。设备层为硬件层，通过特来电多功能的智能箱变实现变电、配电和充放电一体化；智能监控层通过特来电与国家电网之间形成微调度，实现电能的计量功能，包括主动配电网的保护过程，其次借助电动汽车上的一些功能实现主动防护、柔性充电以及故障录波；能源管理层和大数据分析应用层可以实现各种能源数据、车辆数据、用户数据的存储和分析，进而实现对能源的智能管理以及各种大数据增值服务。

（2）“群管群控，模块结构”。特来电首创充电网的“模块结构”使得充电设施的核心功能和技术都集中在后端智能箱变中，而前端的充电桩只具备连接、插拔的功能，每一个前端充电桩均对应一个后端充电模块，因此行业首度实现了智能运维，通过云平台进行模块监控，通过大数据进行后台分析，通过云平台给现场运维下达指令，属地化物业或快递人员进行模块更换，运回公司集中维修，大大降低人员成本。与此同时，特来电搭建的大数据云平台还可以进行所有设备的数据收集、统计、分析，预测可能发生的故障问题并提前维护，提升设备的运营效果，降低整体运维成本。

模块结构使得未来充电技术发生更新换代的时候，也不需要更换充电桩及场站工程，特来电只需将后端的充电模块从总控箱中抽出，替换成最新一代的充电模块即可，十分便捷。同时，在特来电标准化的“模块结构”下，所有因升级而替换下来的充电模块可以立即进行区域降级使用，充分发挥每一个模块的最大利用价值。

（3）保护电动汽车充电安全的两层防护体系。特来电在电动汽车充电安全方面，利用充电网技术架构，设计了针对汽车充电安全的两层安全防护技术：充电设备端 CMS 主动防护和平台大数据防护。

充电网的“两层防护”将大数据技术、电池技术和充电技术首次深度融合，多维度、多视角地探测、分析汽车充电安全隐患。经过一年的海量大数据分析实测，通过两层防护可以减少超过 70% 的重大充电事故，基本解决新能源车充电安全的世界难题。

（4）新能源车充新能源电。在火力发电不增量、新能源发电稳步增加的国家绿色能源战略下，充电网可以把车、电网及新能源发电链接起来，把大规模电动汽车变成移动储能的工具，将弃风、弃水、弃光的新能源电进行充分消纳。大规模电动汽车储能在线链接在电网上，可以增加电网的柔性，打开可再生能源大比例消纳的通道。新能源车不仅能解决绿色出行的问题，还可以有效提升新能源的应用比例，真正实现新能源车充新能源电，让尾气和雾霾远离人类①。

除前述的与城市和地方政府国有资本投资公司的战略合作外，特来电世界领先的充电技术、创新的商业模式以及锐意进取的精神，在新能源汽车产业界得到了众多知名企业的认同。特来电以开放、共享、合作、共赢的思维，积极推进与政府、产业链以及跨界的合作，形成大合作生态共同体，共同促进新能源汽车充电网建设，打造新能源汽车产业生态。目前，特来电与国网电动汽车、大众汽车、宝马、北汽新能源、长安汽车、吉利集团、东风电动汽车、宇通客车、金龙客车、南京金龙、厦门金龙、重庆新能源、东南汽车、华泰汽车、五菱汽车、众泰汽车、江淮汽车、浙江时空等车企合作；与国轩、CATL、中航锂电、亿纬锂能等电池企业合作；并与中汽研、中电联、上海国际汽车城、合肥建投、成都双流交投、西安城投、湖南财信、新乡新能、扬州交通、廊坊公交、温州交运、衡水国泰、德州公交、临沂公交等纵深合作，加速产业链资源整合，促进新能源汽车产业全方位发展。在公交领域，截至 2019 年年底，特来电已与超过 500 家公交公司合作，10 月在上海外滩运行的“面向公交车无人驾驶的人工智能充电弓”，实现了充电 40 秒、续航 10 千米、功率 1000 千瓦的“秒充”技术，又让特来电站到了技术创新的新高地，在公交行业处于绝对龙头地位。

此外，特来电还积极开展生态跨界合作，与各界优秀企业进行跨界融合，与新华网、滴滴出行、中电投、上海交大、上海电科所、微软中国、海尔、乐视零派乐享、万达新飞凡等强强联合；与支付宝、百度地图、高德地图、大众点评、中信银行、银联商务、曹操专车、首汽 Gofun 等创新合作，逐步形成了全新的新能源生态，共同推动新能源汽车产业快速发

① 根据特锐德 2020 年半年度报告整理。

展。2020 年 5 月，与华为全面合作，共同开创智能充电产业未来。2020 年 7 月，特来电入选新基建产业独角兽 TOP100，荣获"2019—2020 年度能源工业互联网领军企业"称号，并中标国家工业互联网 39 个重大项目之一，成为新能源汽车充电领域唯一中标者。

特来电生态运营的美好未来极大地吸引了资本市场的投资人。为了保证特来电的可持续发展，保证充电网的数量、电量、流量、质量始终保持行业领军的地位，2020 年 3 月，特来电完成了引入 A 轮投资的战略合伙人，共募集资金 13.5 亿元，投后估值 78 亿元。引进的战略合伙人不仅包括深圳鼎晖新嘉股权投资基金合伙企业（有限合伙）鼎晖股权投资管理（天津）有限公司[①]、中国国有企业结构调整基金股份有限公司[②]、国新资本有限公司[③]等一批国内外有着巨大影响力的公司（他们一致看好特来电的充电网技术、运营团队及商业模式，也愿意把他们国企、央企及基金的资源整合到特来电平台上来，为特来电加持），而且包括青岛金阳股权投资合伙企业（有限合伙）[④]、青岛鸿鹄股权投资合伙企业（有限合伙）[⑤]、青岛恒汇泰产业发展基金有限公司[⑥]等，本次增资扩股及引进战略投资者之后，特来电形成了特锐德占 81.2091%、青岛特来劲一号管理咨询有限公司占 2.1103%、青岛特来劲二号管理咨询有限公司占 2.0294%、中国国有企业结构调整基金股份有限公司占 3.8207%、国新资本有限公司占 1.2951%、深圳鼎晖新嘉股权投资基金合伙企业（有限合伙）占 2.2924%、青岛金阳股权投资合伙企业（有限合伙）占 1.7597%、青岛鸿鹄股权投资合伙企业（有限合伙）占 1.4294%、青岛恒汇泰产业发展基金有限公司占 0.6293% 等的股权架构，注册资本达到 4.495 亿元，实现了物质资本、智力资本、政府社会资本等异质性的高度融合，异质性资本配置的企业混合所有制改革迈上了新台阶。

三、案例总结

每一家企业的资本都是物质资本、智力资本、社会资本的结合体。企业混合所有制改革的本质是通过改变企业的资本结构来提升企业调配各类资源实现价值创造的能力。异质性资本配置的企业混合所有制改革既适用于国有企业，也适用于民营企业。与国有企业相比，民营企业在资本管理中社会资本、智力资本投入不足的现象更为普遍。民营企业混合所有制改

---

① 深圳鼎晖新嘉股权投资基金合伙企业（有限合伙）为鼎晖股权投资管理（天津）有限公司管理的基金。鼎晖股权投资管理（天津）有限公司是中国最大的另类资产管理机构之一，截至目前，鼎晖投资及其关联方管理的资金规模达 1300 亿元人民币，拥有私募股权投资、创新与成长、证券投资、夹层投资、地产投资、财富管理六大业务板块。鼎晖投资陆续投资了 200 多家企业，其中 70 余家在国内外上市，培育了一批行业领导品牌，包括双汇（万洲国际）、蒙牛乳业、美的集团、绿地集团、百丽国际、远大医药、新华保险、晨光文具、德邦物流等。

② 中国国有企业结构调整基金股份有限公司是经国务院批准，受国务院国资委委托，由中国诚通控股集团有限公司作为主发起人联合有关央企、国企及社会资本共同发起设立。国调基金于 2016 年 9 月 22 日注册成立，目标规模 3500 亿元人民币，首期规模 1310 亿元人民币，由诚通基金管理有限公司负责管理。

③ 国新资本有限公司是中央企业中国国新控股有限责任公司的全资子公司。

④ 青岛金阳股权投资合伙企业（有限合伙）的管理人为北京金汇兴业投资管理有限公司，特锐德控股股东青岛德锐投资有限公司持有金汇兴业 15% 的股权，特锐德董事长于德翔为德锐投资实际控制人。

⑤ 青岛鸿鹄股权投资合伙企业（有限合伙）的管理人为北京金汇兴业投资管理有限公司，特锐德控股股东青岛德锐投资有限公司持有金汇兴业 15% 的股权、特锐德董事长于德翔为德锐投资实际控制人。

⑥ 青岛恒汇泰产业发展基金有限公司是青岛巨峰创盈股权投资有限公司管理的基金，巨峰创盈是青岛巨峰科技创业投资有限公司的全资子公司，巨峰科创是青岛市崂山区政府批准设立的国有投资公司，是崂山区重要的创新创业和产业投资平台。

革的目标更侧重于提升企业社会资本、智力资本的比重，更侧重于提升企业对社会资本的吸附力以及对高级管理人才、专业技术人才智力资本的吸引力。特锐德、特来电在异质性资本配置的企业混合所有制改革实践中所运用的资本结构调整策略，以及采用的与地方政府签订合作战略、中外混合交叉持股、混合所有制集团化等手段，为民营企业进行企业混合所有制改革提供了有益启示。民营企业应积极寻求与具有特定社会资本的政府、企业、个人合作，探索将社会资本融入企业自有资本的有效途径，应积极寻求与管理人才、专业技术人才的合作，探索将智力资本转化为企业自有资本的有效途径。

第八章　政府社会资本参与的新型政企关系

第一节　改革开放以来中国政企关系调整的历程回顾与经验总结

企业是资源配置的社会建构。政府和市场在资源配置中作用的不同既是区分不同经济体制的核心标志，而且也必然给资源配置所建构的企业打上清晰的社会制度的烙印，从而彰显出不同经济体制下企业制度和政企关系的鲜明特色。在改革开放至今四十多年的经济改革与发展过程中，国有企业改革一直是我国经济体制改革的中心环节，而国有企业改革的中心任务就是理顺政府与国有企业的关系。对国有企业改革的历程与经验进行回顾和总结，对于深入理解和准确把握中国政企关系的特色具有重要意义。为此，我们将分四个阶段进行分析和总结。

一、中国国有企业改革的历程回顾

（一）“放权让利”改革阶段（1979—1993 年）

针对计划经济体制下，国有企业效率低下、丧失生机与活力的背景，1979—1993 年，我国对国有企业采取了以“放权让利”为总体思路的改革，旨在扩大企业的经营管理自主权，赋予企业以自身利益，由此调动企业的生产经营积极性与主动性。在“放权让利”的总体改革思路之下，先后采取了利润留成、利改税、承包制等改革措施。

1. 利润留成改革

计划经济体制采取的“国有国营”企业制度，其主要特点是：企业不是一个自主经营、自负盈亏的经济实体，企业完全按照政府计划进行生产经营活动，企业没有生产经营自主权，更没有自身利益，产品由国家统购统销，企业负责人由上级政府主管部门任命、委派或更换，企业用工由政府统一安排和集中管理，执行国家统一的工资标准。这种高度集权的“国有国营”企业制度，导致国有企业完全丧失了生机与活力。在此背景下，为了调动国有企业的生产经营积极性，从 1979 年开始启动的国有企业改革，首先对国有企业采取了“利润留成”的改革措施。1979 年 5 月，国务院发布了《关于扩大国有工业企业经营管理自主权的若干规定》和《关于国有企业实行利润留成的规定》，这两份文件的目标是让国有企业成为相对独立的经济实体，扩大国有企业的经营自主权，当企业完成经营指标后，政府让出一个利润留成比例归企业自主支配，以此调动企业的生产经营积极性。实行利润留成改革后，企业对于超计划部分的生产、销售拥有了自主决策权；政府让出一部分利润给企业，形成了企业基金，企业拥有了对这部分资金的使用权和分配权，在一定程度上将职工的收入与企业的生产经营状况联系起来。

2. “利改税”改革

从1983年开始，国家对国有企业采取了“利改税”的改革措施。1983年，财政部发布了《关于国有企业利改税的推行办法》，“利改税”分两步实施。第一步，从1983年4月开始，大中型国有企业由原来的向主管部门上缴利润，改为将实现利润的55%以企业所得税的形式向国家上缴，税后净利润较大的企业与主管部门再实行利润分成，或者由国家再征收利润调节税。国有小企业按照超额累进税的办法向国家纳税。第二步，从1984年10月开始，把工商税按性质划分为商品税、增值税、营业税和盐税；开征资源税，调节因自然资源和开发条件的差异而形成的级差收入；恢复和开征房地产税、土地使用税、车船使用税和城市建设税；征收国有企业所得税，对小型企业调整了累进税率的级距，减轻了小企业的税负，对大中型国有企业征收调节税，税率根据企业的不同情况而定。“利改税”试图以法律的形式来规范国家与企业之间的利润分配制度，但是，由于这一改革措施没有与国有企业制度整体改革相配套，再加上市场定价的外部条件尚未形成，企业之间苦乐不均的问题无法解决，特别是利润调节税一户一率，企业的实际所得没有明显增长，未能真正调动起企业的积极性，造成“利改税”的改革没有取得预期的效果。

3. 承包经营责任制改革

1987—1993年，国家对国有企业推行了承包经营责任制的改革。1987年，国务院提出推行各种形式的承包经营责任制，赋予国有企业以充分的经营自主权。1988年，国务院又颁布了《全民所有制工业企业承包经营责任制暂行条例》，国有企业的承包制改革全面推开。到1990年，全国95%的工业企业实行了第一轮承包。这一时期的国有企业实行承包制的主要形式有：上缴利润基数包干，分超收成；上缴利润递增包干；微利企业的上缴利润定额包干；亏损企业减亏或补贴包干；“双保一挂”，保证上缴利润和批准的技术改造项目，工资总额与实现利税挂钩。承包制对于国有企业改革起到了较大的推动作用：较好地实现了国有资产的所有权与经营权的分离，国家作为企业的所有者，不再直接经营企业；增强了企业追求利润极大化的动机，超基数实现利润成为企业追求自身利益的前提和动力；企业可以就承包内容与政府主管部门进行讨价还价，淡化了上下级之间的行政关系，企业经营的自主性得到增强。但是承包制的改革措施也暴露了内在的制度性缺陷，承包基数的讨价还价、承包期内企业只负盈不负亏以及企业经营的短期行为等问题没有得到解决，国有企业改革需要寻找新的突破口。

（二）现代企业制度改革阶段（1994—1999年）

在建立社会主义市场经济体制，把国有企业推向市场，将国有企业塑造成为竞争性市场主体的背景下，从1994年开始，国家对国有企业进行了以建立现代企业制度为目标的公司制改革。

1. 明确产权关系与产权地位

发展社会主义市场经济，国有企业必须进入市场、彻底转换经营机制，而国有企业进入市场、成为市场竞争主体的前提是企业必须拥有独立的产权，通过公司制改革、建立现代企业制度，能够使国有企业获得独立的法人产权主体地位。1993年党的十四届三中全会通过的《关于建立社会主义市场经济体制若干问题的决定》提出，建立现代企业制度是国有企业改革的方向，现代企业制度的基本特征是“产权清晰，权责明确，政企分开，管理科学”，公司制是现代企业制度的典型代表。1994 年，国家选择了一百多家大型骨干企业进行建立现代企业制度的公司制改革试点，试点企业围绕着理顺国有产权关系、确立法人产权地位、构建法人治理结构等对公司制改革进行了积极的探索。

2. 公司制改革与债转股

1994 年，全国人大常委会通过了《公司法》，确立了以公司制为基本组织形式的现代企业制度，规定了“三会一层”（股东会、董事会、监事会、经理层）的公司治理结构。之后，建立现代企业制度的公司制改革在全国全面推开，通过公司制改革，国有企业成立了股东大会、董事会、监事会，实行总经理聘任制，并改革了劳动用工制度，剥离了企业承担的社会职能等。1997 年在亚洲金融危机的冲击下，全国国有企业平均负债率高达 71%，多数国有企业的经营陷入困境。在此背景下，为了让国有企业摆脱困境，公司制改革与“债转股”的改革措施紧密进行结合。“债转股”就是将企业对银行的负债转为银行对企业的股权。“债转股”的改革措施对于促进国有企业“脱困”目标的实现、加强企业重组、降低国有商业银行不良资产比率等都具有特别重要的意义。到 1999 年，债转股企业的资产负债率由之前的 70% 以上降到 50% 以下，80% 的债转股企业扭亏为盈，多数行业如纺织、有色、建材、石化、轻工、机械、电子、医药、冶金等呈现出良好的发展态势。

“债转股”也有力推动了国有企业的公司制改革，到 1999 年，绝大多数国有企业都按照《公司法》的规定，以有限责任公司和股份有限公司为基本形式，建立了现代企业制度。但是，这一时期进行的公司制改革、建立的现代企业制度，都程度不同地具有“翻牌公司”的色彩，存在的突出问题是：公司股权结构不合理，法人治理结构不到位。

（三）国有企业分类改革阶段（2000—2012 年）

到 1999 年为止，国家对国有企业采取了“一刀切”的改革方式，即对不同行业、不同类型的国有企业采取了统一的改革模式。实际上，国民经济的不同行业，并非都适合于发展国有经济和国有企业，应该根据国有企业的发展定位，对国有经济进行战略性改组，在战略性改组中，对国有企业进行分类改革。

1. 国有经济战略性改组

1999 年党的十五届四中全会做出的《关于国有企业改革和发展若干重大问题的决定》指出，要按照“有进有退”“有所为有所不为”的原则，调整国有经济布局，对国有经济进行战略性改组，分类推进国有企业改革。改革的基本思路是：对于国有经济仍要控制的领域，即有关国防安全和国家经济安全的行业、重要特殊垄断性产业、提供重要公共产品的产业、高新技术产业等，国有企业需要通过规范的公司制改革进入、壮大和发展；而对于处在一般竞争性行业的国有企业，应该通过清产核资、出售改制的方式，让国有企业逐步退出。

按照这种“有进有退”的分类改革思路，2000 年之后的一个时期，在关系国民经济命脉的重要行业和关键领域，国有经济保持了支配地位，一批大型国有企业以资本为纽带，通过跨地区、跨行业、跨所有制的兼并、重组、联合等实现了壮大发展；而那些处在一般竞争性行业的国有企业，通过出售改制或者租赁、承包经营等方式，实现了从一般竞争性行业的退出，通过退出使国有企业转变成为民营企业。基于国有经济战略性改组的国有企业分类改革，收缩了国有经济的领域，调整和改善了国有资本的配置结构和国有企业的布局结构，使国有经济在社会主义市场经济中能够更好地发挥主导作用。

2. 深化国有资产管理体制改革

随着国有企业在重要行业和关键领域的集中和发展，国有资产管理体制的改革也在不断推进。针对长期制约国有企业发展的管理体制问题，党的十六大提出了深化国有资产管理体制改革的任务，明确指出"建立中央政府和地方政府分别代表国家履行出资人职责，享有所有者权益，权利、义务和责任相统一，管资产和管人、管事相结合的国有资产管理体制"。

之后，中央、省、市（地）三级国有资产监管机构相继组建，《企业国有资产监督管理暂行条例》《企业国有资产法》等法规规章相继出台，在国有企业实施了企业负责人经营业绩考核，国有资产保值增值责任得到层层落实，国有资产监管得到了进一步加强。

党的十六届三中全会《关于完善社会主义市场经济体制若干问题的决定》进一步提出，要建立归属清晰、权责明确、保护严格、流转顺畅的现代产权制度，加快形成有效制衡的公司法人治理结构，并提出了混合所有制改革是国有企业改革的重要突破口。

（四）国有企业混合所有制改革阶段（2013 年至今）

党的十八大以来，国有企业改革进入了新的历史时期，改革的目标是以混合所有制为主要模式，以竞争性国有企业改革为重点，培育和发展具有国际竞争力的一流企业。

1. 分类推进国有企业改革

2013 年之后，中央进一步提出了分类推进国有企业改革，根据国有资本的战略定位和发展目标，将国有企业分为商业类和公益类，并通过界定功能、划分类别，实行分类改革、分类发展、分类监管、分类定责、分类考核，提高改革的针对性、监管的有效性、考核评价的科学性。其中，对于商业类国有企业按照市场化要求实行商业化运作，主业处于竞争性行业和领域的商业类国有企业，要通过混合所有制改革，积极引入各类非国有资本实现股权多元化，国有资本可以绝对控股、相对控股，也可以参股，并着力推进整体上市，对于这类竞争性国有企业，重点考核经营业绩指标、国有资产保值增值和市场竞争能力。

2. 混合所有制改革

党的十八届三中全会《关于全面深化改革若干重大问题的决定》提出，要推动国有企业完善现代企业制度，积极发展混合所有制经济，并指出"国有资本、集体资本、非公有资本等交叉持股、相互融合的混合所有制经济，是基本经济制度的重要实现形式"。2017 年中央经济工作会议强调，混合所有制改革是新时期国企改革的重要突破口，竞争性国有企业是混合所有制改革的重点。

混合所有制从企业的产权结构来说，除了有国家所有或集体所有的成分外，还有其他的非公有制成分，形成国有资本、集体资本和非公有资本交叉持股、相互融合的所有制形态。近些年来，中央和地方政府所属的竞争性国有企业，纷纷展开了混合所有制改革，通过在企业中引入非国有资本，实现企业股权结构多元化，形成多元利益主体相互制衡的法人治理机制，增强企业的发展活力和市场竞争力。混合所有制改革的本质是企业产权制度的改革，以产权制度改革为根本，围绕着现代企业制度的不断完善，全面推进国有企业的全方位改革。

因此，混合所有制改革是国有企业改革的"顶层设计"，体现了国有企业改革的根本性深化。目前，混合所有制改革已经成为竞争性国有企业改革的主要模式，截至 2019 年年底，中央直属企业集团及其下属企业进行混合所有制改革的占比达到 70% 以上，省级国资委出资企业及各级子公司进行混合所有制改革的占比达到55%以上。改革实践表明，混合所有制改革对于竞争性国有企业完善治理机制、提高资源配置效率、增强企业竞争力等起到了重要作用。

二、中国国有企业改革中政企关系调整的经验总结

在国有企业改革的历史过程中，尽管经历了不同的改革阶段、采取了不同的改革措施，但作为中心任务的政企关系调整的整个过程都涉及改革模式的选择、改革重点与关键、改革的体制环境等问题。纵观四十多年的国有企业改革中的政企关系调整，可以总结和借鉴的历史经验主要有以下四个方面。

（一）国有企业分类改革道路的科学性

国有企业改革和政企关系的调整不存在普适模式，改革不能搞“一刀切”，不可采用统一的改革模式。由于历史的原因，在盲目发展公有制经济的思想指导下，在经济体制改革的一个很长的时期里，国有企业分布的行业与领域十分广泛，国有企业的数量十分庞大，各类大、中、小国有企业占据了国民经济的各行各业，而分布于不同行业、数量众多的大、中、小国有企业，其行业历史背景、发展基础、发展条件、发展能力与自身存在的问题则各不相同。在这种情况下，针对各类状况复杂的国有企业采取统一的改革措施与改革模式显然是不切实际的。从1979年至1999年的20年国有企业改革，在放权让利、建立现代企业制度的总体改革思路的指引下，对国有企业先后采取了利润留成、利改税、承包制、公司制等改革措施，这些改革措施都是在政府的强力推动下，面向各行各业的300多万家各类大、中、小国有企业搞“一刀切”，每一项改革措施、每一种改革模式都在一切国有企业中普遍加以推广，因而都带来了一些难以解决的问题，国有企业改革未能收到应有的成效。2000年之后，围绕着国有经济的战略性改组，按照“有进有退”的原则对国有企业进行分类改革，体现了一种正确的改革思路，即区分不同情况、不搞“一刀切”、有重点地推进国企改革的思路。2013年以来，政府推动的国有企业混合所有制改革，也不是面向一切国有企业，混合所有制改革的重点是商业类、竞争性国有企业，而公益类国有企业可以不进行混合所有制改革，这种改革的战略安排是科学合理的。

（二）国有产权制度改革在国有企业改革中的重要地位

国有企业改革和政企关系调整的根本问题是国有产权制度改革，推进国有企业改革和政企关系调整的关键是实现企业产权结构多元化。企业产权制度决定企业产权结构，企业产权结构决定企业治理机制，企业治理机制决定企业运营效率。根据这一理论逻辑，并且改革的实践经验也充分表明，国有企业改革和政企关系调整的根本问题是国有产权制度改革，政府与国有企业关系调整的关键是区分政府作为公共管理者与国有企业的行政关系和政府作为国有资本出资者与企业的产权关系。

以“放权让利”为总体思路的国有企业改革，不管是利润留成、利改税，还是承包经营责任制，都涉及国有产权制度的改革，改革的内容是实现了高度集中的国有产权结构的分解，即实现了国有资产所有权与经营权的分离，政府掌握国有资产所有权，企业拥有国有资产的经营管理权。正是因为“放权让利”的改革思路及其采取的改革措施，未能赋予企业以完整、独立的产权，也就是说企业拥有的产权是残缺不全的，因而没有真正激发出企业的发展动力和创新精神，并导致了企业经营的短期行为。不仅如此，在发展社会主义市场经济

条件下，“两权分离”的国有产权制度也不可能把国有企业推向市场。发展市场经济要求把国有企业塑造成为竞争性的市场主体，为此就需要赋予企业以完整独立的产权。

以建立现代企业制度为目标的公司制改革，实现了公司制企业的法人产权独立性，在公司制企业面前，政府处于出资人的地位，只是拥有公司制企业的股权。应该说，公司制改革涉及国有产权制度的根本问题，导致了国有产权制度的根本性变革。

然而，在公司制改革的过程中，由于存在着国有股权“一股独大、一股独占”的问题，致使国有产权制度改革不彻底、不到位，因而未能从根本上激发国有企业的发展活力。进一步推进国有企业的公司制改革，就需要解决国有股权“一股独大、一股独占”的问题，实现企业产权结构多元化。通过产权结构多元化才能构造有效的公司治理机制，由此才能增强企业的发展活力，因此产权结构多元化是推进国有企业改革的关键。混合所有制改革所要解决的首要问题，就是实现国有企业产权结构多元化。

（三）有效法人治理结构和治理机制的重要性

实行“职业经理人”制度，是推进国有企业改革和政企关系调整、建立有效的法人治理机制的重要前提。长期以来，国有企业都程度不同地具有行政色彩，企业主要负责人由上级部门任命，并享有某种行政级别。尽管多年来人们呼吁国有企业去行政化，但是到目前为止，中央和地方政府直属的大型国有企业仍然没有去行政化，企业董事长、总经理乃至副总经理，仍然是由上级部门任命的，并享有行政级别，由公司董事会聘任总经理只是走走形式。

在国有企业进行公司制改革的过程中，最为核心的问题是以企业产权制度改革为基础，建立有效制衡、有效运行的法人治理结构。有效的法人治理结构与治理机制，其重要标志是公司董事会能够有效地监督和约束经理层，经理层能够自觉主动地接受公司董事会的监督和约束。

改革实践证明，在多数国有独资、国有控股的公司制企业中，并没有建立起有效制衡的法人治理机制，其根本原因在于，公司总经理是上级部门任命的，并且与公司董事长处于同一行政级别，从而导致公司总经理不能够自觉主动地接受来自公司董事会的监督和约束。

国有企业公司制改革实践也反复表明，建立有效的法人治理机制，就必须让国有企业去行政化，改变企业主要负责人的上级部门任命制，实行“职业经理人”制度。由公司董事会从企业外部的经理人市场、通过公开、公平、公正的市场竞争机制选聘职业经理人，是推进国有企业改革和政企关系调整、建立有效的法人治理机制的重要前提。

（四）配套改革的必要性

有效推进国有企业改革和政企关系调整，必须注重相关方面的配套改革。国有企业改革和政企关系调整是一个系统工程，涉及与企业改革相关的体制机制和环境等各个方面，因此，在推进国有企业改革和政企关系调整的过程中，必须注重相关方面的配套改革。

首先，在宏观层面上，需要不断深化经济体制改革，加快市场化步伐，不断完善市场体系和市场机制。国企改革和政企关系调整的历史表明，宏观经济体制改革不到位，市场体系和市场运行机制不完善，国企改革和政企关系调整就难以迈出实质性的步伐。目前，应该围绕着劳动力市场、经理人市场、资本市场、技术市场、信息市场等进一步完善市场体系，在完善市场体系的基础上进一步完善市场运行环境和市场竞争机制。

其次，理顺管理体制。国有企业进行公司制改革之后，政府作为国有企业出资人与国有企业的关系变成了出资人与法人公司的关系，政府国有资产管理机构以股东的身份对出资企业进行股权管理，法人公司则保持独立经营。在政府国有资产管理机构与出资企业之间理顺产权关系，转变管理方式，从过去的管实物、管资产转变到管资本、管产权上来，同时按照公司法人治理结构的运行规则和程序行使政府出资人管理职能。另外，政府各个职能部门作为公共管理者对国有企业的管理必须依照相关法律和法定程序，与对待非国有企业一样一视同仁，减少不必要的行政干预。

最后，充分认识中国社会主义市场经济中政府职能和政企关系的特殊性。中国社会主义市场经济中政府职能和政企关系的特殊性不仅体现在庞大的国有资本投资和政府与国有企业的关系上，还需要更深入地认识到政府对国有企业与非国有企业、不同行业的企业、不同规模的企业等所制定的差异化的产业政策、扶持政策等，中国社会主义市场经济体制下政府与企业关系的更大特色是政府作为政府社会资本提供者与企业的关系，而这种意义上的政企关系及其必要的调整尚未引起人们的普遍关注。

第二节　中国特色政企关系的基本框架

如前所述，西方的政企关系模型都将政府视为企业生存和发展中的外生变量，将政府限定在“守夜人”角色而否认政府在一般企业的组建和运营过程中具有个性化、差异化的公共资源直接配置。事实上，将政府视为纯粹的公共产品提供者和“守夜人”既不是西方国家现实世界的一种行为刻画，更不符合中国特色社会主义市场经济体制下政府职能和政企关系的基本特征。王竹泉、权锡鉴（2018）提出，将政府配置的公共资源按照其属性分类的不同，区分为政府公共产品和政府社会资本，通过对政府两类公共资源配置在企业集体选择过程中参与层次的区分，厘清政府社会资本投资对企业产权契约层次参与的本质与政府应当的产权主体地位，将政府在政企关系构建中的隐性产权关系予以显性化和制度化，通过显性的产权制度约束将政府和企业各利益相关方之间的权利和义务规范化，从而为中国特色政企关系话语体系的构建奠定制度基础。

一、政府社会资本的非均等性配置与效率性的目标导向

（一）政府社会资本的非均等性配置

根据本书第三章对政府社会资本的界定，政府社会资本是政府为招商引资、科技创新而专门建设的经济特区、开发园区、创新或产业园区等特殊基础设施、面向引入企业或创新企业的特殊许可、政策优惠和专项支持等具有部分的排他性和竞争性特征的政府公共资源配置。从政府社会资本的界定即可看出，政府社会资本的配置具有非均等性的特征，特殊基础设施、特殊许可和政策优惠等的非均等性是一目了然的。下面以上市公司的调查为例说明专项支持的非均等性配置。

在现行财政制度下，根据企业所属行业和专项经费用途的不同，政府对企业的专项支持按类别被划归到一般公共预算支出中的主要支出科目，通常涉及科学技术、节能环保、城乡社区事务、农林水事务、交通运输、商业服务业等科目。基于这一统计口径，我们无法直接看出政府对企业的政府社会资本投入中的专项经费支持有多少、其配置是否符合均等性的原则。但从企业的层面，我们就不难看出这种专项经费配置的非均等性特征。

按现行会计准则和制度，每一家企业都设有专项应付款这一负债类科目，用来核算企业取得政府投入的具有专项或特定用途的款项。2017 年 3389 家上市公司的年度报告披露，共有 474 家企业在 2017 年末涉及专项应付款，总额达到 330 亿元。这 474 家企业涉及各个行业，具体分布如表 8－1 所示。专项应付款金额最高的前十位企业如表 8－2 所示。其中，中国重工、天原集团、中国医药是 2017 年年末专项应付款数额排名的前三位，其专项应付款数额分别为 43 亿元、18. 5 亿元、17. 7 亿元。由此可见，不论是从行业层面来看，还是从企业层面来看，政府的专项支持都具有很明显的非均等性的特征，将其与政府公共产品相混淆显然欠妥。因此，在中国，将政府公共资源配置划分为政府公共产品和政府社会资本十分必要，这也是我们创建中国特色政企关系必须正视的经济现实。

表 8－1　　涉及专项应付款企业行业分布情况表　　单位：家

行业	数量	行业	数量
机械设备业	102	文化体育娱乐业	8
金属业	44	造纸印刷业	7
医药生物制药业	42	农林牧渔业	7
电力热力燃气及水的生产供给行业	40	综合行业	6
石油化学塑胶业	38	水利环境公共设施管理业	6
电子业	35	纺织业	6
建筑业	26	科学研究技术服务业	5
采矿行业	22	其他制造业	3
批发零售业	21	住宿餐饮业	2
交通运输业	21	木材家具业	2
食品饮料业	14	租赁业	1
信息传输软件业	11	卫生社会工作业	1
房地产行业	11		

表 8－2　　专项应付款数额前十名企业情况表

股票代码	股票简称	地区	行业名称	（期末）专项应付款
601989	中国重工	北京	机械、设备、仪表	4300470247
002386	天原集团	四川	石油、化学、塑胶、塑料	1850921782
600056	中国医药	北京	医药、生物制品	1768970371
600482	中国动力	河北	机械、设备、仪表	1590819530
600269	赣粤高速	江西	交通运输、仓储和邮政业	1166615624
601163	三角轮胎	山东	石油、化学、塑胶、塑料	887141865. 6
600170	上海建工	上海	建筑业	867241742. 1
600104	上汽集团	上海	机械、设备、仪表	840803400. 9
600979	广安爱众	四川	电力、热力、燃气及水的生产和供应业	808869294. 1
000630	铜陵有色	安徽	金属、非金属	758705151

（二）政府社会资本配置效率性的目标导向

政府社会资本的非均等性配置显然破坏了政府公共产品配置的均等化和公平性原则，那么，政府社会资本配置的目标导向是什么？有何积极意义？

事实上，政府社会资本配置与政府公共产品配置是政府基于不同目标所进行的公共资源配置，政府公共产品配置的目标在于保障市场经济的正常运行，为企业个体的价值创造提供公平、稳定的市场环境，降低整个社会的交易成本，激发企业个体自发性的价值创造，进而获得自身税收收入的最大化，其具有无偿性、均衡性的特征。而政府社会资本配置则是基于比较效率目标，通过对特定行业、企业的资源支持，改变这些行业、企业的资源基础，提升它们的市场竞争力，实现社会产出水平的更大化，政府也因此获得更多的经济租金。

与政府公共产品配置相比，政府社会资本配置对企业价值创造的资源支持并不是通过市场这一载体间接实现的，而是一种直接性的参与，双方之间并不是一种交易契约关系，而是成为企业契约的缔结方之一，政府也因此成为企业集体选择的参与者之一。与其他所有者一样，政府也应该享有对企业的剩余控制权和剩余收益索取权。政府社会资本从政府投入出发，其投入的政府社会资本在市场中与企业自愿交换转化为产权，其目标是政府和投资者对效率的共同追求。

不同于税收是强制的、面向每一位社会公众的，政府作为政府社会资本投资者所享有的所有权是选择性的、排他性的。政府与特定企业的其他资本提供者根据集体选择理论在既满足个体理性又满足集体理性的基础上自愿签订企业契约，政府根据其在该企业中投入的个性化的政府社会资本而享有对该企业的所有权。政府社会资本所有权的确认势必使政府社会资本的非均等性配置换来非均等性的政府社会资本所有权，从而在保障每一家企业按均等性的公共产品配置公平税负的同时，得到更多政府社会资本投入的企业也更多地向政府分配利润，实现在追求效率的同时兼顾公平性。

二、政府公共产品的均等性配置与公平性的目标导向

政府的基本职能是政治职能，是通过提供公共产品增进社会福利，维护社会稳定和秩序，保障社会公平。政府公共产品配置应遵循均等性的原则，其目标导向是公平优先。

（一）政府公共产品的均等性配置

萨缪尔森发表《公共支出的纯理论》和《公共支出理论图解》，对“什么是公共产品”给出了答案，即非竞争性。后来又扩展到消费的非竞争性，并提出“萨缪尔森条件”。受萨缪尔森启发，1959 年，马斯格雷夫在《公共财政理论》提出非排他性。德姆塞茨、弗里德曼、阿特金森和斯蒂格利茨以此为思路，对公共产品的内涵展开新一轮的讨论。詹姆斯·布坎南从供应公共产品的组织出发，认为公共产品是供给过程决定的，与公共产品本身的消费特征无关（经典定义是基于消费特征判断物品的属性）。也就是说，一旦某种物品进入公共组织部门供给范围，就可以将其视为公共产品，如住房保障。布坎南提出了“俱乐部”，即一种消费、所有权在会员之间的制度安排。俱乐部物品没有私人物品和公共产品之别，把私人物品和公共产品的会员数解释为 1 和无穷大，绝大多数公共产品是处于中间地带的。核心问题是讨论俱乐部最优规模和成员对俱乐部物品的最优消费之间的相关性。布坎南的俱乐部理论弥补了萨缪尔森物品两分法的理论缺陷。

20 世纪 20 年代，英国经济学家庇古开创了福利经济学的完整体系。为实现福利最大化

的目标，庇古考虑到两个问题：一是个人实际收入的增加会使其满足程度增大；二是转移富人的货币收入给穷人会使社会总体满足程度增大。据此，他提出了两个基本命题：国民收入总量越大，社会经济福利就越大；国民收入分配越是均等化，社会经济福利也就越大。庇古的这项贡献对公共服务均等化起到了基础性的影响。由于公共服务也是由国民收入形成，对公共服务的分配能对国民收入的分配起到重要作用，能够增进社会福利，促进社会福利最大化，特别是政府财政收入占 GDP 比例较高的时候。公共服务资源一般由政府掌握，主要由政府通过财政支出等手段予以配置，如果出现配置失当的情况仍然要由政府自身来纠正。庇古的国民收入均等化思想对公共服务均等化具有启示性意义，政府应当通过公共服务均等化来实现全社会福利最大化。

"均等化"，就字面理解包含均衡、相等的意思，而均衡有着调节、平衡的过程，最后达到相等。当然，这里的相等，只能是大体相等，不可能绝对相等。均等的内容包含两个方面：一是居民享受公共服务的机会均等，如公民都有平等享受教育的权利。二是居民享受公共服务的结果均等，如每一个公民无论住在什么地方，无论是城市或是乡村，享受的义务教育和医疗救助等的公共服务，在数量和质量上都应大体相等。相比之下，结果均等更重要。

对公共服务均等化有三种理解：一是最低标准，即要保底。"一个国家的公民无论居住在哪个地区，都有平等享受国家最低标准的基本公共服务的权利。""这个均等化我们理解就是要托一个底，是政府应该提供的诸如普及义务教育、实施社会救济与基本社会保障这类东西，对其应该保证的最低限度的公共供给，必须由政府托起来。"二是平均标准，即政府提供的基本公共服务，应达到中等的平均水平。三是相等的标准，即结果均等。这三个标准并不完全矛盾，实际上是一个动态的过程，在经济发展水平和财力水平还不够高的情况下，首先是低水平的保底，然后提高到中等水平，最后的目标是实现结果均等。当然，要做到结果大体均等，政府的供给成本就不能是均等的，或者说基本公共服务均等化的终极目标是应当使人与人之间所享受到的基本公共服务的均等化。由于个人总是处于某个地区或城市和乡村之间，为了实现这一终极目标，可以阶段性地通过实现地区之间和城乡之间基本公共服务的均等化，进而实现人与人之间的基本公共服务的均等化。

（二）政府公共产品配置公平性的目标导向

政府公共产品的配置强调资源配置的公平性（均等化）和无偿性，保障政府公共产品配置须依靠强制性的财政和税收手段。公共性是公共财政的本质特征。这是因为，政府是整个社会的代表，政府的财政收入来自强制性地向全体社会成员征税，因而，公共财政支出也必须用于全体社会成员，"取之于民、用之于民"是政府公共产品配置的基本理念，其内在的要求是政府必须对所有经济主体和社会成员提供"一视同仁"的服务。

在"一视同仁"的政策下，政府及其公共财政在为社会提供服务的过程中，对所有的社会成员应该是公平对待的。而在"区别对待"的政策下，政府及其公共财政实际上只着眼于和偏重某些经济成分、某些社会集团和少数乃至个别社会成员的利益。因此，公平性是政府公共产品配置的目标追求。政府为社会提供服务时的"一视同仁"，从根本上决定了政府公共产品配置的范围。

众所周知，政府提供的纯公共产品存在外部性，政府可以向享受公共产品正外部性收益的人征税；又由于纯公共产品没有排他性，"搭便车"问题的存在就使私人市场无法提供公共产品，在这种情况下，如果政府确信一种公共产品的总利益大于总成本，就可以提供公共产品，并用强制性、无偿性的税收收入对其进行配置，从而可以使每个人的状况变好，因此，纯公共产品的供给方应由政府提供。当然，纯公共产品的供给方也存在例外，比如科斯关于灯塔的故事，这个例子打破了纯公共产品政府垄断的供给模式，当然这是特例。不能否认的是，大部分纯公共产品政府供给的合理性，比如国防、基础研究、法律和秩序、货币的稳定、环境控制和收入再分配等领域。

从经济学角度看，服务是相对于生产来说的。根据产业结构的划分，在三次产业中，第一产业是农业，第二产业是工业和建筑业，这两个产业是物质资料的生产部门，生产出来的产品具有实物形态。第三产业属于服务行业，不生产物质产品，只提供劳务服务。因此，服务也称劳务，即不以实物形式而以提供活劳动的形式满足人们的某种特殊需要。在我国，第三产业即服务行业又可分为四个层次：第一层次是流通部门，包括交通运输、邮电通信、商业等；第二层次是为生产和生活服务的部门，包括金融、保险、房地产、公用和居民服务业等；第三层次是为提高科学文化水平和居民素质服务的部门，包括教育、文化、科学、卫生等；第四层次是为社会公共需要服务的部门，包括国家机关、政党、社会团体等。

公共服务属于公共产品范畴。公共产品和服务与私人物品和服务相对应。公共产品具有两个基本特征：消费的非竞争性与受益的非排他性。这里的公共产品，包含着公共服务的内容，区别只在于，生产领域的公共产品是有形的，而服务领域的公共产品则是无形的。因此，有关公共产品的分析也适用于公共服务。与公共服务相对应的是私人服务。私人服务通过市场来提供，公共服务则主要由政府来提供。有些服务是介于公共服务与私人服务之间的准公共服务，既可以由私人通过市场提供，也可以由政府提供，还可以由私人和政府共同提供。这里所讲的“提供”，是指“掏钱”，由谁掏钱就是由谁提供。政府提供，主要是通过财政支出来实现的。

通过上述两方面的分析，可以看出公共服务的内容，既包括第三产业中的第四层次，即国家机关通过直接提供劳务为社会公共需要服务，也包括政府通过财政支出向居民提供教育、卫生、文化、社会保障、生态环境等方面的服务。当然，与政企关系相关的政府公共资源配置主要是指第一产业、第二产业的政府公共产品和第三产业第一层次和第二层次中的公共服务。

三、政府作为政府公共产品和政府社会资本的提供者与企业的双重关系

（一）中国特色政企关系：公平与效率的统一

政企关系既是国家治理研究的范畴，也是公司治理的重要内容。中国特色政企关系话语体系的构建可以从国家治理与公司治理两个层面着手。在国家治理层面，政府作为国家代理人，既要维护社会稳定公平、实现其社会价值，又要推动经济增长、实现其经济价值。然而不论是更加关注社会价值、依靠公共产品进行资源配置的“小政府”，还是追逐经济价值、通过政府社会资本投入进行资源配置的“大政府”，都很难兼顾公平与效率，极端的选择市场或政府任何一方都会带来巨大的市场或政府失灵问题。将政府的公共资源配置区分为公共产品和政府社会资本，既看到了市场和政府的缺陷，又结合了我国中国特色社会主义的国情与深化改革的大方向，不再将政府拘泥于“大”“小”的定位，而是积极地从集体选择和社会资本投入的角度重新审视政府与市场的关系，尽量弥补二者的不足、均衡二者的力量，以供给多元化和利益共同体为核心，在保证政府政治职能、公共职能的基础上，充分发挥其经

济职能，为资源的有效、高效配置奠定了基础。政府不再只是市场的裁判员和弥补市场失灵的工具，它也是政府社会资本的投资者，是在维系社会公平的同时也参与市场活动并引导效率提升的投资者。

在公司治理层面，传统的企业理论将政府作为独立于企业之外的超然主体，其实质是只看到了政府与企业之间的政权关系，忽视了政府作为企业的天然所有者，如同物质资本、智力资本等其他投入要素一样，政府作为政府社会资本的投资者也理应被赋予所有权以及基于这一类所有权形成的产权关系。政府社会资本的提出，形成了“每一家企业都是具有政府社会资本禀赋的政府与其他资本投资者的集体选择所形成的混合所有制企业”的企业理论新框架，这一企业理论正视了政府在企业理论中的定位与作用，也厘清了政府与企业之间的政权关系与产权关系。

基于政府公共资源配置视角提出政府社会资本概念，将政府视为政府公共产品提供者和政府社会资本提供者，从而将政府与企业的关系从原来单一的政府作为公共管理者与企业的政权关系拓展到政府作为公共管理者和政府作为政府社会资本所有者与企业的双重关系。新型政企关系既满足了政府对社会公平目标的追求，又满足了政府对经济效率目标的追逐，并实现了国家治理与企业治理的有机衔接和协调统一。对中国来说，政府社会资本概念的提出，适应了中国特色社会主义市场经济体制、中国特色社会主义政治经济学的总特点，也完全符合全面深化改革、建立现代化经济体系的总要求，对中国特色社会主义市场经济体制话语体系的夯实以及中国特色政企关系话语体系的创建具有积极的促进作用。中国特色政企关系的基本框架如图 8 -1 所示。

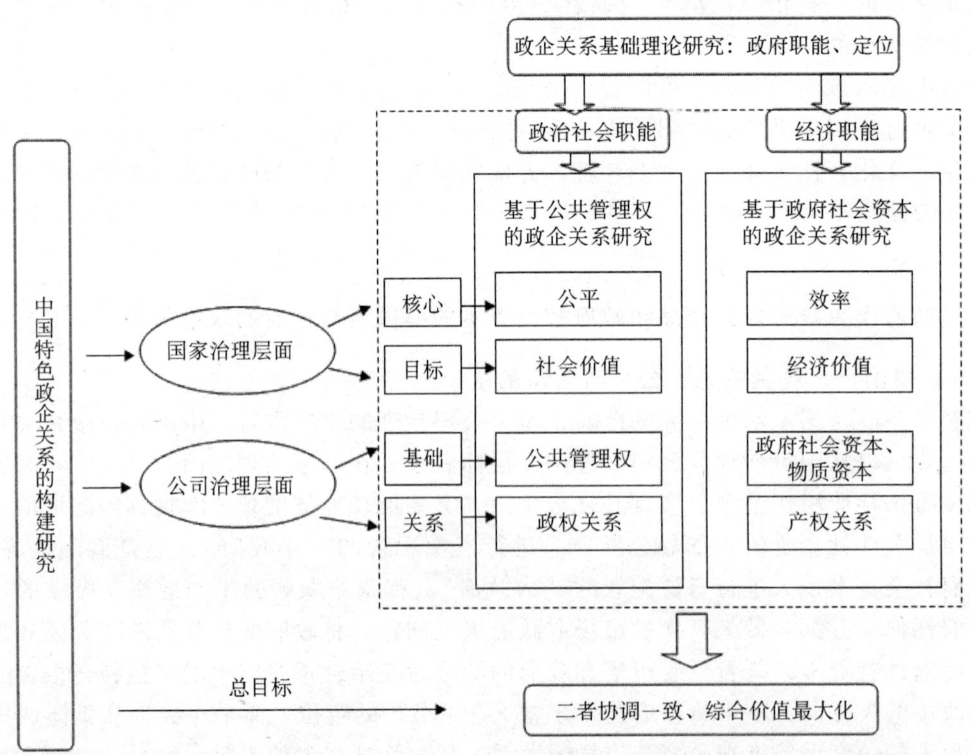

图 8 -1 中国特色政企关系基本框架图

（二）中国特色政企关系的“亲”与“清”

自习近平（2016）提出“新型政商关系，概括起来说就是亲、清两个字”以来，围绕“亲”“清”新型政商（政企，下同）关系的研究迅速涌现。

熊文钊（2016）认为，理顺政府与市场的关系，是构建新型政商关系的基本要义。在中国特色的社会主义市场经济运行模式下，政府要把该管的事情管好，不应该管的事情放下去，还给社会、市场，交给企业家、商事主体。要坚持经济自治原则，落实市场主体的经济行为、管理行为自治，保障市场主体的独立权和参与权。要坚持市场有序原则，对于主体资格、经济交往、政府管理以及民事纠纷、行政纠纷等，都要确立相应的规则和解决渠道，以保证市场经济秩序的畅通。要坚持公平正义原则，落实市场开放、程序正义的要求，确保市场主体在法律适用上一律平等。李申学（2016）指出，政商关系的实质是法治关系，法治不彰，则政商关系不良。从一定意义上讲，法治化程度决定了政商关系的成熟程度。郦正（2016）认为，在法治框架下，“亲”“清”不是一个认识问题，而是一个实践问题，将企业与政府的关系纳入制度范畴，以清晰的政府权力清单和市场主体负面清单，明确划定政府权力与企业权利边界，是建立“亲”“清”新型政商关系的关键。田志龙等（2016）指出，建立新型的政商关系，首先需要从三个方面厘“清”这个关系：关系范围；关系职责；关系规则。在“清”的基础上，才能加“亲”。资金议（2017）从权力和资本分开的视角探讨了新型政商关系的构建，并指出，公权为公，资本为私，二者的界限是非常分明的。二者一旦逾越界限，糅合在一起，就会产生权力与资本的异化。这种异化会带来两种结果，一种是以权力寻租为特征的“亲而不清”，另一种是以庸官懒政为特征的“清而不亲”，这两种情况又与“政府失灵”和“市场失灵”相对应。以政府最小干预和不作为为特征的“清而不亲”放纵了资本的任性。以政府的全能干预为特征的“亲而不清”则忽略了权力的扩张性。方世南（2017）指出，构建“清、亲”的政商关系，要确立系统整体协调推进的理念，将政商贯通连接起来谋划，政商双方共同在文化生态、制度生态、法治生态等方面同频共振、同时发力、同向推进，一体化地促进政商生态得到同步优化。

客观来看，大多数关于政企关系的研究都是在政府的社会公共管理职能框架内对政商关系进行探讨，而少有在协调的政府经济发展职能和社会公共管理职能框架下的研究，且大多数研究关注的是传统政企双方权力范畴下的各自边界的调整，而忽视了对政企双方权力属性和内涵的创新研究，大部分关于“亲”“清”政商关系的研究，未能提出科学的“亲”“清”关系的评价标准和理论依据，是以“公平”为评价标准，以“效率”作为评价标准，还是兼顾“公平”与“效率”？如果是兼顾，权衡的依据又是什么？少有研究对此作出令人满意的回答。

我们认为，“亲”，即亲睦和谐，政府通过政府社会资本的投入获取企业的一定所有权，与企业有共同的利益关系与目标追求，真正做到了和如一家；同时，政府社会资本的所有权与其他资本提供者的所有权具有平等的地位，只有在侵害社会公共利益的情况下政府才可行使黄金股等特权，在企业日常事务中只能根据其享有的股权比例行使表决权，从而可以有效地避免政府对企业日常运营的不当干预。“清”，即清正廉洁，政府配置的公共产品必须遵循“均等性”“公平性”的原则，要对所有社会成员“一视同仁”，因此，政府与企业要边界清晰、权责分明。需要注意的是，虽然政府正在通过建立“三张清单”（权力清单、负面清单、责任清单）制度，用“清单”明确政府权责，使政府这双“看得见”的手和市场这双“看不见”的手在经济社会发展过程中的作用边界和施展方式得以更清晰的界定，从而厘清政府与市场、企业的边界，但是，如前所述，目前大多数政企关系研究都是在单一的政府作为公共管理者与企业之间的行政管理关系的框架下进行的探讨，主要内容是探讨如何通过法律、制度来规范政府公共权力的行使，而少有研究触及政府对企业除公共权力之外的私有权力，如政府社会资本所有权。在“政府作为公共管理者与政府作为政府社会资本所有者与企业的双重政企关系”的新型政企关系框架下，“三张清单”除须规范与政府作为公共管理者与企业之间关系相关的“三张清单”外，还须同时规范与政府作为社会资本所有者与企业之间关系相关的“三张清单”，目前所推出的“三张清单”中缺失了与政府作为社会资本所有者与企业之间关系相关的“三张清单”的规定，需要加以补充和完善。

第三节 政府作为政府社会资本所有者与企业的关系

确立政府对企业的政府社会资本所有权，意味着政府和企业其他投资者形成了利益共同体，共享盈余，共担风险。政府作为企业的政府社会资本的投资者和所有者，必然与企业存在微观产权关系。本节将站在政府社会资本所有者的政府视角，探讨政府作为政府社会资本所有者与企业的关系。

一、确认企业中政府社会资本所有权的经济后果

在当前政府公共财政体制下，政府公共产品和政府社会资本相混淆，政府对政府社会资本投资的产权主体身份未得到认定，导致政府社会资本投资实际上被企业的其他资本提供者无偿占有①，这会诱使大量在生产经营中并不需要政府社会资本投资或不具备政府社会资本获得资格的企业采取寻租、行贿的方式以获得这一额外收入，而政府（官员）可以通过对这一额外收入的授予要求企业承担一定的政治和经济任务，政企关系因而扭曲和异化。

政府社会资本的投放应遵循市场化逻辑，即本质上价格双方共同博弈的结果，价格体现了资本的价值。但不可否认，当政府凭借政府社会资本所有者身份参与市场活动时，同样会遇到上述问题。政府社会资本市场化配置过程中可能出现两个问题：第一，政府滥用谈判力导致定价过高。尤其至关重要的生产要素——数据对于互联网企业或数字经济企业来讲是至关重要的生产要素，离开数据企业便无法存活；再例如特许经营权是企业存在的必要条件，当采矿权被取缔，则矿场主只能选择关门大吉。此时政府便可以“坐地起价”，并以公权力强化自身谈判力，导致政府社会资本的定价远高于其本身应有的价值。第二，部分政府官员与企业合谋导致定价过低。政府官员也可以发挥自身资源配置权限，与企业家合谋，以较低的价格将政府社会资本投入企业。类似情况在现实社会中并不罕见：在国有企业改制过程中，企业的股份与资产以较低价格转让给私人，从而造成重大国有资产流失；以较低的价格将黄金地段的工业用地等低价转让给企业。

① 按现行会计制度规定，专项经费或政府补助，不论是通过“专项应付款”还是通过“递延收益”核算，都没有转化为政府对企业的所有者权益。即使能够形成资产的专项经费或政府补助，最终也只是增加了“资本公积”，从而增加了其他资本所有者的所有者权益，而其实际的投资者——政府在企业中的权益却丝毫没有体现。

此外，上述两种现象有可能同时出现：那些与政府部门与政府官员建立良好私人关系的企业家能够以较低的价格获得政府社会资本，而其他企业则被迫以较高的价格接受政府社会资本，政府向市场供给各类生产要素优化供给侧改革却可能成为扭曲市场的“原罪”。因此，如何设计一套行之有效的监督管理机制，将政府与企业合谋的可能性降到最低，确保政府社会资本定价能够与其价值相当，是政府社会资本等要素市场化配置所面临的重要问题。

二、政府作为政府社会资本所有者与企业关系的公平性

政府作为公共产品和服务资源供给与政府社会资本投资的双重主体，在两类资源配置上具有不同的利益关系，与公共产品与服务资源供给相比，政府社会资本投资能够在更短的时期内实现经济效率的提升。在政治晋升压力下，地区主政官员为实现任期内更高的 GDP 和财政收入增长，会更倾向于将有限的公共资源用于政府社会资本投资，而不是公共产品和公共服务资源的供给，这实际是以牺牲整体社会公平为代价来换取局部经济效率的提升；而且对存在政府社会资本投资的企业很有可能在公共产品和服务资源供给上也会获得政府的“优待”，诸如在行政审批、备案等流程上提供“插队服务”，甚至直接免除相关程序要求；在交通、教育等公共基础设施配套上给予优先配套等，此时就会产生政府社会资本投资与公共产品和公共服务资源供给对象的扭曲性趋同问题，增大政府社会资本投资将对社会公平性造成更为严重的损害。

与国有资本确权不同，政府社会资本大多为隐性投入，其股权比例的确认需要经过科学合理的测度与计量。若过多确权可能会导致政府部门侵占市场主体利益，或是政府股东侵占小股东利益问题。由于政府特殊的市场地位，可能使股东之间的利益冲突问题更加复杂化。不仅如此，如果地方政府或出于政治晋升目的压缩公共产品供给比例，可能会以牺牲整体社会公平为代价来换取局部经济效率的提升。若确权过少，可能会导致政府部门的投资收益流失，弱化政府对市场主体在重大决策上的监督和管制。因此，政府社会资本所有权比例的确认不应是政府单方面决定，而应是政府和其他资本提供者等集体选择与协商的结果。

通过政府和企业其他资本提供者等利益相关者集体选择与协商对政府社会资本清晰的所有权界定，政府社会资本投资以资本而非收益的形式进入企业，政府凭借政府社会资本的投资将参与企业控制权和剩余收益的合约安排，将享有企业的日常经营活动的知情权、参与权和监督权和剩余收益分配权，明确了政府在被投资企业的合法股东地位及相应的权利。股权运作的透明化和制度化自然会削弱企业家的寻租和腐败动机，也会抑制政府（官员）在政府社会资本投资上的设租行为，而清晰的产权结构也同时赋予了其他股东与自身投资相对称的权力地位，可以抵制政府的不正当政治和经济任务对企业价值创造活动的干扰和破坏，从而实现政府作为政府社会资本所有者与企业关系的公平性。

三、政府作为政府社会资本所有者与企业关系的公开性与特殊性

（一）政府作为政府社会资本所有者与企业关系的公开性

政府作为政府社会资本所有者与企业的关系在微观上可能会引起政府与其他资本所有者之间的利益侵占问题，在宏观上可能会引起政府的公平和效率目标的矛盾和冲突。解决问题的根本措施在于提高政府社会资本投资的信息透明度，从而使政府作为政府社会资本所有者与企业的关系成为一种公开、透明的产权关系，为此，构建政府社会资本股权信息平台，向

全社会公开各个地区、各级政府的政府社会资本投资信息，包括全部被投资企业的政府社会资本投资金额、折股比例、收益分成等基本信息，以缓解政府与企业以及社会公众之间对政府社会资本投资的信息不对称状况。通过全国、地区的政府社会资本股权信息平台的构建，有助于政府社会资本产权市场价格机制的形成，从而提高政府社会资本与政府公共产品等政府公共资源配置的市场化程度。

（二）政府作为政府社会资本所有者与企业关系的特殊性

政府对社会资本投入数量的多少反映了政府对市场化程度的选择。投入得越多即由政府确定的资源配置数量越多，投入得越少也就意味着政府交由市场配置的资源越多。政府作为企业所有者与企业通过政府社会资本作为纽带，形成了一种特殊的股权关系。这种特殊的股权关系主要体现在黄金股制度方面。

黄金股又被称为金股或特殊管理股，它没有经济价值，只是象征意义上的股份。持有人无须投入显性资本，就能在重大问题决策上拥有绝对的否决权或确认权，但不享有利益分配权和剩余财产分配权，一般情况下黄金股在企业中所占份额很小。黄金股起源于 20 世纪 80 年代的英国，当时的英国正在进行国有企业所有制改革，航空、电信、水利和电力等国家基础产业开始向外转让国有股份，国家为了宏观控制开始使用黄金股政策。黄金股只能由政府或政府职能部门持有，不得转让或委托给其他非政府的个人或组织，以保护国民利益和国家财产安全。政府取得黄金股没有向企业投入显性资本，所以并不拥有对企业的占有权，通过对企业投入政府社会资本，政府取得了对企业重大事项的表决权，并通过实际收取的税、利等参与了企业的利益分配，可见在黄金股制度中占有权、控制权和收益权并不对等。运用黄金股制度，国家可以在不投入资本的情况下控制重点行业的国有企业。目前黄金股还未形成统一的法律意义，各国根据自身政治环境和法律环境的不同，在实施时通过与其他股东进行协商确定企业权利结构和黄金股使用条件等具体实施事项，如葡萄牙、意大利和西班牙以主体立法的形式辅以政府命令或法令，针对某些行业企业赋予政府特权，法国则是采取特殊行动法案来赋予政府特权。

在新型政企关系中，政企重建的产权制度要求将政府扮演的两种角色剥离开来。一方面，政府是整个公共社会的管理者，这是政府自带权威的根源；另一方面，政府投入了显性和隐性的政府社会资本，并希望通过投资追求经济利益，成为公司的股东。作为公司的股东，政企双方将在更平等的位置上进行对话和谈判。但是，当涉及社会公共利益的重大决策时，为了维护社会公共利益，仍应赋予政府社会资本所有权以特权，从而使政府能够在仅拥有企业较低的表决权比例时仍能够对危害社会公共利益的重大决策“一票否决”。

第四节　政府作为公共管理者与企业的关系

确立政府的公共管理权意味着政府是一个超然主体，每一家企业都应纳入其管理之下。政府的基本职能是政治职能，是通过提供公共产品增进社会福利，维护社会稳定和秩序，保障社会公平。公共产品和公共服务均等化是对基于政府公共管理权的政企关系的基本要求。本节将对政府作为公共管理者与企业的关系进行分析。

一、政府作为公共管理者对企业的公共产品配置

政府自从成立起，就发挥着管理社会公共事务、行使公共权力、促进公共利益的职能。政府产生、存在和发展是为了公共利益、公共目标、公共服务以及创造具有公益精神的意识形态等。政府公共管理是政府为了解决公共问题，维护与实现公共利益，运用公共权力对公共事务与公共部门施加管理的社会活动。虽然不同时代、不同背景对政府公共性的外部特征有不同的要求，但实现社会正义、提供公共产品却是所有政府公共管理的共同内容。

政府公共管理作为实现公共利益而进行的公共部门管理活动，总是着眼于社会发展长期、根本的利益和公民普遍、共同的利益来开展其基本活动的。从现代意义上看，政府公共管理的“公共性”内涵可以归纳为以下四个方面：一是政府公共管理主体的公共性。政府作为公共管理主体，具有组织的代表性、行为的公务性、宗旨的公益性、权力的法定性等共同特征。二是政府公共管理价值观的公共性。政府公共管理的价值观主要体现在平等、正义、公平、民主、伦理以及责任心等方面，注重在民主政治理念上去实现公众的高度参与、社会公平以及承担为公众谋求福利的责任。三是政府公共管理手段的公共性。政府公共管理是政府运用公共权力实现管理目标的社会活动，公共权力的公共性充分体现了政府公共管理手段的公共性。四是政府公共管理对象及目标的公共性。政府公共管理的客体或对象是公共事务，政府对公共事务的管理首先从公共问题入手，公共问题是公共管理的逻辑起点，最终要达到的目标是实现社会公众的公共利益。

衡量政府活动是否达到公共性的基本标准是，公共政策及其执行是否坚持和维护了公民的基本权利，是否在舆论中充分体现和表达了公民的意志，政策与执行的出发点是否超越了政府的自利倾向，而考虑更为普遍的社群利益和社会长远利益等。

政府公共管理的“公共性”集中体现在政府行使公共管理职能时对公共伦理精神的永恒追求。公共伦理精神规定并影响着政府公共政策规划的基本目标和方向；它塑造着一个行政体系中的行政人格，并在很大程度上影响着政府及行政人员的权威。政府公共管理作为一种服务型的社会管理模式，必然要将服务原则定位为其管理的基本原则，在服务原则的基础上，管理过程中就会形成以伦理关系为基本的人际关系。这种以伦理关系为基本关系的管理模式，决定了公共管理以道德为其行为选择的依据和基础。公平正义是政府组织履行公共管理职能的最高追求。政府从产生的那一天起就肩负着维持公平与正义的使命，政府的责任就在于给人以人性的关怀和服务。诚实信用是政府组织履行公共管理职能的基本前提。在政府的道德谱系中，诚信处于基础性地位，它影响并决定着政府其他道德品质的实现程度。

政府兑现其承诺给人民的事项，除通过制度供给和安排外，绝对离不开诚信的精神支撑。政府必须对公众怀有善良的动机和忠诚的行动。责任意识是政府组织履行公共管理职能的价值理念。政府治理并不是单纯的管理，更确切地说是其履行责任的一种方式，政府只有在其能够保障社会利益、促进社会意志的实现时才是合乎理性的、合法的。务实高效是政府组织履行公共管理职能的价值目标。现代社会的加速度发展，要求政府高效地处理各方面的问题，使人民的权利得到有效的保障和实现。政府效率不能一味追求经济发展指标，而应该更加关注社会的全面进步和人的全面发展。要实现从效率优先到又快又好的转变，真正体现出以人为本的精神。协调和谐是政府组织履行公共管理职能的重要保证。社会发展与进步需要政府机关之间、政府与社会之间、政府与企业之间、公职人员之间的合作与协调，政府的

协调精神突出地表现为政府与市民社会的协作互动，促进双方的共赢。宽容博爱是政府组织履行公共管理职能的人文升华。政府及其行政人员对公民的个性习惯、思维方式、情感方式、生活方式要有足够的包容性，不随意干涉公民的私人生活，关爱各个层次的公民发展。这是对公民的生存方式和生活态度的一种理解，是对自由价值的一种肯定和维护。

二、政府作为公共管理者对企业的权力与利益关系

（一）政府作为公共管理者对企业的权力

公共管理中的行政权是公权力的主要组成部分。行政权力的扩张始于20世纪初。第二次世界大战以后，“市场失灵”使得人们过分相信政府的行政权，认为政府是万能的，能够医治“市场失灵”和解决人们社会生活中的种种问题。于是，行政职能大为扩张，行政的疆域大大超出了传统的边界。当今，行政权已经渗透到社会的每一个角落，对人们的生活产生了全方面的影响。行政权、司法权和立法权之间的传统界限已经被打破，还逐渐形成前所未有的行政司法权和行政立法权，其权力行使的手段和方式更是复杂多样，并最终导致了行政国家的出现。

近年来，地方政府在改革实践中不断推出种类多样的清单，几乎出现了所谓“清单治理”。其中最基本、最早实行的一种应该是权力清单。在种类繁多的形式背后，权力清单的发展变化过程是一种什么逻辑在起作用，值得探究。由于政府本身难以受到外界监督，作为人民的“代理人”容易出现委托代理关系不明晰、履职尽责意愿与能力不强等问题，也为政府官员的寻租和舞弊留下了空间。例如，在政府公共部门采购过程中，由于缺乏足够的监督和管理，可能致使政府采购的产品并非是真正“物美价廉”的最优选择，那些与政府官员具有良好私人关系的供应商可能更容易中标。当政府采购并非严格遵守市场化竞争原则，各类竞标的厂商并不能凭借价格与质量公平参与竞争，不仅使得政府无法代表人民合理运用每一笔财政支出，也间接造成了价格双轨制等扭曲市场等问题。

政府权力清单制度的实施是行政审批制度改革的一个重要组成部分，运用清单这种工具手段限制政府权力，“法无授权不可为”，以达到简政放权改革的预期目标。党的十九届四中全会决定中提出了“构建职责明确、依法行政的政府治理体系”的目标要求，以及优化政府职责体系的具体要求，包括“实行政府权责清单制度”的重要举措。可见，权力清单制度的完善和发展，在政府治理体系建构中，有重要的现实意义。

（二）政府作为公共管理者对企业的利益关系

公共利益是指在一定社会条件下和特定的范围内大多数主体相一致的利益，其实质是资源和条件，也是广大民众生存、享受以及发展之所需。公共管理中的公共利益又不同于社会利益和共同利益，其具有主体数量的不确定性和共享性等特性。其中公共利益的不确定性是指“公共利益”这个词语本身表达的意思模棱两可——公共的不确定性、利益的不确定性。

公共利益的社会共享性主要表现在两个方面：第一，无差异性。社会共享性是指各个主体都拥有获取资格的权利，一旦某种资源和条件被界定为公共利益，那么每个社会成员都具有享受这种资源和条件的资格。第二，双重性。社会共享性具有双重特征是指既有自愿的分享也有被动的分享。而人们大多数会忽略被动分享的特征，社会共享性的被动分享特征存在于很多领域。

在公共管理中，其主要主体便是政府，拥有并行使公权力统筹管理辖区内的各种社会公

共事务。在公共管理中，政府是人民群众的代理人，政府行使公共权力的目的是维护和提高人民群众的利益。然而，政府要能够有效地履行公共管理的职责和充分地发挥公共权力的作用，就需要在人力、物力、财力等方面有所保障，才能实现作为代理人提高人民利益的职责。

三、政府作为公共管理者与企业关系的公平性

从公共权力产生的历史来看，人类社会产生之初并没有国家，也没有公共权力，随着社会的发展进步，人类社会规模不断增大、管理更加复杂，人民才让渡自己的部分权利，从而产生国家、政府和公共权力。由此可见，公共权力产生的根源是人民为了更方便有效地管理自己的事务，人民才是权力的所有者，政府不过是代理人罢了。但是权力天然具有扩张性，官员这一代理人在获得权力的授权后并不必然按照权力所有者——人民的意志行事，而是竭尽所能地谋取私利，这就产生了公共权力的寻租。在政商关系中，“商”是人民的一部分，埋所当然的是权力的主人，而政府是权力的代理人，是服务者。理想中的政企关系应该是政府为企业和市场提供宏观指导、制定规则、调节收入差距、提供纠纷解决机制，企业为政府的长效运转提供税收，为社会的发展提供动力，为人民的生活提供物质保障。至此，权力运行规范有序，实现了利民的根本目的。

而在经济社会转型过程中，由于制度欠完善以及对权力监督的不到位，权力的扩张性没有得到约束，反而树立了权力在资源配置中的权威，权力通过层出不穷的审批和无穷无尽的程序迫使资本屈服，企业只能通过非法的手段向政府要政策、要资源。从理性的角度思考，民营企业更需要公平公正的发展环境，而新型政企关系正有利于营造公平公正的发展环境。新型政企有利于克服权力的扩张性、发挥权力的利民性。新型政企关系的“清”字强调要构建清清爽爽的政企关系。“亲”“清”相辅相成，共同推动构建良好的市场环境。新型政企关系也有利于促使企业赚钱从“靠关系”到“靠本领”转变，这样就减少了企业迎来送往、打通关系的时间和金钱，使企业可以将更多的精力和费用放在产品研发、市场营销、技术创新上。

第九章　政府社会资本制度的选择、应用与展望

第一节　政府社会资本制度的选择

既然政府的公共资源配置可以区分为政府公共产品和政府社会资本两种类型，而不同的公共资源配置方式又具有公平性和效率性等目标导向的差异。因此，政府的公共资源配置方式就需要在不同的目标之间进行权衡，政府社会资本制度的最终选择取决于政府对双重目标的权衡和取舍。

一、政府公共资源配置方式选择的直接矛盾与取舍

如前所述，政府公共产品配置具有均衡性和无偿性的特征，作为对市场缺陷的弥补，其首要的目标追求是公平性，效率性的目标则是次一级的选择，或者说是政治价值优先，经济价值居其次。而政府社会资本则正好相反，作为对政府缺陷的弥补，其首要的目标是对经济价值的追求，旨在提高政府公共资源配置乃至社会资源配置的效率，而公平性的目标则成为次一级的选择，即经济价值优先，政治价值其次。

由此可见，政府公共资源配置方式的选择存在着公平和效率目标的直接矛盾和冲突。在一定的政府公共资源配置规模和政府社会资本的资源配置效率（与市场资源配置的效率相当）高于政府公共产品的资源配置效率假设前提下，较高的政府公共产品配置的比例，则意味着政府公共资源配置较高的公平性和较低的效率性，即政府公共资源配置的政治价值得到较大程度的实现，而政府公共资源配置的经济价值实现程度则较低。反之亦反。如图 9－1 所示。

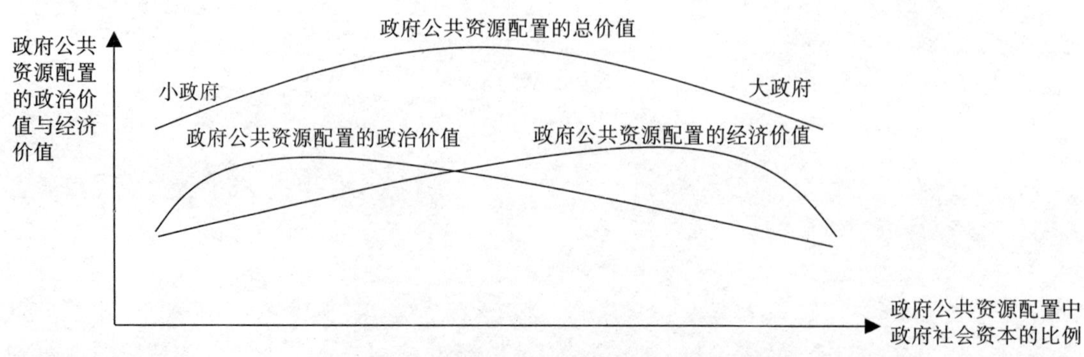

图 9－1　政府公共资源配置的双重价值与权衡

每个国家或地区的政府都必须在可获得的两种价值间进行权衡，政府公共资源配置方式的最终选择是在政治价值和经济价值之间做出权衡取舍的结果。当政府更关注政府公共资源配置所获得的政治价值时，就将投入较少的政府社会资本，较少参与和干预社会个体，形成"小政府"，从而其获得的经济价值较少；而当政府更关注政府公共资源配置的经济价值时，将形成"大政府"，即投入较多政府社会资本，较多地行使特许权、特殊政策和专项支持等，较多的政府社会资本投入必然带来政府公共资源配置较高的经济价值，但却增加了政府公共资源配置的不均等性，降低了社会公平性和政府公共资源配置的政治价值。可见，政府公共资源配置的经济价值和社会价值存在着直接矛盾和冲突，不存在政府公共资源配置方式的最优解。政府对公共资源配置方式的选择是其自身对政府公共资源配置的政治价值和经济价值权衡取舍的结果。

二、政府公共资源配置方式的动态调整

既然政府公共资源配置方式的选择是政府对公共资源配置的政治价值和经济价值权衡取舍的结果，而同一国家或地方的政府在不同的期间可能有不同的政府目标追求，这就意味着政府公共资源配置可能由于不同时期的政府对政治价值和经济价值的关注程度不同而对政府公共资源配置方式的选择进行调整，从而使政府公共资源配置出现动态变化的特征。

以美国为例，在美国特许设立企业的期间，刚成立的美国政府一方面对个人自由权利的呼声较高，一方面自身财政比较紧缺，于是政府放松了对社会公平的关注，放低获得特许证的门槛以激励人们自由经商，通过增加特许权的授予来增加政府自身的经济利益，但特许权授予本身的不均衡性以及由此导致的贫富差距加大降低了社会公平性，这又显然降低了政府的政治价值，这是该时期政府公共资源配置方式选择的必然结果；而经历了独立战争，到了通过准则自由成立企业的自由放任期间，由于政府欠缺在维护社会公平等政治价值方面提供的政府公共产品配置，行业垄断、寡头垄断又引起另一种破坏公众利益的不公平，这些都影响了政府的政治价值，进而也影响了政府对其经济价值的长远追求，于是美国政府又开始将目标转向政府的政治价值倾斜，政府公共资源配置的方式也由此更多地向政府公共产品配置的方式转变，开始依法对经济进行干预，准则主义、法律、行政制度的增加都体现了这一时期政府对政治价值的追逐。

三、政府社会资本制度选择的综合分析

前面的分析是假设政府公共资源配置规模一定，且政府社会资本的资源配置效率（与市场资源配置的效率相当）高于政府公共产品的资源配置效率，但是，政府公共资源配置的规模在很大程度上是由国家或地区所实行的经济体制和经济模式决定的，并与政府的职能定位有直接的关系。中国特色社会主义市场经济体制决定了中国的政府公共资源配置规模将大于同样经济规模但实行自由市场经济体制的国家。而处在不同的经济发展阶段，政府公共产品对整个社会资源配置效率的边际贡献与政府社会资本（假设与市场资源配置的效率相当）对整个社会资源配置效率的边际贡献的高低关系可能完全不同。例如，在基础设施、教育、科技严重落后的国家和地区，政府在基础设施、教育、科技等政府公共产品上的资源配置可能没有产生直接的经济价值，但是，由于基础设施的改善带来的营商环境的改善和教育科技水平提升带来全社会智力资本水平的显著提升将带来全社会巨大的经济价值提升，这

时从全社会的角度来看，政府公共产品配置的经济效率要远远高于市场资源配置的经济效率（包括政府社会资本配置的效率），而且基础设施条件和教育科技水平的显著改善将大大提升社会公平性和政府的政治价值，因此，在这种情况下，政府公共产品配置规模的扩大是最佳的选择。相反，当基础设施、教育、科技等已很发达，再大规模增加这些领域的政府公共产品配置所产生的全社会经济价值提升的边际效应可能大大低于将相同资源进行市场化配置（或用于政府社会资本投资）所产生的全社会经济价值的提升，而此时其带来的社会公平性提升也十分有限，在这种情况下，控制政府公共产品配置规模、扩大市场资源配置的规模则是务实的选择。

对于政府社会资本部分的政府公共资源配置来说，由于其资源配置本身就具有选择性的特征和效率性的目标导向，因此，有为的政府会将该部分资源更多地配置到对全社会经济效率提升作用更强的关键领域，从而可以产生比市场资源配置效率平均水平更高的效率，而在赋予政府对政府社会资本所有权的情况下，政府社会资本配置多的行业或企业与其他行业和企业不仅为社会创造了更多的税收，而且给政府带来了更多的经济价值提升，且经济价值的提升并没有带来社会公平性的降低，此时，加大政府社会资本的配置则是理性的选择。

此外，不论是政府公共产品性质的公共资源配置，还是政府社会资本性质的公共资源配置，都有集中力量办大事的独特优势，这种优势是那些否认或尽可能降低政府公共资源配置的自由市场经济体制所无法比拟的。中国在面对重大突发公共卫生事件时所表现出的超强的应对能力以及在高铁、航天、国防等领域的超常规发展都有力地证明了政府公共资源配置的制度优势。

当然，不论是政府公共产品还是政府社会资本形式的公共资源配置，政府的调控能力和政府的腐败水平都会对这些资源配置的效率性和公平性产生实实在在的影响。因此，每个国家和地区的政府需要结合自身的实际状况和发展阶段进行全面分析和权衡后作出理性的选择，没有也不可能存在一个放之四海而皆准的模式或标准。“使市场在资源配置中起决定性作用，更好发挥政府作用”是符合中国特色社会主义新时代和中国国情的科学选择，也是政府社会资本制度应用的基本准则。

第二节　政府社会资本制度的应用

将政府公共资源配置区分为政府公共产品和政府社会资本，并确认政府对政府社会资本的所有权，这是一项企业制度和社会制度的创新和变革。作为一项系统性的制度变革，其推行需要循序渐进，不能操之过急。在中国特色社会主义建设的新时代，建议优先在以下领域进行试点和实践。

一、国家级新区的管理体制和运营机制改革

（一）国家级新区管理体制和运营机制改革的意义

国家级新区是由国务院批复设立的以相关行政区、特殊功能区为主要内容的综合功能区，是国家区域协调发展总体战略的重要组成部分。作为继深圳等经济特区之后中国区域经济发展又一重要的“改革试验田”，国家级新区被赋予“先行先试”的特殊权限，并相应给

予一系列优惠政策支持。其不仅肩负着培育新的经济增长极、辐射带动周边地区经济发展的重任，还对进一步深化改革和扩大开放探索新路径、积累新经验、提供新模式具有重要意义。

管理体制和运营机制直接影响到管理的效率和效能，决定着区域发展方向和发展效益，对于国家级新区的发展有着重要的影响。2015 年国家发展改革委印发的《关于促进国家级新区健康发展的指导意见》和 2019 年国务院办公厅印发的《关于支持国家级新区深化改革创新加快推动高质量发展的指导意见》均明确指出，应优化管理体制和运营机制，科学确定管理权责，持续增创体制机制新优势。党的十九届四中全会《关于坚持和完善中国特色社会主义制度，推进国家治理体系和治理能力现代化若干重大问题的决定》提出的总体要求和各项目标任务，更为国家级新区管理体制和运行机制的创新和改革指明了方向。

（二）国家级新区管理体制和运营机制改革的现状与问题

国家级新区担任着先行先试的任务，在管理体制的设计上有较大的自主权，目前在现有的 19 个国家级新区中，共有 14 个新区采用了管委会的管理体制。“管委会 + 公司”运营管理模式作为新区的一种典型运营载体，是一种能够获取高绩效的“经营策略”。自 20 世纪 90 年代以来，国家级新区建设发展取得了显著成效，国家级新区以“管委会 + 公司”为代表的独特政府管理体制和运营机制发挥了重要的作用。但是，随着国家级新区的发展与演进，“政府—企业”权力的混同以及控制权机制的缺失也导致了权力滥用的高风险，这一管理体制与新区经济社会发展的需求变迁不相适应的问题逐渐显现出来，突出地表现在如下几个方面：（1）政府公共产品和政府社会资本的混淆导致的政府和市场关系创新不足。不论是“双轮驱动”中的制度创新，还是国家级新区的改革发展，都需要突破共同的管理制度瓶颈。在制度创新端，如何才能抓住“牛鼻子”，牵一发而动全身，对于冲破旧制度的藩篱、探索新模式、激发新时期发展的动力和活力具有重要的意义，对于理顺政府和市场的关系更具有十分重要的指导意义。（2）“清”而不“亲”、“亲”而不“清”的政企关系。通过体制机制创新，如何在让“有为政府”发挥作用的同时加速政府行政体制改革和政府职能转变，有效遏制权力暗箱操作、政企利益输送等腐败现象，如何以科学合理的制度消除权力设租和寻租空间，打破政企之间结成的不正当的利益共同体，如何构建新型的“亲”“清”政企关系，让权力始终在阳光下运行，对于促进国家级新区健康、高质量发展具有十分重大的意义。（3）财税管理体制不可持续，“公平”与“效率”不能兼顾。如何深化新区税收制度改革，实现税负公平、调节有度的税收制度体系以及如何在实现税收“公平”的前提下兼顾“效率”，这就需要从根本上改变现行财税收入结构，只有实现利税分流才能建立科学的、可持续的国家级新区公共财政管理体制，让国家级新区继续成为体制改革的“示范窗口”。

（三）国家级新区管理体制和运营机制改革的目标、任务与思路

纵观国家级新区的发展历程，前 30 年国家级新区已经基本完成重大布局，但仍存在国家级新区建设中部分管理体制机制落后，如出现了不同程度的形式主义、效率降低等问题，新区发展的市场化新机制还尚未形成。自 2020 年开始，国家级新区将迎来新的 30 年，未来国家级新区的主要任务是释放潜能、激发动能、实现引领。在高质量发展的背景下，国家级新区新一轮发展改革需要充分释放体制机制活力，形成新型市场化管理组织架构，真正实现动力变革、效率变革、质量变革。因此，从国家级新区的管理体制的普遍问题出发，积极探索国家级新区新型“管委会+公司”的运营管理模式，以政府职能和政企关系为突破口，各个击破国家级新区管理面临的三大难题，提出建立一套基于政府公共管理权和政府社会资本所有权的政企关系理论和政府社会资本配置结构和资本配置效率的评价指标，在实现政权和产权协同、建立“清”“亲”的政企关系的同时，为继续深化国家级新区管理体制改革、进一步推动高质量发展提供质量保障和制度支撑。

国家级新区管理体制和运营机制改革的总体目标为：创新国家级新区管理体制，探索“管委会+公司”运营管理新模式，创新政府社会资本配置评价体系，为深化国家级新区管理体制改革、推动高质量发展提供质量保障和制度支撑。

国家级新区管理体制和运营机制改革的基本任务和思路如下：

1. 解决政府公共产品和政府社会资本混淆导致的政府和市场关系创新不足的问题

旧术无法治顽疾，破解方法唯有创新。从国家治理层面来看，政府和市场作为两种不同的资源配置方式，政府与市场的作用及其相互关系是不同学派分歧的焦点。不论是从政企关系的根源来看，还是从不同学派理论分歧的焦点来看，政府公共资源的配置都是关键所在，因此也是探索国家级新区管理体制和运营机制改革创新的逻辑起点和拟解决的关键问题。不论是“双轮驱动”中的制度创新，还是国家级新区的改革发展，都需要突破共同的管理制度的瓶颈。在制度创新端，如何才能抓住“牛鼻子”，牵一发而动全身，集政治与经济、宏观与微观的改革于一体，非政企关系改革莫属。

因此，从政府公共资源配置属性分类为切入点创建新型政企关系理论并付诸实践，澄清长期以来政府公共资源配置等同于公共产品的概念混淆和理论误区，将政府公共资源配置按其配置属性区分为政府公共产品和政府社会资本，并以此为基础构建政府社会公共管理权和政府社会资本所有权与企业之间的双重政企关系，对于冲破旧制度的藩篱、探索新模式，激发新时期发展的动力和活力具有重要的意义。

2. 改革“清”而不“亲”、“亲”而不“清”的政企关系

习近平总书记在党的十九大报告中指出要构建“亲”“清”的政企关系。一来“清”而不“亲”的政企关系不是“有为政府”所提倡的，是我们需要摒弃的；二来“亲”而不“清”的政企关系也是我们不希望看到的。要通过管理制度创新，加速政府行政体制改革和政府职能转变，有效遏制权力暗箱操作、政商利益输送等腐败现象。以科学合理的制度消除权力设租和寻租空间，打破政商之间结成的不正当的利益共同体。

构建新型的“亲”“清”政企关系关键在于要从政府公共资源配置属性分类出发，深刻认识管委会作为政府的委派机构，应从社会公共管理职能出发，将政府公共资源配置中属于政府公共产品的部分按“公共服务均等化”原则由公共财政预算进行配置，而这部分公共资源配置所形成的政府与企业的关系体现的是政府作为社会公共管理者与企业之间的行政管理关系，政府在每一家企业中的利益（体现为税收征缴）具有强制性、均衡性的特征。在此基础上，进一步讨论政府作为公共管理部门与企业的关系。构建政府官员和企业家互动监督机制，使权力始终在阳光下运行。

至于政府在每一家企业成立时所投入的其他私人资本提供者难以取代的政府社会资本，应该与其他资本提供者一样，赋予政府对其所投入的政府社会资本相应的所有权，从而使得每家企业都是政府提供的政府社会资本和其他资本提供者提供的其他形态资本混合的产物。从这个意义上来说，混合所有制成为所有企业的普遍形式，真正成为中国特色社会主义基本

经济制度的微观基础。

3. 解决财税管理体制不可持续、“公平”与“效率”不能兼顾的问题

在当前财税管理体制下，政府社会资本投资收益的获得与政府公共产品投入供给对价的索取相同，均通过税收方式得以实现，在征收税种与税率上也与未接受政府社会资本投资的市场主体并无差异，这不仅破坏了税收公平原则，政府为企业无偿提供的政府社会资本（包括有形和无形的）亦没有实现政府的投资“效率”，是不可持续的。鉴于此，应对政府公共资源配置中属于政府社会资本的部分按“效率优先”的原则由国有资本预算进行配置，这部分公共资源配置所形成的政府与企业的关系体现的是政府作为政府社会资本所有者与被投资企业之间的产权关系，遵循市场的一般价值规律，即“多投多得、少投少得”的原则。在此基础上，政府应进行利税分流的财税管理体制改革。通过利税分流管理，政府公共产品的投入的收益关系仍然由税收体系予以规范，而政府社会资本投资与市场主体的利益关系则通过剩余利润分享的方式予以规范。在资本运营管理体制下，只有确认了股权关系，政府在投资时才会更加关注其资本配置和投资效率，为高质量、可持续的国家级新区运营提供质量保障和制度支撑，也为我国财税体制改革的推进提供经验借鉴。

二、政府公共资源运作机制的统筹规划

公共资源配置是一个有机整体，每一个环节的改革都牵一发而动全身，必须通盘考虑、统筹规划、整体推进、配套进行。但是，不同类型的公共资源由于其配置属性不同，其实施政策、目标导向、理念机制也应不同。中共中央办公厅、国务院办公厅印发《关于创新政府配置资源方式的指导意见》中将政府公共资源分为自然资源（土地、矿藏、山岭、滩涂、海域等自然资源）、经济资源（金融和非金融类经营性国有资本）和社会事业资源（非经营性国有资产）等三大类，并提出“对于适宜由市场化配置的公共资源，要充分发挥市场机制作用，切实遵循价值规律，建立市场竞争优胜劣汰机制，实现资源配置效益最大化和效率最优化。对于不完全适宜由市场化配置的公共资源，要引入竞争规则，充分体现政府配置资源的引导作用，实现政府与市场作用有效结合。对于需要通过行政方式配置的公共资源，要遵循规律，注重运用市场机制，实现更有效率的公平性和均等化。通过创新公共资源配置方式，促进经济社会持续健康发展”的总体指导思想。另外，还提出了“创新政府配置资源方式，自然资源方面要以建立产权制度为基础，实现资源有偿获得和使用；经济资源方面（主要指金融类和非金融类经营性国有资产）要突出国有资本的内在要求，明确委托代理关系的制度安排，建立健全国有资本形态转换机制；社会事业资源方面（主要指非经营性国有资产）要引入市场化手段和方法，实现更有效率的公平性和均等化，促进公共资源配置更高效、更公平、更可持续”的创新政府资源配置方式的改革目标。如何创新政府公共资源运作机制，统筹规划设计各类政府公共资源的运营管理体制和监督机制，是深化政府公共资源配置改革的重点课题，亟待开展深入研究。

我们认为，要统筹规划政府公共资源运作机制，对政府公共资源进行科学的分类是基础。将政府公共资源按自然资源、经济资源和社会事业资源进行分类，并简单地将其按适宜由市场化配置的公共资源、不完全适宜由市场化配置的公共资源和需要通过行政方式配置的公共资源三大类进行政府公共资源配置方式的改革缺乏深入、具体的分析论证，甚至可能产生误导。按政府公共资源配置属性进行分类、澄清政府职能的认识误区和政府公共产品与政

府社会资本的概念混淆是政府公共资源配置方式改革的基础。政府作为国家代理人，其目标和价值追求从来都存在着经济目标（经济价值）、政治目标（社会价值）的双重性：一方面，政府通过提供政府社会资本引导市场的资源配置，从而推动经济增长，实现其经济目标；另一方面，通过提供政府公共产品来维护政权稳定和社会秩序，实现其政治目标。每个国家的政府都必须在两种目标之间进行权衡。因此，对政府公共资源配置属性进行分类，区分政府公共资源配置的公共性和政府社会资本配置的私有性，并分别与政府的"公权力"（政权）即政府的政治目标和政府的"私权利"（产权）即政府的经济目标相对应，为从根本上化解当前理论和实践中的理论分歧和现实困境奠定科学的基础。在此基础上，再将政府公共产品和政府社会资本的公共资源配置与资源配置方式相联系。对于纯粹的公共产品供给，则完全采用政府来供给，而对于政府社会资本的那部分公共资源供给，则采用产权的方式。在实现产权和公共选择有机结合的同时，使效率和公平得到兼顾，从而较好地实现资源配置效益最大化和更有效率的公平化和均等化（如图 9－2 所示）。

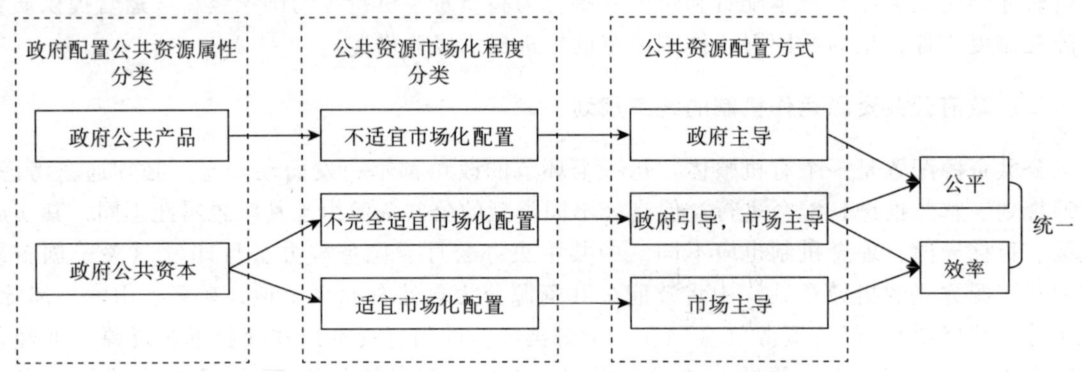

图 9－2 政府配置公共资源属性分类与市场化程度分类对应关系

在明确政府公共产品和政府社会资本以及与之相适应的公共资源配置方式之后，再通过利税分流变革财税管理体制，为政府公共资源统筹运作提供制度保障。通过利税分流管理，政府公共产品的投入的收益仍然由税收体系予以规范，而政府社会资本投资与市场主体的利益关系则通过所有权的剩余利润分享方式予以规范。同时，由于政府在不同企业中所投入的政府社会资本可能存在着差异，因此，政府作为政府社会资本投资者在每家企业中享有的利润分配的权利也应存在差异，不能强求一致，必须由政府与其他投资者的集体选择来决定，构建政府社会资本运用管理体制是必然的选择。

此外，政府作为政府社会资本的所有者，又是社会公共管理者，双重身份使得政府对企业拥有多重监督权。一方面，政府作为每一家企业天然的股东，尽管只是小股东，但是却具有了参与重大决策的权力和监督的权力。而政府作为社会公共管理者，则可以对每一家企业进行行政监督。如何协调二者的监督从而在达到监督目的的前提下尽可能降低监督成本是政府监督体制创新的方向所在。

总之，从政府公共资源配置属性分类出发，进一步明确政府公共资源的配置范围，并在此基础上分别从财税管理体制、政府社会资本运营管理体制和政府作为政府社会资本所有者和社会管理者的双重监督体制创新三条路径统筹政府公共资源配置机制改革是未来努力的方向（如图 9－3 所示）。

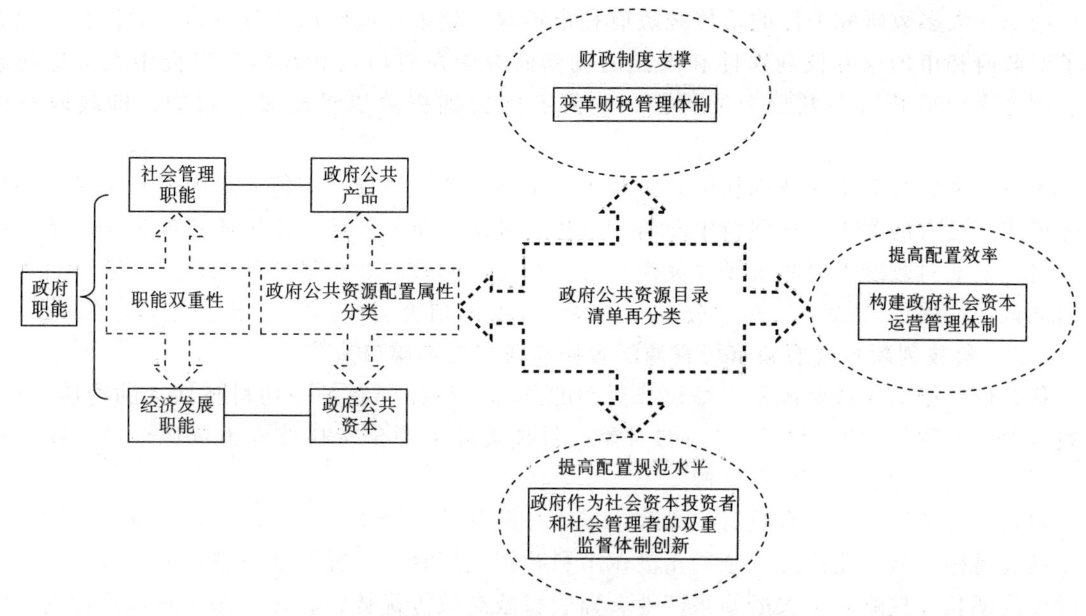

图 9－3　统筹政府公共资源运作机制路径图

三、科技创新中政府与市场资源配置的协同

创新是引领发展的第一动力，是建设现代化经济体系的战略支撑。2018 年 8 月，国务院正式印发《“十三五”国家科技创新规划》，“十三五”是《国家中长期科学和技术发展规划纲要（2006—2020）》的收官五年，也是创新驱动发展战略的开局五年。在科技创新中处理好政府与市场的关系，有利于调动创新积极性、促进科技成果转化效率的提升。习近平总书记在党的十九大报告中指出，“看不见的手”和“看得见的手”都要用好，努力形成市场作用和政府作用有机统一、相互补充、相互协调、相互促进的格局，推动经济社会持续健康发展。这是我们科学把握政府与市场关系所应遵循的基本理论思维。国际经验表明，保持持续高速经济增长和社会进步，既需要通过市场机制来配置资源，同时也需要有一个有效有为的政府。处理好科技创新中政府与市场资源配置的协同关系，对创新发展战略的顺利实施具有重要的影响。

（一）科技创新中政府和市场资源配置协同研究的现状与不足

如果我们根据政府与市场在创新资源配置中的不同地位和作用，把科技资源配置分为“政府主导型”和“市场主导型”两种形式，那么这两种形式又包括了“大”“小”两种情况，因此政府配置和市场配置可形成三种不同的组合方式。

第一种组合：大市场，小政府。第二种组合：大政府，小市场。第三种组合：政府与市场协同配合。综合国内外现有的研究成果不难看出，在全球范围内，大家对于创新，特别是科技创新普遍给予高度重视，对于政府与市场资源配置方面的研究也极大丰富。但是已有的研究仍然存在不足，归纳起来有以下三点：

第一，大多数研究都是在公共管理范畴对政府和市场关系进行讨论，而少有在政府经济发展目标的和社会公共管理职能框架下的研究。在现代社会，无论是市场还是政府都不能进行单边控制，因此政府和市场协同研究应该在经济发展目标和政府社会管理的双重目标下进行。

第二，大多数研究关注的是传统政府和市场双方政策性调整以及各自边界的调整，而忽视了对政府和市场双方权利属性和内涵的创新研究。在对市场和政府的研究中大多探讨政策、制度来规范政府公共权力的行使，而鲜有除公共权力以外的私有权力，即政府社会资本。

第三，大多数对于科技创新中政府和市场资源配置的研究，未能提供政府和市场协同的具体模式。已有的关于科技创新中政府和市场资源配置研究虽然在不同阶段的创新链条上都有探讨，但面对政府失灵和市场失灵尚没有一种完善的政府和市场协同的模式。政府与市场的协同该如何保证“效率”和“公平”的统一，少有研究对此问题作出令人满意的回答。

（二）科技创新中政府和市场资源配置协同研究的突破口

科技创新中的科技资源是支撑科技活动的总称，科技资源是一切科技活动的物质基础。科技资源的配置是政府和市场协同的对象，科技资源主要是指科技人力资源、科技物力资源、科技财力资源和科技信息资源。

科技资源的配置方式有政府主导和市场主导两种：政府主导资源配置具有制定和实现科技发展总目标，从战略高度、全局角度调节科技资源配置，弥补短期科技资源配置短板，注重投资周期长、战略意义大的新兴产业，监管权威高效等优势，具体采用实施科技计划、财政拨款方式实现资源配置，但政府资源配置也存在挤出效应、选择性偏见、低效、寻租行为、政府行为目标与社会公共利益存在差异、不完全信息、经济政策的局限性以及政府行为存在外部效应，可能造成资源配置的非效率等劣势。

市场主导资源配置通过价格来传导供求信息，通过价值规律配置科技资源，使得可转化为生产力的知识、技术和仪器设备等，通过市场行为实现流通、交易和生产。具备核心技术或知识产品的机构和个人，在市场活动中产生了源源不断的创新活力和动力，在市场竞争中找到了各自的定位与职能。在以提高技术创新能力为前提的配置行为中，市场行为发挥了决定性作用，特别是在人力资源的影响因素中更为重要，因此应注重科技人才的培养和知识资源的积累、创造，构建健康的市场经济人才竞争规则与社会环境。但市场资源配置也存在着难以克服的劣势，比如创新活动往往会产生正外部效应（创新的个人收益小于社会受益），科技知识在研发、创新、许可以及产业应用中容易被竞争对手以假名、模仿、抄袭和复制等方式侵权，从而导致科技创新主体的投入得不到回报，或减少主体的投资回报，从而削弱了科技投资和创新的积极性或利益驱动力。由于科技知识自身具有外部性、可复制性、可共消费性、可学习性以及不确定性等属性，科技创新容易扩散到社会上，被社会所共享，或被其他竞争者学习、模仿或抄袭，科技创新者不能完全收获其投资和创新的科技成果价值，市场调控科技创新的利益分配功能失灵，发挥不了市场机制的应有作用。

在科技资源配置过程中，需要处理好政府和市场在资源配置中的关系。当然，无论是政府配置还是市场配置皆各有利弊。若政府完全取代市场，政府大包大揽、事无巨细，变成无所不能的“万能政府”，造成政府职责错位，政府对社会经济过度干预，无法达到帕累托最优状态，就会陷入“政府失灵”的弊端；若市场完全取代政府，政府完全放手，任由市场经济自身调节，政府只需充当“守夜人”的角色，政府又变成“无为政府”，就会陷入“市场失灵”的弊端，这是另一种极端。据研究，以上两种极端方式在美国和日本科技资源配置中各有实践，虽然在一定阶段起了积极的作用，但是从长远来看，这两种模式最终会影响科技资源的配置效率。2017 年，习近平总书记在党的十九大报告中进一步指出，“使市场在资源配置中起决定性作用和更好发挥政府作用，二者是有机统一的，不是互相否定的”。因此，对于科技创新中政府和市场资源配置的协同是我国未来研究的主要方向。

要重新塑造政府与市场的关系，首先就要摆脱政府和市场孰大孰小的思维定势。从政府公共资源配置属性分类的角度看，并非所有政府提供的公共产品都符合均等化原则。政府社会资本是政府为企业实实在在投入的具有个性化的基础设施、企业名号、经营许可及特别政策等，这些投入并非真正的公共产品，更具有资本的属性。只有将政府社会资本从公共产品中剔除后，公共产品才真正具有了社会公众平等分享的特征。因此，我们将政府社会资本与政府提供的纯公共产品区分开来，是重新塑造政府和市场科技资源配置协同的突破口之所在。

（三）科技创新中政府和市场资源配置协同机制

1. 基础研究创新

基础研究是科技创新的源头。科学技术的源头一般来源于高校和其他科研机构，研究对象是科学知识，并将科学知识投入产业链和创新链的上游环节。近几年基础研究正在进入从量变到质变、从点的突破到全面提升的发展阶段，学科交叉融合趋势日益明显。信息网络、人工智能、生物技术、清洁能源、新材料、先进制造等领域颠覆性技术不断涌现，基础研究的突破将带动相关产业飞跃式发展，同时，基础研究到产业化的周期越来越短，成为技术创新和产业发展的重要源头。据美国科学基金会（NSF）统计，近年来美国企业申请专利的科学基础 73% 来自政府支持的基础研究；过去 25 年，美国经济增长的 50% 归功于以基础研究为动力的研究和开发。

基础研究成果大都具有纯公共产品的性质，是向全社会成员提供的且在消费上具有非竞争性、受益上具有非排他性和非分割性的物品。这些物品具有周期相对较长、风险较大、见效较慢和回报不确定等特点，所以应由政府发挥主导作用。

为保证基础性研究活动顺利进行，政府应以社会管理者的身份，以政府社会公共利益为目标，不断加大公共产品投入，并相应地采取税收方式集中资源来为此融资，实现政府的社会价值。此时政府更关注其社会价值，政府直接资源配置的功能被降低到最低限度。鉴于基础研究的重要性，政府应制订基础研究规划，统筹谋划国家实验室、大科学装置等重大科技创新载体建设；不断加大基础研究经费投入，设立专项研究基金，逐步提高基础研究在全社会 R&D 经费支出中的占比；广泛引进优秀的基础科学研究人才，并营造良好的科研环境和政策环境。从市场角度看，由于基础性研究的社会收益高于个人收益，若全部由市场价格机制进行配置，则会产生利益至上的不当引导，从而影响基础研究工作人员的积极性，降低基础研究工作的效率，会对国家科技创新产生不利影响。虽然由政府主导基础研究创新，但是市场也应发挥其价值规律作用，通过市场机制使高校和其他研究机构的研究成果与市场动态相结合，使研究成果更能适应市场主体的变化，从而提高资源配置的效率。

2. 应用研究创新

应用研究的科技成果侧重于解决科技发展中的技术应用问题。科技成果是在充分开展基础研究的前提下进行的技术发明与应用创新，具有风险小、见效较快等特征，政府应选择战略性的重大科技项目重点投入。又由于技术发明不符合公共产品均等化原则，因此不能认定为纯公共产品。除此以外，一些重点研究的项目对于单一企业来说，存在着适用性有限、回报周期太长而不愿投入的现象，因此，这部分重点投入应采取政府社会资本投入并确认政府社会资本所有权的方式，且在不涉及国家安全的重点领域充分调动民间资本的积极性，政府社会资本主要体现为引导性，市场的资源配置则发挥主导作用。

就资源配置的侧重来说，市场调节对一般经济资源配置发挥主导作用，既着眼于提高微观效率，也关系到宏观经济整体发展，而政府引导功能既要抓住重点领域技术发展，也要致力于维持重要资源配置的长期均衡。政府主要是进行引导性投入，对一些战略性、公共性的重大科技项目投入政府社会资本，并确认政府社会所有权，实现政府较高的经济价值。除此之外，政府可以建设面向全社会、资源共享的创新技术平台，对前瞻性、共性的关键技术进行联合攻关，还可以通过政府补贴，其中包括财税优惠政策、财政拨款、融资担保和贷款贴息、政府采购以及政府兴办公共 R&D 部门，还应建立科技中介机构，如科技评估机构、科技咨询机构等，从而促进交易双方的合作，促进科技成果转化率的提高。

在一些发达国家，市场机制较为成熟，以市场为主导的资源配置应用较为广泛，很大程度上促进了应用研究创新的发展，但在我国现阶段的应用研究创新领域，市场的发展并不健全，也就是说与市场紧密相关的企业要么尚未成为市场的主体，创新动力不足；要么企业实力相对较弱，积累不足导致的创新能力不足。因此，我们要根据自身的特点，在市场应该发挥作用的领域，培育市场的主体，着手引导市场进入。新技术的发明需要大量的投入，一方面市场通过供求规律和价值规律使得高校和科研机构的研究方向与企业需要相结合，弥合知识创新和技术创新之间的断层，使得孵化出来的新技术具有市场前景，能够被推广应用，实现其产业化发展；另一方面，由于政府对于基础研究的投入有限，一些高新技术的发明与应用只能由实力较强的企业担任，比如华为公司在一些世界尖端技术领域开展研究，需要企业内部成立科研部门展开技术研究并推广应用。市场将科技人力财力资源引导到经济效益高的科技活动主体，从而促进科技创新活动的良性循环。

总之，政府和市场在基础研究和应用研究领域的投入强度和发挥的作用都是不同的，政府和市场应该根据各个领域的规律，相互协调，优势互补，共同促进科技资源配置效率的提高。

3. 二元创新体制

从政府公共资源配置属性分类来看，在基础研究创新领域中政府起主导作用：政府以社会管理者的身份通过不断加大公共物品投入实现其社会价值；在应用研究创新领域由市场主导，政府引导：政府以政府社会资本投资者身份通过对重点领域项目投入政府社会资本来引导资源配置，实现政府的经济价值。政府与社会组织进行一系列活动时，政府居于强势地位，使得众多组织在享受这一资源时分布不均，从而引发社会不公，并由此降低政府的社会价值。由于信息的不对称性，使得远离政府社会资本的组织难以获得，使得不同的拥有者获利不同，长此以往，不利于政府和市场建立持久、稳定的和谐关系。当政府社会资本的不均衡性超出一定限度、利益结构的非对称性超过社会结构本身时，就会产生政府社会资本投资的负面影响。

可见，政府的经济目标和政治目标存在着一定的冲突和矛盾，需要作出权衡。那么如何兼顾政府的经济目标和政治目标，来实现政府资源配置效率和公平的统一呢？我们可以建立一种基于政府公共产品属性分类的二元创新体制，这种体制将在转变政府职能的同时，形成政府与作为国家重要创新主体的企业之间的双重关系，即在基础研究创新领域，政府作为公共产品的提供者与每家企业的基础研究创新之间的关系，这部分关系的性质是政府无偿资助，企业义务纳税；而在应用研究创新领域则是政府作为政府社会资本的提供者与企业的应用研究创新之间的关系，这部分关系的性质是政府有偿资助（确认政府社会资本所有权），企业则以项目的盈利回报政府（向作为股东的政府分配利润）。双重政企关系将在实现效率与公平兼顾的同时，形成政府的政权（税收）、产权（利润）的双重权力、利益格局。

第三节　政府社会资本制度的未来展望

一种严谨的理论需要从定义到体系的完整构建，也需要事实和数据的支撑，显然本书构建的政府社会资本与企业理论创新的观点还缺乏充分的事实和数据支撑，政府如何对基于政府公共管理权和基于政府社会资本所有权的政治目标、经济目标进行协调？如何对不同时期、不同国家的企业制度的优劣进行综合评价，均需要继续深入研究。从更现实的角度来说，在中国特色政企关系框架下，在国家治理层面政府作为社会公共管理者和政府作为政府社会资本所有者与企业的利益分配关系如何调整，政府对企业拥有的双重权力如何在国家治理和监督体系中发挥协同作用，也需要深入开展研究，这些问题有待在《政府社会资本与国家治理创新》一书中再深入分析和阐述。

主要参考文献

奥尔森，1995. 集体行动的逻辑［M］. 上海：上海三联书店.

奥斯特罗姆，2000. 公共事物的治理之道［M］. 余逊达，陈旭东，译. 上海：上海三联书店.

奥斯特罗姆，2015. 公共资源的未来：超越市场失灵和政府管制［M］. 北京：中国人民大学出版社.

塞利格曼，1975. 美国企业史［M］. 上海：上海人民出版社.

布迪厄，华康德，1978. 实践与反思［M］. 北京：中央编译出版社.

布坎南，1988. 自由、市场与国家［M］. 吴良健，桑伍，曾获，译. 北京：北京经济学院出版社.

大冢久雄，2002. 股份公司发展史论［M］. 北京：中国人民大学出版社.

诺思，2003. 经济史中的结构与变迁［M］. 上海：三联书店.

高德步，王玉，2001. 世界经济史［M］. 北京：中国人民大学出版社.

高鸿业，2005. 就业、利息和货币通论［M］. 北京：商务印书馆.

伯尔曼，1993. 法律与革命——西方法律传统的形成［A］. //江平主编，外国法丛书［C］. 贺卫方等译. 北京：中国大百科全书出版社.

胡毓达，2004. 集体选择与社会福利［M］. 上海：上海科学技术出版社.

霍布斯，1985. 利维坦［M］. 黎思复等，译. 北京：商务印书馆.

莱特，里斯，1981. 美国经济史［M］. 沈阳：辽宁人民出版社.

李惠斌，杨雪冬，2000. 社会资本与社会发展［M］. 北京：社会科学文献出版社.

陆铭，潘慧，2009. 政企纽带——民营企业家成长与企业发展［M］. 北京：北京大学出版社.

卢梭，1994. 社会契约论［M］. 何兆武，译. 北京：商务印书馆.

卢现祥，2004. 新制度经济学［M］. 武汉：武汉大学出版社.

罗森堡，小伯泽尔，1989. 西方致富之路［M］. 上海：三联书店.

马歇尔，1981. 经济学原理［M］. 朱志泰，译. 北京：商务印书馆.

诺斯，1994. 经济结构史中的结构与变迁［M］. 陈郁，译. 上海：上海三联书店.

诺斯，2009. 经济史中的结构与变革［M］. 北京：商务印书馆.

宋则行，樊亢，1994. 世界经济史.（上卷）［M］. 北京：经济科学出版社.

皮凯蒂，2014. 21世纪资本论［M］. 北京：中信出版社.

帕特南，2001. 使民主运转起来［M］. 南昌：江西人民出版社.

皮凯蒂，2014. 21 世纪资本论［M］. 北京：中信出版社．

青木昌彦，1999. 经济体制的比较制度分析［M］. 北京：中国发展出版社．

萨缪尔森，1999. 经济学［M］. 萧琛，译．北京：华夏出版社．

萨伊，1963. 政治经济学概论［M］. 陈福生，译．北京：商务印书馆．

斯蒂格利茨，1998. 政府为什么干预经济［M］. 北京：中国物资出版社．

斯密，2010. 国富论［M］. 谢宗林，李华夏，译．北京：中央编译出版社．

泰格，利维，1996. 法律与资本主义的兴起［M］. 上海：学林出版社．

坦茨，2014. 政府与市场：变革中的政府职能［M］. 王宇等，译．北京：商务印书馆．

习近平，2017. 毫不动摇坚持我国基本经济制度，推动各种所有制经济健康发展［M］.《习近平谈治国理政（第二卷）》，北京：外文出版社．

夏皮罗，瓦里安，张帆，2000. 信息规则：网络经济的策略指导［M］. 北京：中国人民大学出版社．

燕继荣，2006. 投资社会资本——政治发展的一种新维度［M］. 北京：北京大学出版社．

虞政平，2001. 股东有限责任［M］. 北京：法律出版社．

张其仔，2001. 新经济社会学［M］. 北京：中国社会科学出版社．

张维迎，1995. 企业的企业家——契约理论［M］. 上海：上海人民出版社．

郑远民，2001. 现代商人法研究［M］. 北京：法律出版社．

边燕杰，2004. 城市居民社会资本的来源及作用：网络观点与调查发现［J］. 中国社会科学（3）：136 – 146 + 208.

边燕杰，丘海雄，2000. 企业的社会资本及其功效［J］. 中国社会科学（2）：87 – 99 + 207.

曹伟，程六兵，赵璨，2016. 地方政府换届会影响企业纳税行为吗？——来自市委书记变更的证据［J］. 世界经济文汇（3）：91 – 110.

曹伟，杨德明，赵璨，2016. 政治晋升预期与高管腐败——来自国有上市公司的经验证据［J］. 经济学动态（2）：59 – 77.

曹伟，杨德明，赵璨，等，2017. 地方政治权力转移与企业社会资本投资周期——基于政企关系重构的动态研究［J］. 财经研究（1）：4 – 16.

陈丹，唐茂华，2008. 关注公共资源配置的公平性问题［J］. 中国发展观察（9）：33 – 34.

陈德球，李思飞，钟昀珈．2012. 政府质量、投资与资本配置效率．世界经济（3）：89 – 110.

陈冬华，2009. 地方政府、公司治理与补贴收入——来自中国证券市场的经验证据［J］. 财经研究（9）：15 – 21.

陈建先，2013. 诺贝尔经济学奖专家对政府经济学贡献之研究［J］. 行政论坛（4）：83 – 88.

陈爽英，傅锋，井润田，2020. 政治关联对研发投资的影响：促进还是抑制［J］. 科研管理（1）：184 – 192.

陈晓芸，吴超鹏．2013. 政治关系、社会资本与公司投资效率．山西财经大学学报，35（6）：91 – 101.

陈云贤，2019. 中国特色社会主义市场经济：有为政府 + 有效市场 [J]. 经济研究 (1)：4 - 19.

陈宗胜，王晓云，周云波，2018. 新时代中国特色社会主义市场经济体制逐步建成——中国经济体制改革四十年回顾与展望 [J]. 经济社会体制比较 (4)：24 - 41.

程恩富，2014. 完善双重调节体系：市场决定性作用与政府作用 [J]. 中国高校社会科学 (6)：43 - 52 + 153 - 154.

程恩富，2016. 马克思主义政治经济学理论体系多样化创新的原则和思路 [J]. 中国社会科学 (11)：43 - 49.

程恩富，高建昆，2014. 论市场在资源配置中的决定性作用——兼论中国特色社会主义的双重调节论 [J]. 中国特色社会主义研究 (1)：53 - 59.

程恩富，侯为民，2014. 市场和政府的功能强弱性及其互补作用 [J]. 海派经济学 (4)：8 - 15.

程恩富，孙秋鹏，2014. 论资源配置中的市场调节作用与国家调节作用——两种不同的“市场决定性作用论” [J]. 学术研究 (4)：69 - 78.

程文进，1999. 美国政府与公司关系的历史演变 [J]. 北京社会科学 (4)：3 - 5.

楚永生，2003. 政府与市场资源配置有效性边界分析 [J]. 西安电子科技大学学报 (社会科学版) (4)：30 - 34.

戴亦一，潘越，刘新宇，2014. 社会资本、政治关系与我国私募股权基金投融资行为 [J]. 南开管理评论 (4)：88 - 97.

邓建平，曾勇，2009. 政治关联能改善民营企业的经营绩效吗 [J]. 中国工业经济 (2)：100 - 110.

刁建东，权锡鉴，2012. 走出家族主义困境 [J]. 企业管理 (2)：18 - 19.

杜兴强，郭剑花，雷宇，2009. 政治联系方式与民营上市公司业绩：“政府干预”抑或“关系”? [J]. 金融研究 (11)：162 - 177.

杜媛，孙莹，王苑琢，2015. 混合所有制改革推动资本管理创新和营运资金管理发展 [J]. 会计研究 (1)：93 - 95.

杜媛，王竹泉，2014. 政企关系再观察：一个理性视角 [J]. 改革 (11)：127 - 136.

方福前，2019. 论建设中国特色社会主义政治经济学为何和如何借用西方经济学 [J]. 经济研究 (54)：16 - 29.

方军雄，2006. 市场化进程与资本配置效率的改善 [J]. 经济研究 (5)：50 - 61.

方军雄，2007. 所有制、制度环境与信贷资金配置 [J]. 经济研究 (12)：82 - 92.

方军雄，2007. 所有制、市场化进程与资本配置效率 [J]. 管理世界 (11)：27 - 35.

方流芳，1992. 中西公司法律地位历史考察 [J]. 中国社会科学 (4)：153 - 170.

冯俏彬，贾康，2010. 权益—伦理型公共产品：关于扩展的公共产品定义及其阐释 [J]. 经济学动态 (7)：34 - 42.

冯正好，2008. 中世纪西欧的城市特许状 [J]. 西南大学学报 (社会科学版) (1)：184 - 189.

高明华，杨丹，杜雯翠，等，2014. 国有企业分类改革与分类治理——基于七家国有企业的调研 [J]. 经济社会体制比较 (2)：19 - 34.

高培勇，2014. 由适应市场经济体制到匹配国家治理体系——关于新一轮财税体制改革基本取向的讨论 [J]. 财贸经济 (3)：5 – 20.

耿新，张体勤，2010. 企业家社会资本对组织动态能力的影响——以组织宽裕为调节变量 [J]. 管理世界 (6)：109 – 121.

顾海良，2017. 新发展理念的新时代政治经济学意义 [J]. 经济研究 (11)：15 – 17.

顾钰民，2017. 时代和实践：中国特色社会主义政治经济学的思想之母、理论之源 [J]. 福建师范大学学报 (2)：16 – 21.

桂勇，黄荣贵，2008. 社区社会资本测量：一项基于经验数据的研究 [J]. 社会学研究 (3)：122 – 142 + 244 – 245.

郭剑花，杜兴强，2011. 政治联系、预算软约束与政府补助的配置效率——基于中国民营上市公司的经验研究 [J]. 金融研究 (2)：114 – 128.

郭文帅，2015. 权力尺度对公共资源配置影响的时空分析 [D]. 北京交通大学.

何秉孟. 准确理解“使市场在资源配置中起决定作用” [N]. 中国社会科学报，2014 – 01 – 10.

何平. 政企关系是政治经济学核心问题之一 [N]. 中国社会科学报，2011 – 08 – 02.

洪银兴，2016. 以创新的理论构建中国特色社会主义政治经济学的理论体系 [J]. 经济研究 (4)：4 – 13.

洪银兴，2016. 中国特色社会主义政治经济学的创新发展 [J]. 红旗文稿 (7)：4 – 9 + 1.

洪银兴，2017. 关于中国特色社会主义政治经济学理论体系建设的几个问题 [J]. 人文杂志 (12)：30 – 36.

洪银兴，2017. 新时代现代化理论的创新 [J]. 经济研究 (11)：17 – 19.

洪银兴，2018. 市场化导向的政府和市场关系改革 40 年 [J]. 政治经济学评论 (6)：28 – 38.

洪银兴，2020. 进入新时代的中国特色社会主义政治经济学 [J]. 管理世界，36 (9)：1 – 11.

胡培兆，2016. 以民族的自尊自信创建中国特色社会主义经济学 [J]. 中国社会科学 (11)：36 – 42.

胡业飞，田时雨，2019. 政府数据开放的有偿模式辨析：合法性根基与执行路径选择 [J]. 中国行政管理 (1)：30 – 36.

黄珺，魏莎. 2016. 独立董事政治关联对企业信贷融资的影响研究 [J]. 管理评论 (11)：182 – 190.

黄群慧，2013. 新时期如何积极发展混合所有制经济 [J]. 行政管理改革 (12)：49 – 54.

黄速建，2014. 中国国有企业混合所有制改革研究 [J]. 经济管理 (7)：1 – 10.

纪建悦，董辉，2016. 公用事业类公司国有股比例与财务绩效关系研究——兼论混合所有制中的价值陷阱 [J]. 中国海洋大学学报 (社会科学版) (6)：44 – 49.

纪建悦，刘顺利，2013. PPP 融资模式在我国公共租赁房建设中的应用研究 [J]. 金融发展研究 (1)：28 – 31.

贾生华，陈辉宏，2005. 企业利益相关者的利益协调与公司治理的平衡原理 [J]. 中国工业经济（8）：114－121.

姜作培，1996. 资源配置与增长方式的转变［J］. 理论导刊（6）：11－14.

蒋永穆，2017. 建设现代化经济体系必须坚持的基本取向［J］. 马克思主义研究（12）：29－33.

蒋永穆，张晓磊，周宇晗，2017. 积极探索和构建中国特色社会主义的经济发展理论［J］. 政治经济学评论（2）：33－49.

金碚，2018. 关于“高质量发展”的经济学研究［J］. 中国工业经济（4）：5－18.

金太军，袁建军，2011. 政府与企业的交换模式及其演变规律——观察腐败深层机制的微观视角［J］. 中国社会科学（1）：102－118＋222.

金宇超，施文，唐松，等，2018. 产业政策中的资金配置：市场力量与政府扶持［J］. 财经研究（4）：4－19.

李春明，2017. 构建亲清政企关系研究［J］. 当代经济（31）：148－152.

李海凤，史燕平 . 2014. 投资者保护、政府干预与资本配置效率［J］. 经济经纬，31（3）：139－144.

李建平，黄瑾，2017. 论中国特色社会主义政治经济学的当代新特征［J］. 福建师范大学学报（2）：8－15.

李青原 . 2009. 会计信息质量与公司资本配置效率——来自我国上市公司的经验证据 . 南开管理评论（2）：115－124.

李维安，2014. 深化国企改革与发展混合所有制［J］. 南开管理评论（3）：1.

李维安，邱艾超，古志辉，2010. 双重公司治理环境、政治联系偏好与公司绩效——基于中国民营上市公司治理转型的研究［J］. 中国工业经济（6）：85－95.

厉以宁，2014. 中国道路与混合所有制经济［J］. 中国市场（23）：3－11.

梁上坤，金叶子，王宁，等，2015. 企业社会资本的断裂与重构——基于雷士照明控制权争夺案例的研究［J］. 中国工业经济（4）：149－160.

林毅夫，2017. 新结构经济学的理论基础和发展方向［J］. 经济评论（3）：6－18.

林毅夫，2020. 有为政府参与的中国市场发育之路［J］. 广东社会科学（1）：5－7＋254.

刘国光，2015. 政府和市场关系的核心是资源配置问题［J］. 毛泽东邓小平理论研究（11）：1－6＋91.

刘国光，王佳宁，2018. 中国经济体制改革的方向、目标和核心议题［J］. 改革（1）：5－21.

刘鹤，2019. 坚持和完善社会主义基本经济制度［N］. 人民日报，11月22日：第6版.

刘细良，樊娟，2010. 基于公共资源配置的腐败形成机理分析［J］. 湖南大学学报（社会科学版），24（4）：128－132.

刘伟，2019. 坚持社会主义市场经济的改革方向——中国特色社会主义经济转轨的体制目标［J］. 中国高校社会科学（2）：16－20＋157.

刘玉廷，郭林，李冰慧，2016. 基于政府预算的国家审计制度优化研究［J］. 审计研究（5）：20－26.

刘长庚，张磊，2016. 理解“混合所有制经济”：一个文献综述［J］. 政治经济学评论

(6)：25 - 41.

罗党论，唐清泉，2009. 中国民营上市公司制度环境与绩效问题研究 [J]. 经济研究 (2)：107 - 119.

罗党论，唐清泉 . 2009. 政治关系、社会资本与政策资源获取：来自中国民营上市公司的经验证据 [J] . 世界经济 (7)：84 - 96.

罗党论，刘晓龙，2009. 政治关系、进入壁垒与企业绩效——来自中国民营上市公司的经验证据 [J]. 管理世界 (5)：97 - 106.

罗党论，甄丽明，2008. 民营控制、政治关系与企业融资约束——基于中国民营上市公司的经验证据 [J]. 金融研究 (12)：164 - 178.

罗国亮，2008. 改革开放三十年政企关系改革与启示 [J]. 岭南学刊 (5)：21 - 25.

吕立邦，黄恒学，2016. 国有企业改革中的政企关系问题探析 [J] . 社科纵横 (10)：67 - 71

倪红日，张亮，2012. 基本公共服务均等化与财政管理体制改革研究 [J]. 管理世界 (9)：7 - 18 + 60.

聂辉华，2020. 从政企合谋到政企合作——一个初步的动态政企关系分析框架 [J]. 学术月刊 (6)：44 - 56.

潘红波，余明桂，2010. 政治关系、控股股东利益输送与民营企业绩效 [J]. 南开管理评论 (4)：14 - 27.

潘石，莫衍，2005. 政企关系问题的本质：政府参与二重性的外化 [J]. 长白学刊 (1)：70 - 73.

潘越，戴亦一，吴超鹏，等，2009. 社会资本、政治关系与公司投资决策 [J]. 经济研究 (11)：82 - 94.

潘越，宁博，肖金利，2015. 地方政治权力转移与政企关系重建——来自地方官员更替与高管变更的证据 [J]. 中国工业经济 (6)：135 - 147.

逄锦聚，2016. 中国特色社会主义政治经济学的民族性与世界性 [J]. 经济研究，51 (10)：4 - 11.

彭向刚，周雪峰，2016. 论新型政企关系下的政府规制：挑战与要求 [J]. 学术研究 (3)：59 - 66.

綦好东，曹伟，赵璨，2015. 货币政策、地方政府质量与企业融资约束——基于货币政策传导机制影响的研究 [J]. 财贸经济 (4)：32 - 45.

綦好东，郭骏超，朱炜，2017. 国有企业混合所有制改革：动力、阻力与实现路径 [J]. 管理世界 (10)：8 - 19.

邱海平，2015. 使市场在资源配置中起决定性作用和更好发挥政府作用——中国特色社会主义经济学的新发展 [J]. 理论学刊 (9)：47 - 60.

石军伟，付海艳，2010. 企业的异质性社会资本及其嵌入风险——基于中国经济转型情境的实证研究 [J]. 中国工业经济 (11)：109 - 119.

石军伟，胡立君，付海艳，2007. 企业社会资本的功效结构：基于中国上市公司的实证研究 [J]. 中国工业经济 (2)：84 - 93.

时家贤，袁玥，2019. 改革开放 40 年政府与市场关系的变迁：历程、成就和经验 [J]. 马克思主义与现实（1）：27 - 34.

宋磊，谢予昭，2019. 中国式政府——市场关系的演进过程与理论意义：产业政策的视角［J］. 中共中央党校（国家行政学院）学报（1）：123 - 128.

隋敏，王竹泉，2012. 中小企业社会资本积累与盈利能力提升［J］. 企业管理（1）：96 - 99.

隋敏，王竹泉，2013. 社会资本对企业价值创造影响研究：理论、机理与应用［J］. 当代财经（7）：111 - 121.

覃家琦，邵新建，2015. 交叉上市、政府干预与资本配置效率［J］. 经济研究（6）：117 - 130.

田利辉，叶瑶，2013. 政治关联与企业绩效：促进还是抑制？——来自中国上市公司资本结构视角的分析［J］. 经济科学（6）：89 - 100.

王海，尹俊雅，2018. 政府驻地迁移的资源配置效应［J］. 管理世界（6）：60 - 71.

王金磊，綦好东，2015. 国有企业信息公开披露：先行实践与推进对策［J］. 财务与会计（11）：46 - 48.

王瑞，2002. 商法本质的变迁［J］. 政法论坛（6）：56 - 61.

王小鲁，樊纲，余静文，2017. 中国分省份市场化指数报告（2016）［M］：北京：社会科学文献出版社.

王秀华，王竹泉，2013. 利益相关者价值的归属及衡量——基于利益相关者集体选择视角［J］. 管理现代化（1）：88 - 90.

王彦超，赵璨，2016. 社会审计、反腐与国家治理［J］. 审计研究（4）：40 - 49.

王砚羽，谢伟，乔元波，李习保，2014. 隐形的手：政治基因对企业并购控制倾向的影响——基于中国上市公司数据的实证分析［J］. 管理世界（8）：102 - 114 + 133.

王永贵，2019. 不断开辟中国特色社会主义意识形态建设的新境界——新中国 70 年意识形态建设的历程、经验和新时代前景［J］. 当代世界与社会主义（5）：88 - 96.

王苑琢，王竹泉，2016. 资本配置视角的民营企业混合所有制实践——以特锐德为例［J］. 财务与会计（1）：31 - 32.

王仲兵，2001. 论资本观念与会计模式［J］. 南开管理评论（3）：36 - 39.

王竹泉，2016. 企业混合所有制改革的多维考察与机理分析［J］. 财务与会计（1）：25 - 27.

王竹泉，杜媛，2012. 利益相关者视角的企业形成逻辑与企业边界分析［J］. 中国工业经济（3）：108 - 120.

王竹泉，杜媛，2013. 政企关系的历史考察与理论重建［A］. 中国会计学会. 中国会计学会 2013 年学术年会论文集［C］：1602 - 1622.

王竹泉，杜媛，2014. 混合所有制的本质与利益相关者资本管理［A］. //2014 营运资金管理高峰论坛暨混合所有制与资本管理高峰论坛论文集［C］：1 - 8.

王竹泉，杜媛，孙莹，等，2014. 利益相关者视角的资金管理：机理与策略［J］. 财务与会计（理财版）（3）：10 - 12.

王竹泉，杜媛，曲冠青，2016. 企业混合所有制改革的多维考察与机理分析［J］. 财务与会计（1）：25 - 27.

王竹泉，杜媛，王苑琢，2017. 新型政商关系：国家治理与公司治理创新的发动机［J］. 中国会计研究与教育，9（2）：1－19.

王竹泉，韩星佳，2018. 企业的政府社会资本禀赋对融资约束的影响研究——资源配置中政府作用的资本市场证据［J］. 当代财经（10）：68－79.

王竹泉，韩星佳，2018. 企业的政府社会资本禀赋对资本配置效率的影响研究——资源配置中政府作用的资本市场证据［A］. //2018 中国资金管理智库高峰论坛论文集［C］：208－223.

王竹泉，权锡鉴，2018. 混合所有制改革是每一个企业均可以享受的政策红利——兼论中国特色企业理论与政企关系话语体系构建［J］. 财会月刊（23）：3－9.

王竹泉，任祯，权锡鉴，2018. 资源配置视角下的中国特色政府、市场与企业关系［A］. //2018 中国资金管理智库高峰论坛论文集［C］：108－122.

王竹泉，张璠，2018. 科技创新中政府与市场资源配置协同研究［A］. //2018 中国资金管理智库高峰论坛论文集［C］：307－324.

卫兴华，2017. 关于中国特色社会主义政治经济学的一些新思考［J］. 经济研究（11）：13－15.

魏杰，施戍杰，2014. “市场决定论”与混合所有制经济——什么样的产权安排能够促进共同富裕［J］. 社会科学辑刊（4）：95－101.

魏炜，朱青元，林桂平，2017. 政治关联、多元化并购与企业并购绩效［J］. 管理学报（7）：998－1005.

吴金群，李潇，2013. 经济发展中的政企互动关系［J］. 第一资源（6）：68－77.

吴军，夏建中，2012. 国外社会资本理论：历史脉络与前沿动态［J］. 学术界（8）：67－76＋264－268.

吴文锋，吴冲锋，刘晓薇，2008. 中国民营上市公司高管的政府背景与公司价值［J］. 经济研究（7）：130－141.

吴文锋，吴冲锋，芮萌，2009. 中国上市公司高管的政府背景与税收优惠［J］. 管理世界（3）：141－149.

习近平，1998. 社会主义市场经济和马克思主义经济学的发展与完善［J］. 经济学动态（7）：3－6.

夏小林，2015. 政企关系：有分有合——从国际视角评切割政企关系的“改革”陷阱［J］. 管理学刊（3）：1－15＋19.

谢伏瞻，2018. 马克思主义是不断发展的理论［J］. 中国社会科学（5）：4－22.

徐丹丹，董莹，孔晓旭，等，2018. 国有企业分类改革的操作性困境能破解吗？——基于功能变动视角的衡量分析［J］. 经济社会体制比较（4）：9－15＋23.

严成樑，2012. 社会资本、创新与长期经济增长［J］. 经济研究（11）：48－60.

杨德明，赵璨，2014. 国有企业高管为什么会滋生隐性腐败？［J］. 经济管理（10）：64－74.

杨德明，赵璨，2015. 民营上市公司的政治关联与融资研究——基于货币政策和媒体监督的视角［J］. 审计与经济研究（2）：93－102.

杨德明，赵璨，2015. 内部控制、媒体曝光率与国有企业高管腐败［J］. 财务研究

(5)：66－73.

杨德明，赵璨，曹伟，2017. 寻租与企业绩效："绊脚石"还是"润滑剂"［J］. 财贸经济（1）：130－145.

杨道广，潘红波，陈汉文. 2014. 政治关系、会计信息与银行信贷资本配置效率——来自中国民营上市公司的经验数据［J］. 投资研究，33（7）：26－40.

杨继国，安增军，2004. 企业理论的演进逻辑及其发展方向［J］. 中国工业经济（7）：91－97.

杨筠，宁向东，2018. 政治关联、政府补贴与企业创新绩效［J］. 技术经济（5）：31－37.

杨瑞龙，1995. 国有企业股份制改造的理论思考［J］. 经济研究（2）：13－22.

杨瑞龙，2014. 以混合经济为突破口推进国有企业改革［J］. 改革（5）：19－22.

杨瑞龙，2019. 中国特色社会主义经济理论的方法论与基本逻辑［J］. 政治经济学评论（6）：20－41.

杨瑞龙，杨其静，2001. 专用性、专有性与企业制度［J］. 经济研究（3）：3－11＋93.

杨宇，沈坤荣，2010. 社会资本、制度与经济增长——基于中国省级面板数据的实证研究［J］. 制度经济学研究（2）：34－51.

叶静怡，周晔馨，2010. 社会资本转换与农民工收入——来自北京农民工调查的证据［J］. 管理世界（10）：44－56.

余菁，2014. "混合所有制"的学术论争及其路径找寻［J］. 改革（11）：26－35.

余明桂，潘红波，2008. 政治关系、制度环境与民营企业银行贷款［J］. 管理世界（8）：9－21＋39＋187.

于文超，何勤英. 2013. 投资者保护、政治联系与资本配置效率［J］. 金融研究（5）：152－165.

虞政平，2000. 论早期特许公司——现代股份公司之渊源［J］. 政法论坛（5）：52－67.

张晖明，2018. 国有企业改革经验成果与中国特色企业理论初探［J］. 政治经济学评论（6）：70－77.

张军扩，侯永志，刘培林，等，2019. 高质量发展的目标要求和战略路径［J］. 管理世界（7）：1－7.

张俊伟，2017. 关于振兴实体经济的几点思考［J］. 理论参考（4）：39－47.

张康之，2004. 公共管理：社会治理中的一场革命（上）［J］. 北京行政学院学报（1）：1－4.

张雷声，2017. 中国特色社会主义政治经济学的重大原则［J］. 南京师大学报（社会科学版）（1）：5－13.

张莉，朱光顺，李夏洋，等，2017. 重点产业政策与地方政府的资源配置［J］. 中国工业经济（8）：63－80.

张良庆，1998. 政府资源配置：激励和约束机制的构建［J］. 财政研究（9）：25－30.

张敏，黄继承，2009. 政治关联、多元化与企业风险——来自中国证券市场的经验证据［J］. 管理世界（7）：156－164.

张琦，2015. 公共物品理论的分歧与融合［J］. 经济学动态（11）：147－158.

张爽，陆铭，章元，2007. 社会资本的作用随市场化进程减弱还是加强？——来自中国农村贫困的实证研究 [J]. 经济学（季刊）(2)：539－560.

张薇薇，2007. 中世纪商人法初探：其范畴、渊源与法律特征 [J]. 浙江社会科学(3)：72－79.

张维迎，柯荣住，2002. 信任及其解释：来自中国的跨省调查分析 [J]. 经济研究(10)：59－70＋96.

张玉利，杨俊，任兵，2008. 社会资本、先前经验与创业机会——一个交互效应模型及其启示 [J]. 管理世界 (7)：91－102.

赵璨，曹伟，朱锦余，2013. 治理环境、产权性质与内部控制治理效应——基于公司违规视角的研究 [J]. 经济与管理评论 (6)：124－131.

赵璨，王竹泉，杨德明，等，2015. 企业迎合行为与政府补贴绩效研究——基于企业不同盈利状况的分析 [J]. 中国工业经济 (7)：130－145.

赵璨，杨德明，曹伟，2015. 行政权、控制权与国有企业高管腐败 [J]. 财经研究(5)：78－89.

赵璨，朱锦余，曹伟，2013. 产权性质、高管薪酬与高管腐败——来自中国上市公司的经验证据 [J]. 会计与经济研究 (5)：24－37.

赵海军，2012. 基于产权的信息资源分类与信息确权理论建设 [J]. 图书与情报 (4)：89－97.

赵良庆，2004. 政府在建立和完善社会主义市场经济体制中的基础性作用 [J]. 合肥学院学报（社会科学版）(1)：35－39.

赵瑞，2012. 社会资本视角下企业融资行为研究 [D]. 福建：华侨大学.

赵瑞，2013. 企业社会资本、投资机会与投资效率 [J]. 宏观经济研究 (1)：65－72.

中央党校“中国特色社会主义政治经济学研究”课题组，韩保江，张慧君，2017. 中国特色社会主义政治经济学对西方经济学理论的借鉴与超越——学习习近平总书记关于中国特色社会主义政治经济学的论述 [J]. 管理世界 (7)：1－16.

周驰，2013. 推进公共资源配置市场化改革的策略思考 [J]. 人民论坛 (11)：66－67.

周飞舟，2006. 分税制十年：制度及其影响 [J]. 中国社会科学 (6)：100－115＋205.

周鲁耀，2016. “管委会—公司”模式的治理绩效与控权困境——基于一项典型案例的研究 [J]. 中国行政管理 (7)：46－51.

周其仁，1996. 市场里的企业：一个人力资本与非人力资本的特别合约 [J]. 经济研究(6)：71－80.

周绍东，2015. 公共产品超额供给：特征、根源及其治理 [J]. 财政研究 (9)：91－95.

朱鸿伟，2003. 政企关系的国际比较及启示 [J]. 南方经济 (1)：73－75.

AGGARWAL R K, MESCHKE F, WANG T Y, 2012. Corporate political donations: investment or agency? [J]. Business and politics, 14 (1): 1－38.

ALCHIAN A A, DEMSETZ H, 1972. Production, information costs, and economic organization [J]. The American economic review, 62 (5): 777－795.

ALLEN F, QIAN J, QIAN M, 2005. Law, finance, and economic growth in China [J]. Journal of financial economics, 77 (1): 57－116.

ASQUER A, MELE V, 2018. Policy – making and public management [J]. The palgrave handbook of public administration and management in Europe: 517 – 533.

BARTOLINI S, BONATTI L, 2008. Endogenous growth, decline in social capital and expansion of market activities [J]. Journal of economic behavior & organization, 67 (3 – 4): 917 – 926.

BOUBAKRI N, COSSET J, SAFFAR W, ET AL, 2008. Political connections of newly privatized firms [J]. Journal of Corporate Finance, 14 (5): 654 – 673.

CHEN C, Z LI, X SU, Z SUN. 2011. Renting – Seeking Incentives, Corporate Political Connections and Organizational Structure of Private Firms: Chinese Evidence [J]. Journal of Corporate Finance, 17 (2): 229 – 243.

CHOU Y K, 2006. Three simple models of social capital and economic growth [J]. Journal of socio – economics, 35 (5): 889 – 912.

CLAESSENS S, E. FEIJEN, L. LAEVEN. 2008. Political Connections and Preferential Access to Finance: The Role of Campaign Contributions [J]. Journal of Financial Economics, 88 (3): 554 – 580.

COASE R H, 1937. The Nature of the firm [J]. Economica, 4.

COLEMAN J. 1990. Foundations of Social Theory [J]. Cambridge Harvard University Press.

FACCIO M. 2006. Politically Connected Firms [J]. The American Econocmics Review, 96 (1): 369 – 386.

FACCIO M, MASULIS R W, MCCONNELL J J, 2006. Political connections and corporate bailouts [J]. Journal of finance, 61 (6): 2597 – 2635.

FACCIO M, LANG H P, 2002. The ultimate ownership of Western European corporations [J]. Journal of financial economics, 65 (3): 365 – 395.

GUISO L, SAPIENZA P, ZINGALES L, ET AL, 2004. The role of social capital in financial development [J]. The American economic review, 94 (3): 526 – 556.

HEALY P, PALEPU. 2001. Information asymmetry, corporate disclosure, and the capital markets: a review of the empirical disclosure literature [J]. Journal of Accounting and Economics, 31 (1): 405 – 440.

HOLDSWORTH, 1925. History of English Law, London, Methuen [J]. 8: 201 – 202.

HOUSTON J F, JIANG L, LIN C, ET AL., 2011. Political connections and the cost of borrowing, SSRN, Working Paper.

IJAZ K A, ATIF M, 2005. Do lenders favor politically connected firms? rent provision in an emerging financial market [J]. Quarterly journal of economics (4): 4.

KNACK S, KEEFER P, 1997. Does social capital have an economic impact? a cross country investigation [J]. Quarterly journal of economics, 112 (4): 1251 – 1288.

LAURSEN K, MASCIARELLI F, PRENCIPE A, 2012. Regions matter: how localized social capital affects innovation and external knowledge acquisition [J]. Organization science, 23 (1): 177 – 193.

MCLEAN R D, T ZHANG, M ZHAO. 2012. Why Does the Law Matter? Investor Protection and Its Effects on Investment, Financial and Growth [J]. Journal of Finance, 67 (1): 313 – 350.

MUSGRAVE R A. 1959. The theory of public finance [M]. New York: McGraw - Hill.

MYERS S, N MAJLUF. 1984. Corporate Financing and Investment Decisions When Firms Have Information that Investors Do Not Have [J]. Journal of Financial Economics, 13 (2): 187 -221.

PUTNAM R. 1995. Bowling Aline: America's Declinig Social Capital [J]. Journal of Democracy, 6: 65 -78.

STEVENS W H, 1926. Stockholders' voting rights and the centralization of voting control [J]. The quarterly journal of economics, 40: 353 -392.

SHLEIFER A, VISHNY R W, 1994. Politicians and firms [J]. Quarterly journal of economics, 109 (4): 995 -1025.

STULZ R, 1988, Managerial control of voting rights: financing policies and the market for corporate control [J]. Journal of financial economics, 20: 25 -54.

WU W, WU C, RUI O M, ET AL. , 2012. Ownership and the value of political connections: evidence from China [J]. European financial management, 18 (4): 695 -729.

WURGLER J. 2000. Financial Markets and the Allocation of Capital [J]. Journal of Financial Economics, 58 (1): 187 -214.

ZAK P J, KNACK S, 2001. Trust and growth [J]. The economic journal, 111 (470): 295 -321.

[illegible] 1959. The theory of public finance [M]. New York: McGraw-Hill.

[illegible] 1984. Corporate financing and investment decisions when firms have information that investors do not have [J]. Journal of financial economics, 13(2): [illegible]

[illegible]

[illegible]

[illegible]

[illegible] Journal of financial economics, [illegible]

[illegible] Journal of financial economics, [illegible]

[illegible]

[illegible]